아! 아브라함

초판 1쇄 인쇄 2006년 12월 1일

지은이 | 조우철
펴낸곳 | 도서출판 오직말씀

출판등록 | 2006년 8월 22일(제505-2006-00005호)
주소 | (780-935) 경북 경주시 동천동 782-13
전화 | (054)742-9027, 팩스 | (054)741-4821

총판 | 생명의말씀사
홈페이지 | http://www.onlyword.com
전자우편 | onlywords@hanmail.net

값 10,000원
ISBN 89-958601-2-X   04230

ⓒ 조우철, 2006

※ 잘못 만들어진 책은 바꾸어 드립니다.

조우철 지음

2 창세기 15-17장
횃불 언약에서 할례 언약으로

도서출판 말오쏨적

글쓴이 서문

아브람이 가나안에 들어온 이후 그 땅에 성공적으로 정착하기까지 많은 어려움을 겪는다. 가나안 사람들로부터의 배척당하고 끝내는 기근으로 인해 애굽까지 밀려 내려간다. 그리고 애굽에서도 아내 사래를 누이라고 하는 어쩌면 거짓말이 아니라고 할 수도 있는 작은 거짓말로 인해 가나안에서보다 더 모진 시련을 겪는다. 인간의 눈으로 볼 때는 재앙이었고 실패였다. 하지만 그 속에서 아브람은 죄가 인간의 속에 얼마나 깊이 자리하고 있는 지를 발견하고 그것을 통해 전혀 새롭게 거듭나며 모든 것이 회복되는 놀라운 은혜를 경험한다. 시련이 임하기까지는 아무도 자기의 믿음을 장담할 수 없다는 것과 왜 광야에서의 연단이 필요한 지 알려주는 사건이었다.

다시 돌아와 가나안에 터를 잡은 그에게 이번에는 안에서부터 생겨난 어려움이 그를 괴롭힌다. 롯의 떠나감과 공동체의 분리였다. 이전에는 밖에서부터의 도전이 그를 어렵게 하였다면 이번에는 안에서부터 자라난 죄의 씨앗이 만들어낸 결과였다. 동일한 아픔과 어려움을 겪으면서도 전혀 그 내면이 변화되지 못한 자에 의해 초래된 비극이었다. 또 다시 실패를 경험한 아브람은 가나안의 끝자락 헤브론으로 내려가 거기서부터 다시 시작한다. 가장 끝에서 가장 밑바닥부터 시작하리라고 하는 것이었다. 화려한 불빛이 번쩍이는 중심부로 가려고만 하는 오늘 우리들에게 주는 귀한 교훈이다.

그러나 헤브론에 정착한 아브람에게 이번에는 엄청난 전쟁의 소용돌이가 휘몰아쳐 온다. 또 다른 위기였다. 하지만 이 위기는 아브람을 가나안의 구원

자로 등장시키는 놀라운 팡파레와도 같은 것이었다. 성실히 자기를 준비한 자와 전혀 준비치 못한 자가 결국 재앙의 날에 각각 어떤 결과를 당하게 될 지를 증거하는 상징적 사건이었다. 평안한 때에 믿음의 성벽을 쌓은 자와 그렇지 못한 자가 전쟁의 날 어떻게 될 지 알려준다.

그러면 정치 군사 사회 등 모든 면에서 이처럼 성공적으로 자리 잡은 아브람에게 그 후 생겨나는 결과는 무엇이었을까? 가나안 전쟁 이후 10여년이 지난 어느 날 하나님이 그에게 나타나 쪼갠 고기 사이를 지나가는 횃불 언약을 맺으신다. 이 언약의 내용은 이미 아브람이 가나안에 들어오던 때부터 그에게 들려주신 언약이었다. 그런데 왜 이런 별도의 언약식이 필요한 것이었을까? 그리고 또 왜 하나님만이 쪼갠 고기 사이를 지나가며 아브람은 서서 바라보기만 하는 것이었을까? 그로부터 또 일정 세월이 지난 어느 날 하나님은 아브람에게 할례의 언약을 요구하신다. 물론 이 할례의 언약도 그 내용은 동일한 것이었다. 왜 이처럼 반복되는 언약의식이 필요한 것이었을까? 전쟁 이후 가나안의 구세주와도 같은 인물로 등장한 아브람의 삶과 신앙은 과연 어떠했을까?

예수를 증거하는 우리의 신약성경은 그 머리에 "아브라함과 다윗의 자손 예수 그리스도"(마태복음 1:1)라고 선포하고 있다. 왜 하나님의 아들 예수가 아브라함과 다윗의 자손이 되어야 하는 것일까? 이를 아는 자가 없고 궁금히 여기는 자도 없다. 많이 아는 것 같으나 실제는 아는 것이 없는 오늘 우리의 신앙을 안타까이 여기며 아브라함에 관한 또 한 권의 책을 더한다.

2006년 늦가을
조 우 철

차 례

제1부 헤브론의 밤 (창 15장) ▥ 11

▥ 하나님이 변했어요 (창 15:1)
▥ 세상은 넓고도 큰데 (창 15:1)
▥ 무척이나 넘기 어려운 (창 15:2)
▥ 아들만 있으면 다냐? (창 15:3)
▥ 아직은 (창 15:4)
▥ 별을 헤는 밤 (창 15:5)
▥ 저 사람 아브람 맞아? (창 15:6)
▥ 잃어버린 것 (창 15:7)
▥ 왜 지금 와서 다시 (창 15:8)
▥ 이 괴리감을 (창 15:8-10)

||||| 차원이 달라요 (창 15:10)
||||| 솔개 (창 15:11-12)
||||| 절대 고독의 때가 있음을 (창 15:12)
||||| 똑바로 듣고 분명히 알라 (창 15:13)
||||| 누구를 탓하랴 (창 15:13)
||||| 네가 잊었느냐? (창 15:13-14)
||||| 너는 내가 책임져 주마 하지만 (창 15:15)
||||| 어디 그리 쉬운가? (창 15:16)
||||| 더 어떻게 하랴 (창 15:17)
||||| 애굽강에서 유브라데까지 (창 15:18-21)

제2부 브엘라해로이의 추억 (창 16장) ||||| 143

- ||||| 사람이 곡절을 겪게 되는 것은 (창 16:1)
- ||||| 사래여! 그대가 어찌하여 (창 16:2)
- ||||| 소용돌이가 휘감아 들고 (창 16:3-5)
- ||||| 떠오르는 태양 지는 달 (창 16:5-6)
- ||||| 돌 던질 자 누구랴 (창 16:6-7)
- ||||| 얽힌 실타래는 끝에서부터 (창 16:8-9)
- ||||| 망설임 (창 16:10-11)
- ||||| 들나귀 같은 자 (창 16:12)
- ||||| 브엘라해로이의 추억 (창 16:13-14)
- ||||| 멀리서 들려오는 소리에 (창 16:15)
- ||||| 영혼은 파수꾼 되어 (창 16:16)

제3부 할례의 언약 (창 17장) ⅠⅠⅠⅠ 219

ⅠⅠⅠⅠ 전능하심을 누가 모르는가? (창 17:1)
ⅠⅠⅠⅠ 내가 신(神)이라고? (창 17:2)
ⅠⅠⅠⅠ 꿇어 엎드려서 (창 17:3-4)
ⅠⅠⅠⅠ 이제 후로는 (창 17:5)
ⅠⅠⅠⅠ 너만이라도 (창 17:6)
ⅠⅠⅠⅠ 몸의 표피를 잘라내서라도 (창 17:7-10)
ⅠⅠⅠⅠ 이 어린 아기에게 왜 (창 17:11-12)
ⅠⅠⅠⅠ 달면 삼키고 쓰면 뱉는 (창 17:13-14)
ⅠⅠⅠⅠ 슬퍼 말라 (창 17:15)
ⅠⅠⅠⅠ 마르지 아니하는 샘과 같이 (창 17:16)
ⅠⅠⅠⅠ 몸은 꿇어 엎드려 있으나 (창 17:17)
ⅠⅠⅠⅠ 왜? (창 17:17-18)
ⅠⅠⅠⅠ 네가 웃었느냐? (창 17:19)
ⅠⅠⅠⅠ 복? 무슨 복? (창 17:20)
ⅠⅠⅠⅠ 씁쓸한 참으로 씁쓸한 (창 17:21-22)
ⅠⅠⅠⅠ 잘 익은 포도주처럼 (창 17:23)
ⅠⅠⅠⅠ 어찌하랴 이 일을 (창 17:24-27)

아! 아브라함

| 창세기 15장 |

제1부 헤브론의 밤

4000년 전 공해라고는 한 점 없는 해발 900m의
고원 헤브론의 밤이었다.
까만 밤하늘에 펼쳐진 헤아릴 수 없이 많은 별들의 아름다운 군무를
올려다보며 아브람은 무엇을 느낄 수 있었을까?

하나님이 변했어요 (창 15:1)

　가나안을 휘몰아친 그돌라오멜 연합군과의 전쟁이 끝난 후 이 땅에 평화가 찾아왔다. 비록 복구해야 할 전쟁의 후유증이 만만치 않았지만 가나안 사람 모두에게 이 전쟁은 아브람이라는 한 사람을 기억나게 해 주는 전쟁이었다. 전체 가나안이 처참한 패배를 경험하는 와중에 저 가나안의 끝자락에 서 있는 듯 없는 듯 거하던 그가 홀연히 등장하여 가나안을 패배의 수렁에서 구원해내었다. 이러한 결과는 마치 이 전쟁이 아브람 한 사람을 위해 준비된 잘 짜여진 멋진 연극 무대와도 같은 것이었다.

　강한 군대를 지닌 힘이 있어서가 아니라 이방인이면서도 가나안 사람들을 위해 혼신의 힘을 다한 사심 없는 마음과 태도가 더욱 감동적으로 저들에게 느껴질 수 있었던 사건이었다. 그러므로 이후 아브람은 저들 모두에게 절대적으로 신뢰받을 수 있는 존재가 되었다. 사람의 힘으로는 할 수 없는 일이었고 하나님만을 위해 살아온 자를 대한 하나님의 은혜요 참으로 오묘한 섭리의 사건이었다. 그렇다면 사람들로부터 받는 이러한 존경과 신뢰 그리고 아무도 함부로 대할 수 없는 강력한 세력과 큰 부를 지니고서 그는 어떤 삶을 살게 될 것이며 그가 궁극적으로 도달하게 될 신앙과 삶의 자리는 어디인 것일까?

"이후에 여호와의 말씀이 이상 중에 아브람에게 임하여 가라사대 아브람아 두려워 말라 나는 너의 방패요 너의 지극히 큰 상급이니라"(:1)

전쟁 후 약 10여년이 지난 어느 날 하나님께서 아브람에게 임하신다. 왜 찾아오신 것이었을까? 우선 오늘 하나님의 임재하심은 이전까지 아브람과의 만남에서 보여지던 것과는 다른 형태로 이루어지고 있다는 것을 여기서 발견하게 된다. 곧 성경은 이 때의 만남을 **"여호와의 말씀"**이 아브람에게 임한 만남으로 기록하고 있는 것이다. 이전의 하나님과 아브람의 만남을 살펴보면 **"여호와께서 아브람에게 이르시되…"**(12:1), **"여호와께서 아브람에게 나타나 가라사대…"**(12:7), **"여호와께서 아브람에게 이르시되…"**(13:14) 등으로 그 만남을 설명하고 있다. 즉 가나안 전쟁 이전까지의 아브람과 하나님의 만남은 언제나 일대일의 직접적인 대면에 의한 만남이었다. 그런데 지금은 **"여호와의 말씀이…아브람에게 임하여 가라사대…"**라고 하여 말씀을 통한 만남으로 그 만남의 관계가 전환되고 있음을 보이고 있다.

그리고 이는 바로 여호와께서 당신 자신을 말씀으로 계시하시는 성경 최초의 기록이기도 하다. 오늘 이전까지 직접 임하여 만나시던 하나님께서 왜 이 시점에서는 말씀에 의한 만남으로 그 만남의 형태를 바꾸시는 것일까? 그 이유와 목적이 무엇일까? 특히 지금은 아브람의 인생과 사역을 전혀 새로이 시작하게 만들어 주는 아주 특별하고 놀라운 하나님의 섭리와 능력을 경험한 직후였다.

보통 사람과 사람의 만남이 의미를 지니기 위해서는 언어라는 매개가 있어야만 한다. 그리고 이 언어가 인간관계의 중심에 자리 잡을 때 굳이 인간과 인간이 얼굴을 마주해야 하는 대면접촉도 생략될 수 있다. 언어의 전달만 가능하다면 비록 보지 아니할지라도 멀리 떨어져서도 그리고 언제 어디서든 언어를 통해 서로의 의사 전달이 자유로울 수 있기 때문이다. 그리고 이러한 언어의 전달을 통해 우리는 소수의 사람과의 제한적인 만남에서 시간과 공간에 제약을 받지 않는 다수의 사람과의 무제한적인 만남도 가질 수 있다.

바로 이것이 미디어가 사람들의 의사소통을 지배하는 오늘날의 대중매체의 사회이다. 따라서 만일 언어만의 전달을 통한 의사소통이 불가능하게 된다면 우리의 교제와 교류는 대단히 큰 불편을 겪을 수밖에 없다. 의사전달의 대상이 다수일 경우에는 그 모든 대상자를 일일이 만나서 똑같은 말을 반복해야 한다. 또 그가 멀리 떨어져 있는 경우에는 짧은 대화를 나누기 위해 오랜 시간의 여행과 불필요한 노력을 해야만 하는 대단히 어려운 문제에 봉착하게 되는 것이다. 시간을 뛰어넘는 과거와 미래와의 대화는 더더군다나 어렵다.

그런데 이렇게 대면하지 않고 언어 자체만을 통한 의사전달을 하게 될 경우 생길 수 있는 가장 큰 문제는 신뢰의 문제다. 직접 대면하지 않고서도 언어가 사람과 사람간의 의미 있는 관계를 만들어 내기 위해서는 신뢰가 담보되어야 한다. 보지 않고서도 전해오는 언어의 의미를 신뢰하게 될 때 사람들은 직접 대면을 하지 않은 상태에서도 자유로운 의사교환을 할 수 있기 때문이다. 따라서 만일 이 신뢰성에 문제가 생기면 사람들은 오직 얼굴을 직접 대하는 의사교환을 고집하게 된다. 결국 대면 없이 의사전달을 한다는 것은 서로가 서로에 대한 신뢰성이 확보되었기 때문에 가능하게 된다. 그리고 이러한 믿음의 관계가 형성되기 위해서는 오랜 동안의 진실한 만남과 경험에 의한 친밀감의 형성이 전제되어야 한다.

오늘 하나님과 아브람의 만남은 얼굴과 얼굴을 마주 대하는 만남이 아니라 말씀에 의한 만남이다. 이는 그가 이전까지는 하나님의 존재 자체로서 하나님을 확인할 수 있었으나 이제는 말씀만으로도 하나님을 인식하고 신뢰하며 하나님과 교제할 수 있게 되었다는 사실을 나타내는 아주 의미 있는 변화요 중요한 사건이다. 즉 이 사건은 아브람에게 하나님의 모습을 보지 못할지라도 말씀만을 듣고서 이 목소리가 하나님의 목소리라는 것을 분별할 수 있는 분별력이 생겨났다는 것을 뜻한다. 동시에 그 말씀의 내용을 하나님 자신의 뜻으로 받아들일 수 있는 신뢰 즉 믿음이 있게 되었다는 것을 나타낸다. 하나님 편에서 본다면 말씀만으로도 하나님을 믿고 따를 수 있는 믿음을 아브람에게 요구하는 것이기도 하다.

아기가 어려서는 엄마의 얼굴을 보고서 엄마의 존재를 확인한다. 목소리를 들을지라도 엄마의 얼굴을 확인하기 위해 그 목소리 나는 방향으로 얼굴을 돌려 기어가려고 하는 것이 어린 아기의 특징이다. 하지만 조금 크면 아기는 엄마의 얼굴을 보지 못할지라도 가까이에서 들려오는 엄마의 목소리만 듣고도 엄마가 거기 있는 줄 알고서 안심하여 잘 논다. 마찬가지로 하나님께서는 아브람에게도 이러한 성숙을 요구하시는 것이요 또 이러한 성숙이 당연히 생겨나 있음을 보고 계신 것이다. 오늘까지의 만남과 경험을 통해 목소리만 듣고도 하나님을 구별할 만큼의 지적인 능력이 생겨나 있다고 말씀하시는 것이요 또 이렇게 되어야 한다고 요구하시는 것이다.

"내가 진실로 진실로 너희에게 이르노니 양의 우리에 문으로 들어가지 아니하고 다른 데로 넘어가는 자는 절도며 강도요 문으로 들어가는 이가 양의 목자라 문지기는 그를 위하여 문을 열고 양은 그의 음성을 듣나니 그가 자기 양의 이름을 각각 불러 인도하여 내느니라 자기 양을 다 내어 놓은 후에 앞서 가면 양들이 그의 음성을 아는고로 따라오되 타인의 음성은 알지 못하는고로 타인을 따르지 아니하고 도리어 도망하느니라"(요 10:1-5). 양은 무엇을 통해 자기의 목자를 구분할 수 있는 것일까? 목자의 얼굴과 모습인가 아니면 목자의 목소리인가? 주님은 양이 목자를 구분하는 것은 얼굴이나 냄새나 모습이 아니라 주인의 목소리라고 말씀하신다. 즉 양은 아무리 동일한 모습을 하고 냄새까지도 똑같다 할지라도 목소리가 다른 사람이면 절대 그를 따르지 않고 도망하는 것이다.

사람마다 지문이 다르고 눈동자의 홍체가 다르듯 사람의 목소리 또한 모든 사람이 각각 다른 성문(聲紋)을 가지고 있기 때문이다. 만일 양이 목소리가 아니라 모습으로 구분하고자 한다면 다른 거짓 목자가 주인의 옷을 훔쳐 입고 변장하여 나타날 때 구분할 수 없게 된다. 그리고 주인의 모습이 보이지 않게 되면 길을 잃을 수밖에 없다. 하지만 목소리로 주인을 구분한다면 주인을 잃어버릴 리 없으며 아무리 멀리 떨어져 있어도 주인의 목소리를 듣고서 주인에게로 올 수 있게 된다.

주인의 목소리만 듣고도 주인을 알고 그를 따를 수 있게 되는 것을 주님은 하나님과 하나님 백성에게 있어야 하는 관계성으로 설명하신다. 내가 하나님의 말씀을 들을 수 있고 그것이 하나님의 음성임을 구분할 수 있으며 그 말씀의 요구를 따라 행하는 것이 성도의 신앙이라고 가르치는 것이다. 만일 내가 하나님의 음성을 듣지도 못하고 들으려고도 하지 않으며 들을지라도 구분하지 못한다면 이는 서로에 대한 교제가 없다는 것을 드러낸다. 그리고 또한 들을지라도 들은 대로 행치 못한다면 이는 하나님에 대한 신뢰 곧 믿음이 없다는 것을 뜻한다. 들려오는 말씀이 있음에도 불구하고 굳이 하나님과의 직접적인 대면을 바라고 이를 통해서만 신앙을 확인하고자 한다면 이 또한 믿음이 없다는 사실의 증거이다.

이스라엘 역사의 어느 날 하나님께서는 다윗이라는 사람이 범한 범죄를 두고 **"…어찌하여 네가 여호와의 말씀을 업신여기고 나 보기에 악을 행하였느뇨…"**(삼하 12:9).라고 말씀하신다. 이는 말씀을 어겨 행한 것이 곧 말씀을 업신여겨 멸시한 것임을 지적하시는 말씀이었다. 그리고 더 나아가 하나님께서는 이 말씀을 업신여긴 것을 당신 자신을 업신여긴 것과 동일하게 여기신다. **"이제 네가 나를 업신여기고 헷 사람 우리아의 처를 빼앗아 네 처를 삼았은즉…"**(삼하 12:10). 말씀을 대한 우리의 태도가 곧 하나님 자신을 대한 우리의 신앙의 모습임을 드러내시는 말씀이다. 하나님께서는 당신의 말씀을 당신 자신과 동일시하신다는 사실을 이 속에서 깨닫게 된다.

진실로 하나님을 알고 그 분과의 신뢰 관계가 형성되어 있다면 온 세상을 향하여 공표하신 그의 말씀을 듣고 그를 만난 듯 즐거워하고 반가워할 수 있어야 한다. 사랑하는 사람끼리 서로의 편지를 기다리고 목소리만 들어도 그를 직접 만난 것같이 좋아하며 그 목소리가 원하는 바를 행하고자 하는 것처럼 말이다.

우리의 신앙의 성숙은 무엇으로 판단할 수 있는 것일까? 혼자서라도 하나님의 말씀을 통해 하나님을 만나고 하나님의 뜻을 알며 그대로 실행할 수 있게 되는 것 바로 그것이 아니겠는가?

세상은 넓고도 큰데 (창 15:1)

"이후에 여호와의 말씀이 이상 중에 아브람에게 임하여 가라사대 아브람아 두려워 말라 나는 너의 방패요 너의 지극히 큰 상급이니라"(:1)

오늘 하나님께서 말씀으로 아브람에게 나타나신 이유는 무엇일까? **"아브람아 두려워 말라"**. 이 말씀은 무엇보다도 오늘 하나님께서 아브람에게 임하신 것은 아브람에게 어떤 두려움이 있기 때문이라는 것을 드러내고 있다. 두려움이 없다면 두려워말라고 하실 이유가 없기 때문이다. 그러면 이 두려움은 어떤 두려움일까? 도저히 이길 수 없는 전쟁을 이기고 이제는 가나안의 존경 받는 세력가로 입지를 굳힌 아브람에게 도대체 어떤 두려움이 있을 수 있는 것일까? 그가 가나안 사람들의 마음을 사로잡는 중요 세력으로 등장하였기에 가나안의 여러 왕들로부터 견제와 도전을 당하고 있는 것일까? 그것이 무엇이든지 간에 **"두려워 말라"**는 말씀은 그에게 어떤 두려움이 실재하고 있다는 사실만은 틀림없다는 것을 보여준다.

두려움. 당대 최강이었던 엘람 왕 그돌라오멜의 강력한 연합군을 격파할 만큼의 용맹과 지략을 지니고 있는 아브람이었다. 그리고 자신이 살고 있는 곳에서 이제는 누구도 쉽게 대할 수 없는 강력한 세력을 지니고 있었다. 그러한 그에게 두려움이 있었다. 더군다나 말씀으로 하나님과 만날 수 있는 든든한 신앙까지도 지니고 있는 아브람이기에 그의 이 두려움은 보통의 시각으로는 이해하기 어려운 측면을 가지고 있다. 이 두려움을 다른 사람들은 알고 있었을까? 만일 가나안 사람들에게도 아브람의 이 두려워하는 마음이 알려졌다면 아마 의아해했을지도 모른다. 그들 모두가 존경하고 부러워하며 세상 두려울 것 없고 부족한 것 없이 사는 사람에게 어떤 두려움이 있다는 것이 도저히 이해할 수 없었을 것이다.

큰 성공을 이룬 아브람이었다. 그런데 그 성공 뒤에 그가 가지게 된 두려움이 있었다. 그 두려움이 무엇이든지 간에 사람이 겉으로는 부족한 것 없어 보여도 남이 모르는 혼자만의 약점을 안고 두려워하는 마음이 있다는 것을 우리는 여기에서 발견하게 된다. 남들 보기에는 전혀 부족한 것 없고 두려워할 것 없는 것처럼 보이는 사람일지라도 그 혼자의 마음 속에는 두려워하는 것이 있다는 것을 우리는 볼 수 있다. 그들이 강한 힘과 부를 과시하고 추구하는 것은 어쩌면 이러한 두려움을 감추거나 혹은 이겨내려는 몸부림과도 같은 것일 수도 있다. 그렇다면 이 두려움의 실체는 무엇일까?

"나는 너의 방패요". 이 말씀은 아브람의 두려움에 대해 내가 너를 지켜주고 있다는 말씀이요 어떤 전쟁이나 위험으로부터도 내가 너의 방패가 되어 지켜주겠노라는 약속의 말씀이기도 하다. 하나님께서 지금 아브람에게 이 말씀을 하시는 것은 아브람이 지금까지 경험하여 온 하나님에 대한 모든 신앙 관계를 담고 있다. 내가 지금까지 너를 지켜온 것을 네가 알고 있지 않느냐 하는 말씀이요 내가 지금도 너를 지켜주고 있으며 앞으로도 그러할 것이라고 하시는 말씀인 것이다. 따라서 이 말씀은 내가 너의 방패인데 너는 무엇을 두려워하느냐 결코 두려워하지 말라라고 하는 조용한 깨우침과 권면을 담고 있다고 하겠다.

연약한 인간이 누군가가 나의 방패가 되어 지켜주는 인생을 살고 있다면 이것만큼 든든한 일이 있을 수 있을까? 무술로 자기를 단련한 어떤 사람이 나의 경호원이 되어 나를 지켜줄 때도 우리는 든든함을 느낄 수 있다. 더군다나 나를 지켜주는 그가 이 세상 어느 누구도 이길 수 없는 가장 강력한 존재라면 내가 어디로 가든 무슨 일을 만나든 두려워하고 염려할 일이 있을 것인가? **"나는 너의 방패요라"**라는 하나님의 말씀은 천지를 지으시고 운행하시는 창조주 하나님께서 나를 지켜주신다는 내용의 말씀이다. 이 하나님을 옆에 두고서도 두려워한다는 것은 그 두렵게 하는 것이 무엇이라고 할지라도 그 두려움의 억 만분의 일도 합당치 않다는 것을 지적하는 것이기도 하다.

그러면 여기서 우리는 아브람이 두려워하는 것은 무엇 때문일까 생각해 본다. 무엇보다도 하나님께서 그의 방패가 되어 지켜주겠다고 하실 때 아브람이 지키고자 하는 것은 무엇인 것일까? 지금 그는 어떤 외부 세력의 도전으로부터 자신의 목숨을 잃을까봐 두려워하는 것일까? 지금까지의 아브람과 또 이후에 전개되는 상황을 살펴볼 때 이에 대한 가능성은 거의 없다. 그렇다면 남는 것은 아브람이 현재 소유하고 있는 것들이다. 곧 그가 전쟁 후에 얻은 사회적 위치와 명성 그리고 엄청난 재물들이 그에게 그것들을 잃을지도 모른다는 두려움을 안겨주는 실체라는 것을 파악할 수 있다. 즉 아브람 자신이 지금까지 하나님의 은혜로 얻은 이 모든 결과들이 이제는 역으로 지켜야 하는 부담으로 작용하고 있다는 것을 볼 수 있다.

사람이 아무것도 없을 때는 잃어버리는 것에 대한 두려움이 없다. 그런데 소유가 하나 둘 늘어나고 또 그것이 주변 사람들의 많은 관심을 받게 될 만큼 커지게 될 때에 이전에는 전혀 생각지 못했던 마음들이 생겨난다. 곧 가진 것을 지키고자 하는 부담과 혹 그것을 잃게 되지 않을까 하는 두려움이다. 이로 인해 주위에 대한 경계심도 늘어가는 것이 일반적인 과정이다.

아브람 자신 지금까지 가나안의 한 쪽 끝에서 이름 없는 존재로 지내왔기에 자신의 소유에 대한 부담이 그리 크지 않았다. 하지만 이제 가나안 사람들의 주목과 관심을 받게 되면서 그리고 자신이 소유한 유형 무형의 자산 또한 기대 이상으로 커지게 되었다. 그러면서 그것들을 지키고자 하는 이전에는 생각지 못했던 부담이 생기고 또 이것들을 잃게 되지 않을까 하는 두려움이 생겨나고 있는 것이다. 분명 하나님의 은혜는 가장 큰 감사와 가장 아름다운 신앙으로 결과 되어져야 하는 것임에도 불구하고 이 하나님의 은혜가 오히려 부담이 되어 아브람의 삶을 옥죄고 있었다. 그리고 이것이 지금 하나님께서 아브람에게 오셔야만 할 정도의 커다란 이유가 되고 있었던 것이다. 그러면 이러한 상황이 생겨나게 된 근본적인 이유는 무엇이며 또 어떻게 이러한 상황을 극복할 수 있는 것일까? 이에 대해 하나님께서는 다음과 같은 말씀을 하신다.

"나는…너의 지극히 큰 상급이니라". 상급이란 어떤 일을 성공적으로 수행하고 난 뒤에 얻게 되는 보상을 의미한다. 나아가 지극히 큰 상급이란 인생을 통해 얻을 수 있는 가장 큰 보상을 뜻한다. **"나는 너의 지극히 큰 상급이니라"**라는 하나님의 말씀은 너의 최선을 다한 삶을 통해 얻을 수 있는 가장 크고 아름답고 놀라운 결과는 나 여호와 하나님 자신이라는 사실을 교훈하시는 말씀이다. 즉 하나님께서 나를 아시고 나의 방패가 되어 주시며 내 삶의 인도자가 되어 주시는 은혜를 소유하는 것이야말로 우리 인생을 통해 얻을 수 있는 최고의 결과라는 것이다. 최선을 다해 신앙생활을 함으로써 우리가 기대할 수 있는 최고의 은혜도 천지창조의 하나님께서 나의 하나님이 되어 주시는 바로 이것이어야 한다는 것을 가르쳐 주는 말씀이기도 하다.

인생이 얻을 수 있는 모든 것을 다 얻었어도 하나님을 알지 못하고 하나님께서 나의 보호자가 되어 주시며 나의 방패가 되어 주시는 결과를 누리지 못한다면 다 얻었어도 다 잃은 것이나 마찬가지다. 반면 인생이 누릴만한 것은 모두 잃었어도 하나님을 알게 되고 하나님께서 나의 하나님이 되셔서 나의 방패가 되어 주시며 나와 동행해 주시는 은혜를 누린다면 이는 모든 것을 다 얻은 것이 된다. 물론 현실 속에서 아브람이 소유한 것들은 사람에게 소중한 것들이다. 하지만 이 모든 것들은 여호와께서 아브람의 하나님이 되심으로써 가능한 것들이었고 그러므로 이 모든 것들보다 비교할 수 없을 만큼 소중한 것은 하나님 자신이었다. 그럼에도 그는 하나님께서 나의 하나님이 되셨다는 사실이 주는 가장 소중한 가치를 잊은 채 현실 속에서 내가 소유한 것들에 마음이 사로잡혀서 두려움과 염려를 느끼고 있는 것이었다.

앞서간 많은 신앙인들 중에 재산도 생명도 잃었지만 한 분이신 여호와 하나님을 나의 상급으로 소유했음을 인해 오히려 감사하고 기뻐했던 이들이 있었다. **"비록 무화과나무가 무성치 못하며 포도나무에 열매가 없으며 감람나무에 소출이 없으며 밭에 식물이 없으며 우리에 양이 없으며 외양간에 소가 없을찌라도 나는 여호와를 인하여 즐거워하며 나의 구원의 하나님을 인하여 기뻐하리로다"**(하박국 3:17-18). 하나님 한 분에 대한 절대 가치를 인식한다면 더 얻으려 하거나 혹은 이미 얻은 것들을 지키고자 하는 것보다는 그 모든 것이 없을지라도 오히려 하나님 한 분만을 인해 감사할 수 있는 것이 우리의 신앙임을 노래하고 있다. 솔로몬은 이 세상이 줄 수 있는 모든 것을 소유하고 누렸지만 마지막에 그가 고백하는 것은 '헛되고 헛되니 헛되고 헛되다' 라는 것이었다. 이 세상에 오직 여호와 한 분만이 가장 가치 있고 소중한 존재임을 역설적으로 토로하는 고백이었다.

하나님의 말씀으로 하나님 자신을 대할 수 있는 성숙한 신앙의 자리에 있는 아브람이었다. 하지만 그러한 그에게도 하나님이 나의 방패라고 하는 믿음과 하나님 자신이야말로 나의 가장 귀한 소유라는 신앙의 자리는 아직 만들어지지 않은 것을 본다. 따라서 아브람에게 아직 남은 과제는 바로 이 신앙의 자리를 만드는 것이었다. 이는 오늘 우리에게도 마찬가지이다. 무언가 두려움이 있고 염려가 있으며 더 얻어야 할 것에 대한 욕망과 집착이 있다는 것이 아직 하나님 자신에 대한 가장 큰 상급으로서의 관념이 신앙 안에 없다는 것을 드러낸다. 우리 인생이 애쓰고 소망하며 얻어야 하는 가장 소중한 가치는 하나님 자신이라는 사실을 인식하고 그분을 나의 하나님으로 소유하기 위해 우리 인생을 위한 그 어떤 노력보다도 더 큰 노력을 기울여야만 한다는 것을 가르쳐 준다.

거꾸로 된 신앙인의 삶을 본다. 신앙을 버리고서라도 헛되고 헛된 현세적 결과를 얻고자 함이 우리의 삶 속에 보여짐은 어찌된 일인지. 순간 순간 신앙의 인도함을 일부러 거절한 채 세속의 길을 달려간다. 세상은 넓고 크며 하나님과 신앙은 작고 사소해 보이기에.

무척이나 넘기 어려운 (창 15:2)

"아브람이 가로되 주 여호와여 무엇을 내게 주시려나이까 나는 무자하오니 나의 상속자는 이 다메섹 엘리에셀이니이다"(:2)

"주 여호와여 무엇을 내게 주시려나이까". 앞서 하나님께서 나는 너의 지극히 큰 상급이니라 하셨을 때 이는 하나님을 알고 그를 섬기고 따르며 하나님께서 나와 동행하여 주시는 신앙의 삶 자체가 이미 더 이상 다른 것을 기대할 수 없을 만큼의 가장 큰 은혜요 세상 모든 것을 소유한 것이나 마찬가지라는 말씀이었다. 하지만 그 말씀 뒤에도 내게 무엇을 주시렵니까 하고 묻는 아브람이다. 이는 그 말씀의 의미를 아직 전혀 알지 못하고 있다는 것을 나타낸다. 내게 부족한 것이 있고 원하는 것이 있을 때 그것이 이루어짐이 없이는 하나님이 나의 상급이라고 하는 이 중요한 의미를 실감 있게 느낄 수 없는 인간의 한계를 보여주는 것이기도 하다.

모든 것이 구비되어 있어도 하나님 한 분으로 인해 기뻐하고 만족하며 또 모든 것을 다 잃어도 하나님 한 분만으로 인해 위로 받을 수 있는 그런 신앙을 하나님은 원하신다. 반면 하나님을 신앙의 대상으로 섬기고 따르지만 현실적인 결과를 더 중시하고 그것이 없이는 은혜를 생각할 수 없는 것이 우리 신앙이다. 내게 부족한 것이 있는 상태에서는 하나님만으로 만족할 수 있는 신앙의 자리가 우리에게 없다는 것을 드러내고 있다. 하나님과 하나님에 대한 신앙을 나의 현세적인 조건들과 연결시켜 의미를 찾고자 하는 오늘 우리의 신앙의 약점을 그대로 지적하고 있다.

그러면 아브람에게 하나님 자신을 나의 상급으로 받아들일 수 없게 만드는 현실적인 조건은 무엇인가? 더불어 하나님께서 아브람에게 있다고 보셨던 그 두려움의 근원은 무엇인가? **"나는 무자하오니 나의 상속자는 이 다메섹 엘리에셀이니이다"**. 아브람의 이 말은 바로 이 부분을 드러내고 있다. 그것은 아브람에게 아들 곧 상속자가 없다는 것이었다. 그리고 이것이 그로 하여금 모든 것이 갖춰진 가운데서도 두려움을 느끼게 하는 요인이 되고 있다는 것을 알려준다.

아들이 없고 상속자가 없다는 것 그것은 오늘날에도 마찬가지지만 고대사회에서는 특히나 치명적인 약점이었다. 법보다는 힘이 우선되는 사회였기에 아들을 많이 소유하고 있다는 것은 힘의 상징이기도 하였고 부의 상징이기도 하였기 때문이다. 반면 아들이 없다는 것은 그가 늙어가며 스스로를 방어할 힘을 잃게 될 때 자기의 모든 것을 믿고 맡길 사람이 없음을 뜻한다. 자기를 지켜주고 부양해 줄 든든한 버팀목이 없는 것을 의미하는 것이기에 불안을 느끼게 되는 심각한 요인이 되는 것이었다.

특히 아브람과 같이 많은 것을 소유한 사람에게 이는 더욱 큰 걸림돌로 작용한다. 가나안에서의 아브람은 모든 사람이 부러워할 만한 세력과 재산을 가지고 있었지만 문제는 나이였다. 아브람의 나이가 들어가면서 자신을 뒷받침해서 자신의 역할을 대신할 수 있고 또 믿고 모든 일을 맡겨놓을 수 있는 사람이 있어야 했다. 하지만 아들이 없다는 것은 바로 이 문제에 심각한 고민을 안겨주는 것이었다. 그것은 그가 늙어 더 이상 힘을 쓸 수 없을 때 자연 그의 자리와 재산을 노린 자들의 암투와 도전이 있을 수밖에 없고 비록 그 자리를 물려줄 사람이 있다고 할지라도 그가 아들이 아닌 바에야 마찬가지로 사람에 대한 염려는 남을 수밖에 없었다.

다메섹 엘리에셀. 그는 아들이 없는 상황에서 아브람 나름대로 자신의 후계자로 정하여 이 집의 모든 것을 관리할 수 있는 능력을 준비시키는 자였다. 이것은 그에게 상속자 문제가 상당히 큰 고민거리였다는 것을 보여주는 증거이다. 그러면서도 오늘 이 문제를 하나님 앞에서 제기하고 있는 것은 엘리에셀이라는 자도 아브람에게 큰 믿음을 주지 못하고 있고 아브람 자신도 그리 만족하지 못하고 있다는 것을 드러낸다.

그의 이러한 고민과 관련하여 우리는 두 가지를 생각해 본다. 첫째, 지금 아브람에게 사회적 위치와 재산 등 많은 소유가 있지만 그것이 하나님이라는 존재에 비교해 본다면 과연 얼마나 중요하고 큰 것일까 하는 사실이다. 물론 그의 소유가 대단히 크고 남에게 그냥 넘겨주기에는 무척 아깝고 자신의 노후도 염려되는 것일 수도 있지만 그것이 하나님 보시기에도 그러했을까? 하나님께는 아무것도 아니었다. 온 천하 우주가 전부 당신 소유인 하나님께는 아브람이 아무리 많은 것을 소유하고 있어도 그 소유 자체는 아무 의미가 없었다. 하나님 보시기에는 오직 땅에 있는 자들의 자신을 향한 순종의 믿음이요 이 믿음만 있다면 지금 아브람의 소유뿐만이 아니라 이보다 더 큰 것도 맡길 수 있는 것이었다.

그리고 두 번째로 보다 중요한 문제는 하나님께서 아브람에게 이 많은 재산과 세력을 왜 주셨는가 하는 점이다. 아브람으로 부자 되게 하시고 이

것을 가지고 물질적으로 풍요한 삶을 누릴 수 있도록 하기 위해서였는가? 그리고 이것을 잘 관리해서 후손에게 그대로 넘겨주는 것이 그에게 주어진 사명이었는가? 그것은 아브람이 가나안에 왜 왔는가 하는 사실만 보더라도 분명 아니었다. 아브람은 하나님 나라를 세우고자 이 땅에 보냄을 받았다. 그리고 그에게 주어진 풍요한 결과도 바로 이 일을 최선을 다해 행한 결과였고 또 이를 보다 잘 수행해 갈 수 있도록 하나님께서 더해 주신 것이었다. 그러므로 소유와 관련하여 아브람에게 주어진 사명은 이것들을 어떻게 잘 사용하여 하나님 나라를 위해 일할 것인가 하는 것이었지 이것을 유지 보존하는 것이 아니었다.

예수님께서는 바로 이러한 사실을 달란트를 받은 종들의 비유로 말씀하신다. 다섯 달란트 받은 자가 그것을 사용하여 다섯 달란트를 남기고 또 두 달란트 받은 자가 그것을 잘 사용하여 두 달란트를 남기매 이들을 착하고 충성된 종이라 하여 더 많은 것으로 그에게 맡기며 주인의 즐거움을 표현하신다. 하지만 한 달란트 받은 자가 그 돈을 땅에 묻어 보관해 두었다가 그대로 가져오매 그것을 빼앗고 그를 무익한 종이라고 하시며 바깥 어두운 데로 내어 쫓으라고 하신다. "**무릇 있는 자는 받아 풍족하게 되고 없는 자는 그 있는 것까지 빼앗기리라 이 무익한 종을 바깥 어두운 데로 내어 쫓으라 거기서 슬피 울며 이를 갊이 있으리라 하니라**"(마 25:29-30).

이러한 하나님의 관점에서 본다면 아브람이 자신의 소유를 맡을 자가 없음을 인해 그리고 자신의 노후를 의탁할 만한 든든한 자가 없음을 인해 고민하고 두려워한다는 것은 쓸데없는 일이었다. 오직 아브람이 해야 할 일은 이를 통해 하나님의 일을 어떻게 더 잘 감당해 갈까 하는 것이어야 했다. 비록 그가 나이가 들어 자신을 지킬 힘이 없고 누군가에게 자신의 남은 것을 맡겨야 한다 할지라도 아브람을 세우신 이, 오늘의 아브람이 있게 하신 이도 바로 하나님 자신이었다. 누군가를 들어 아브람에게 감당케 하셨던 일을 맡기실 것도 하나님의 일이었지 아브람의 일은 아니었다. 이런 점에서 하나님께서 당신 스스로를 아브람의 방패라고 말씀하시는 것도 너를 지켜 너의 노년을 편안케 할 이도 나요 너의 재산을 가장 뜻있게 관리할 사람을 세우는 것도 나요 너의 해 온 신앙의 사명을 계속 수행하게 할 일도 나의 몫이라고 하시는 말씀이었다. 그러하니 너는 오늘 너의 해야 할 일만 최선을 다해 감당하라고 하시는 것이었다.

나의 소유를 누구에게 줄 것인가 또 어떻게 하면 평안한 노후를 보낼 수 있을 것인가 하는 근심들이 인간에게 있는 것을 본다. 재산이 있다고 또 능력 있는 자녀가 있다고 안심할 수 있는 것인가? 하나님을 향한 믿음은 이러한 것들까지도 하나님께 맡기는 것이 되기를 우리에게 요구한다. 하나님만을 내 삶의 최고의 상급으로 여길 수 있는 바로 그 신앙이다. 내 최선을 다한 삶의 연후에 남는 것이 다른 어떤 것보다도 오직 하나님만이 될 수 있도록 하는 것, 그것이 내 신앙의 과제가 되어야 한다. 우리의 미래가 우리를 두렵고 염려하게 하는 것이 있다고 할지라도 하나님께서 나의 방패가 되심을 믿고 잡다한 것들이 우리의 의식과 삶을 분주하게 하지 않도록 정리해 나가야 하리라. 하나님 이외 그 어떤 것에도 매이지 않도록.

아들만 있으면 다냐? (창 15:3)

아들에 대한 갈망 그리고 후사 문제에 대한 고민이 지금 아브람의 마음 깊은 곳에 자리 잡고 있다. 그의 소유한 것이 크게 늘어나고 해야 할 일도 더욱 많아지기에 누군가 일을 믿고 맡길 사람에 대한 필요성이 증대되는 때였고 따라서 이 부분에 대한 갈망과 고민은 진한 아쉬움을 담고 있는 것이기도 했다. 만일 아브람의 조카 롯이 그를 떠나가지 않았더라면 이러한 고민은 조금이라도 줄어들 수 있었을 것이기에 그 롯의 떠나감이 더욱 큰 아픔으로 느껴지는 시점이기도 하다.

"아브람이 또 가로되 주께서 내게 씨를 아니 주셨으니 내 집에서 길리운 자가 나의 후사가 될 것이니이다"(:3)

그런데 우리는 여기서 2절의 아브람의 말과 이 3절의 말 중에서 미묘한 어감의 차이가 있다는 것을 발견하게 된다. **"나는 무자하오니"** 라는 2절의 표현이 **"주께서 내게 씨를 아니 주셨으니"** 라는 표현으로 바뀐 것이 그 첫째다. 그리고 **"나의 상속자는 이 다메섹 엘리에셀이니이다"** 라는 말이 **"내 집에서 길리운 자가 나의 후사가 될 것이니이다"** 라는 것으로 변화된 것이 그 둘째이다. 2절의 말이 현재 상황에 대한 있는 그대로의 사실을 말한 것이라면 3절의 말은 그 2절의 말 속에 자신의 어떤 의도를 담아 반복하고 있는 말이다. 이 표현의 차이를 좀더 살펴보면 **"나는 무자하오니"**라는 말이 현재의 상황이라면 **"주께서 내게 씨를 아니 주셨으니"**라는 말은 그 아들이 없게 된 이유를 드러내고 있는 것으로 그 원인을 하나님께 돌리는 말이다. 그 결과로써 **"나의 상속자는 이 다메섹 엘리에셀이니이다"**라는 말이 그럴 수밖에 없는 그저 자연스러운 결과를 담고 있는 것이라면 **"내 집에서 길리운 자가 나의 후사가 될 것이니이다"**라는 표현은 이제는 내가 생각한 대로 하겠다는 의지와 더불어 더 이상 하나님께서 아들을 주실 것을 기대하지 않겠다는 자기주장이 실려 있는 말이다.

"주께서 내게 씨를 아니 주셨으니"라는 말을 통해 왜 아브람은 자기 자신에게 아들이 없는 원인을 하나님의 탓으로 돌리고 있는 것일까? 후사가 없는 문제가 현재 아브람에게 큰 고민거리가 되고 있는 것을 볼 때 아브람의 이 말 속에는 자신의 근심과 두려움의 원인 제공자가 하나님이시라는 불평과 원망의 마음까지 깃들여져 있다고 할 수 있다. 세상에 아이 낳지 못하는 사람이 한 둘이 아닐진대 어찌 아브람은 그 원인을 하나님께 돌리고 있는 것일까? 물론 이와 관련지어 일의 상황을 살펴볼 때 아브람의 이러한 인식은 전혀 근거 없는 것이 아니라는 것을 알게 된다. 그것은 아브람이 가나안으로 처음 들어올 때의 하나님의 약속과 관련되어 있다.

"내가 너로 큰 민족을 이루고"(12:2), **"내가 이 땅을 네 자손에게 주리라"**(12:7)는 이 두 가지 약속의 말씀은 분명히 아브람의 자손을 전제한 말씀이었다. 당시 사회는 아들이 없을 경우 후처를 취하여 아들을 볼 수 있는 사회적 통로를 가지고 있는 사회였다. 아브람이 사래가 아이를 낳을 수 없는 고민스런 상황을 보고 겪으면서도 왜 후처를 들일 생각을 하지 않았던 것일까? 그렇게 한다면 쉽게 이 문제를 해결할 수 있었고 어차피 다메섹 사람 엘리에셀을 상속자로 삼으니 그 방법이 훨씬 더 나을 수도 있었다. 어쩌면 아브람이 사래가 아이를 낳을 수 없음을 보고 알면서도 후처를 들이지 않은 것은 아브람 자신의 신앙과 또 사래에 대한 사랑과 약속에서 비롯된 것일 수도 있지만 그 이외에도 바로 이 자손에 대한 하나님의 약속을 믿었기 때문일 수도 있다.

그런데 지금의 때는 이 약속이 주어진 이후 거의 10여년이 흐른 때이다. 아브람 자신 후사 문제가 시급한 과제로 생각되어지는 시점이며 사래 또한 이미 아이를 낳을 가능성이 거의 사라진 70대 중반의 여인이 되었다. 그런데도 아브람에게는 아들이 생기지 아니했고 하나님의 약속은 지켜지지 아니했던 것이다. 따라서 아브람의 말은 하나님께서 약속을 지키지 아니하셨다는 불평이요 그 기대를 포기하겠다는 뜻이다. 이제 나는 내 생각대로 하겠습니다라는 자신의 의지와 선택을 합리화하는 발언이기도 하다. 물론 아들을 위한 그와 사래의 간절한 기도가 응답되지 아니한 것에 대한 불만의 심정일 수도 있다.

이렇게 놓고 본다면 오늘 아브람이 하나님을 향해 상한 마음을 토로하는 것도 전혀 근거가 없는 것이 아니다. 그 나름대로는 믿음을 가지고 최선을 다해 하나님의 약속을 기다려 왔다는 것을 알 수 있다. 그렇다면 하나님께서는 왜 그에게 후사 문제가 이토록 고민스런 것임을 알고서도 당신 자신이 약속하신 바를 이루어 주지 않으셨던 것일까? 오늘 우리 또한 아브람처럼 신앙의 길을 가노라면 우리를 대한 하나님의 약속이 있기도 하고 또 때로는 하나님을 향한 우리 자신의 기대가 있을 때도 있다. 만일 그 약속이 이루어지지 않고 그 기대가 이루어지지 않는 상황이 있게 된다면 그때 우리는 어떻게 해야 하는 것일까?

이 점과 관련하여 우리는 하나님께서 신앙인의 후사 문제 즉 상속자와 관련하여 어떤 뜻을 가지고 계신지 살펴볼 필요가 있다. 이를 성경의 다른 사례들을 통해 한 번 생각해 보자. 먼저 모세의 경우이다. 모세가 상속자를 정하여 자기의 지도자 자리를 물려주어야 할 때 그의 위치는 거의 300만 백성을 지도하던 자리였다. 따라서 이 직분은 오늘 아브람과 같은 세상적 소유의 개념과 인간의 야심이라는 차원에서 본다면 대단히 매력적인 위치였다. 300만 백성을 다스리는 대단히 영광스런 직분이었던 것이다. 그래서 모세의 늙음을 보고 이 자리에 오르고자 하는 자들이 족장들 중에 있었고 이 자리를 둘러싼 조직적인 반역이 전개되기도 하였었다(민수기 25장). 모세 자신에게도 이 자리는 어느덧 40년의 세월이 흘러 어느 정도 체계가 잡힌 상태였기에 아무에게나 물려줄 수 없는 것이었다. 그 때 모세는 이 자리를 여호수아에게 물려준다. 모세와 함께 광야에서 차분히 훈련된 용맹스런 사람이었다.

어찌 보면 당연히 이을 자가 자리를 이은 것 같지만 한 가지 간과할 수 없는 중요한 점은 오늘 아브람이 집착하는 것 같은 아들이 그 때 모세에게는 있었다고 하는 사실이다. 이드로의 딸 십보라에게서 난 게르솜과 엘리에셀이었다. 이들은 모세가 광야 도피 생활 때에 낳은 자들이었으니 모세 120세 때 이들의 나이는 적어도 60대 혹은 70대의 나이에 있었다. 여호수아 또 다른 지도자 갈렙과 아주 비슷한 연령대였고 충분히 지도자의 자리에 오를만한 때였다. 하지만 모세에게서 이들의 존재는 전혀 드러나지를 않고 오직 여호수아만이 등장한다. 그리고 그가 남은 가나안 정복의 사역을 성공적으로 이루어간다.

이러한 사실을 오늘 자신의 아들로 후사를 삼고자 하고 이 아들이 없어서 불평하고 두려워하는 아브람의 상황에 비추어 본다면 모세 또한 여호수아가 아닌 자신의 두 아들 중 하나를 자신의 자리에 앉히는 것이 당연하였다. 그 아들들을 놔두고 다른 사람을 자신의 후계자로 삼는 것은 이해할 수 없는 일이었다. 하지만 모세에게는 이러한 선택이 조금의 고민거리라도 되었던 흔적조차 보이지 않는다. 여호수아를 선택한 것은 극히 당연하고 자연스러운 것이었다. 여기서 더 나아가 여호수아는 자신의 할 일을 다 마친 후 아예 후계자를 세우지 아니한 채 이스라엘의 수도와도 같은 세겜이 아니라 산지의 딤낫 세라로 물러가 조용히 인생을 마감한다. 분명히 그 뒤를 이을 만한 아들이나 사람들이 있었을 것인데 말이다. 하지만 이러한 모세와 여호수아의 선택은 이후 사사기 시대를 통해서 계속되는 후계자 문제와 관련된 당연한 흐름이었고 한 표준적 모델이었다. 사사들 중 어느 누구도 자신의 아들로 대를 이은 경우가 전혀 없었던 것이다.

이러한 전통은 사사 시대의 한 뛰어난 지도자였던 기드온에 의해서 그대로 증거된다. 기드온이 더 이상 그 일을 감당할 수 없는 때가 되자 사람들은 그 뒤를 이을 자를 세워주기를 기대하였다. 하지만 기드온은 자신의 아들로 그 자리를 잇게 할 의도가 전혀 없었다. "때에 이스라엘 사람들이 기드온에게 이르되 당신이 우리를 미디안의 손에서 구원하셨으니 당신과 당신의 아들과 당신의 손자가 우리를 다스리소서 기드온이 그들에게 이르되 내가 너희를 다스리지 아니하겠고 나의 아들도 너희를 다스리지 아니할 것이요 여호와께서 너희를 다스리시리라"(삿 8:22-23). 그의 이 말은 왜 사사들이 후계자를 세우지 아니했는지 그 이유를 명백하게 보여주는 중요한 의미를 담고 있다. 신앙의 지도자의 직분은 백성들로 하여금 하나님만을 바라보고 하나님의 다스림을 받아들이도록 하는 것이었지 그 자리가 인간의 욕심의 대상은 아니었던 것이다.

그런데 이러한 소중한 전통이 사사기 말엽에 이르러 깨어지는 것을 보게 되는데 그것은 이스라엘의 마지막 사사였던 엘리와 또 그 뒤를 이은 사무엘 선지자의 때에 생겨난 것이었다. 특히 사무엘은 신앙의 역사상 모세에 버금가는 위대한 선지자였다. 사사기 말엽 이지러질 대로 이지러진 이스라엘의 신앙을 개혁하여 다윗, 솔로몬의 가장 영광스러운 시대로 이어지게 하는 탁월한 지도자였다. 그런데 그가 노쇠하여 힘을 잃어갈 때 자연스럽게 대두되는 것이 후계자 문제였고 그 때 그는 지금까지의 신앙의 역사와는 다르게 요엘과 아비야라는 자신의 두 아들을 지도자의 자리에 앉힌다.

하지만 이들이 아버지의 길을 따르지 않고 악을 행하였고 이것이 백성들의 불만을 사게 되는 요인이 되어 결국 왕을 세워달라는 요구로까지 이어져 간다. **"사무엘이 늙으매 그 아들들로 이스라엘 사사를 삼으니 장자의 이름은 요엘이요 차자의 이름은 아비야라 그들이 브엘세바에서 사사가 되니라 그 아들들이 그 아비의 행위를 따르지 아니하고 이를 따라서 뇌물을 취하고 판결을 굽게 하니라"**(삼상 8:1-3). 그리고 세워진 왕이 이스라엘 역사상 가장 사악한 사울 왕이었다. 이 사울 왕에 의해 사무엘이 평생 혼신의 힘을 다해 일으켜 세운 이스라엘 나라는 한 개인의 탐욕의 대상이 되어버리고 백성들은 참으로 엄청난 고통을 겪게 된다.

이러한 사실들 속에서 우리는 하나님께서 보시는 상속자의 의미와 기준을 발견할 수 있다. 곧 하나님께서 원하시는 상속자의 기준은 오직 신앙이었고 또 상속해야 할 중요한 내용도 오직 하나 신앙이었다고 하는 사실이다. 신앙을 계승하여 그 세대와 다음 세대로 전해주는 것이 상속자의 사명이었지 돈이나 권력과 같은 세속적 가치들이 아니었다. 모세는 이 점에서 성공한 사람이었고 사무엘이 실패한 것은 그 아들들에게서 이 본질적 의미가 망각되어진 채 부와 권력의 세습으로 이어졌기 때문이었다. 하나님께서는 이와 같은 오류를 다윗이라고 하는 한 사람을 세워 바로 잡아 나가셨다. 마치 모세에게서 여호수아로 이어져 갔던 것처럼.

　바로 이 점에서 우리는 아브람이 아들이 없어서 상속할 자를 갖지 못한 두려움을 갖게 되는 것이 과연 합당한 것인가를 생각해 본다. 아들이 있었다면 그리고 의심의 여지가 없이 그 아들로 후계자를 삼았다면 과연 그가 아브람의 아들이라는 이유 하나만으로 하나님의 나라를 유업으로 잘 이어갈 수 있을 것인가? 왜 하나님께서는 아브람에게 자손을 약속하시면서도 이 시점까지 주지 않으셨던 것일까? 만일 아브람에게 이 시점에서 아들이 주어진다면 그 아들은 어떤 점에서 중요한 의미를 가지게 되는 것일까? 신앙의 계승인가 아니면 재산상속자인가? 아브람에게 지금 있는 문제는 바로 이것이었다. 그리고 이제부터 아브람에게서 생겨나는 두 아들 이스마엘과 이삭은 이러한 차원에서 아브람의 원하는 것과 하나님의 원하시는 상속자의 의미와 기준을 분명하게 제시해 준다.

　아브람은 하나님께서 자신의 뒤를 이을 아들을 주지 않으셨다고 불평하였다. 하지만 정작 그 하나님의 약속이 이루어지지 못하도록 은혜를 가로막고 있었던 것은 아브람 자신이었다. 하나님의 약속을 이어갈 아들이 아니라 재산을 물려받을 아들을 그는 기대하고 있었기 때문이다. 그는 자기가 그토록 갈망하고 있는 하나님의 은혜와 그 약속의 성취를 정작 자기 자신이 방해하고 서 있다는 사실을 알지 못하고 있었던 것이다. 이제는 말씀으로 하나님을 구분할 수 있고 그와의 만남을 가질 수 있는 자리에까지 이르렀지만 아직 그에게는 이런 약점이 있었다. 성경의 역사에 등장하는 신앙의 세대가 바로 이 점에서 그 신앙의 길을 실패로 마무리하고 사라져 버렸다.

이 시대 우리 신앙인들도 아들을 기대하고 더욱 좋아하는 것은 왜인가? 자신의 노년을 의탁하고 자신의 재산과 혈통을 이어갈 자이기 때문인가 아니면 신앙을 이어갈 자이기 때문인가? 아들이 나의 방패인가 하나님께서 나의 방패인가? 나는 그 아들에게 무엇을 물려주려 하고 있는 것인지, 과연 신앙은 어떤 중요성을 가지고 내 자녀에게로 이어지고 있는 것인지 다시 한 번 살펴보아야 할 것이다. 그 아들이 물질을 이어 받으나 자칫 지옥의 형벌도 함께 물려받을 수 있기 때문이다. 오늘 하나님께서 우리를 향해 참으로 풍성한 은혜를 약속해 주시지만 그 약속이 성취된 은혜를 경험하지 못하는 이유는 또 무엇 때문인가?

아직은 (창 15:4)

"여호와의 말씀이 그에게 임하여 가라사대 그 사람은 너의 후사가 아니라 네 몸에서 날 자가 네 후사가 되리라 하시고"(:4)

아브람은 이미 후사를 생각해야 할 만큼 인생의 중요한 시점에 와 있다. 결혼한 지 50여 년은 족히 지나 그의 나이 85세요 아내 사래의 나이 75세가 된 때이다. 사래의 몸에서는 아이를 낳을 수 있는 가능성이 거의 사라져 버렸기에 그는 엘리에셀이라는 다메섹 사람을 자신의 후사로 생각하고 있는 중이었다. 그런데 하나님은 오늘 그가 아니라고 말씀하신다. 이 다메섹 사람 엘리에셀은 너의 후사가 될 수 없고 네 몸에서 날 자가 너의 뒤를 이을 후사가 되리라고 하신다. 네 몸에서 날 자란 아브람 자신의 아들을 의미하는 것이요 사래에게서 태어날 아들을 두고 하시는 말씀이었다. 사람의 눈으로 볼 때는 이미 늦었고 가능성이 사라졌다고 생각되지만 나 여호와 하나님의 눈으로 볼 때는 지금 당장이라도 그 일은 가능하다고 하시는 것이다. 다만 아직 그 일을 행할 때가 되지 않았을 뿐만 아니라 그 일을 하기에는 지금도 너무 이르다고 하심이다.

여기서 우리는 먼저 **'하나님의 일'** 과 **'하나님의 때'** 라고 하는 두 가지 사실을 생각하게 된다. 아브람은 이제 내 몸에서 아기가 태어나는 일은 불가능하다고 보고 있다. 아브람 자신의 몸보다는 아내 사래의 육체적 한계를 봄이었다. 그러나 하나님은 그 불가능을 부인하신다. 그 가능성은 앞으로도 계속 열려있다는 뜻이다. 그리고 아브람은 이미 때가 지났다고 보았다. 자신의 몸과 앞으로의 살 날을 헤아리고 후사가 장성해서 집안의 일을 맡아 수행할 수 있는 나이를 계산해 본다면 이미 후사가 정해져 있어야 한다고 생각했다. 그래서 임의로 후사를 세워 놓았던 것이다. 그러나 하나님은 아직 때가 아니라고 하신다. 이미 늦었다고 판단하는 아브람에게 아직은 너무 이르고 아직도 때는 많이 남아 있다고 하시는 것이었다.

사람이 생각하는 때와 사람이 할 수 있다고 보는 일, 그리고 하나님께서 계획하신 때와 하나님께서 하시는 일과의 사이에는 너무나도 현격한 차이가 존재하고 있는 것을 본다. 아브람 자신도 신앙이 남다른 자였고 분별력이 있는 사람이었다. 그의 사고와 시각도 보통의 사람들과는 많이 달랐다. 그러함에도 그의 사고와 보는 시각도 하나님의 섭리와 보시는 바를 따라가지 못했고 다 읽지 못하고 있었다. 바로 그런 한계와 약점 때문에 아브람은 정말로 중요한 후사를 세우는 문제에 있어서 하나님의 계획과는 전혀 다른 선택을 하고 말았다. 하나님의 섭리를 따르지 못한 가운데 이루어진 인간의 선택이 얼마나 엄청난 재앙을 초래할 수도 있는 것인가 하는 것은 이제 곧 아브람이 경험하게 될 일이었다. 하나님의 약속을 기다리지 못하고 아브람이 하갈을 후처로 취하여 얻은 이스마엘이라는 그의 아들이 보다 뒤에 태어난 약속의 자녀 이삭을 괴롭히고 그로 인해 심각한 갈등이 생겨난다. 결국 어미와 아들을 함께 내쫓아야 하는 비정한 짓을 공동체 모두에게 보여야만 했다. 그리고 쫓겨난 그가 아랍 민족의 시조가 되고 그 후손들이 오늘날까지 하나님 나라와 대립하게 된다. 전적으로 아브람의 잘못에서 비롯된 결과이다.

아브람의 이러한 실수의 원인은 무엇이었는가? 그것은 아브람이 단지 인간의 합리적 사고의 틀 안에서 사물을 보고 판단하였으며 자연의 이치 안에서만 생각할 뿐이었기 때문이다. 자신도 늙어가고 있고 사래 또한 늙어 경수가 끊어져 자식을 생산할 가능성이 사라졌다는 지극히 이성적이고 자연의 이치에 따른 생각이 그의 판단을 좌우하였던 것이다. 그러나 하나님은 자연을 만드신 분이요 눈에 보이는 이치를 초월하여 존재하는 분이시다. 자연이라는 눈에 보이는 틀 안에 사로잡힌 우리의 시각과 한계를 그 자연을 벗어난 무한대의 하나님의 세계로 연결시켜 주는 것이 바로 여호와 하나님을 향한 신앙이다. 그런데 아브람은 이 신앙마저도 인간이 인식하는 자연의 한계 속에 가두어 버리고 마는 것이었다. 이것이 지금 아브람의 오류였다.

하나님의 약속이 없었다면 또 모르겠지만 이미 하나님의 약속이 있었고 하나님께서 자신의 약속을 어길 분이 아니라는 것은 우리 신앙의 기본 전제이다. 하지만 이 약속마저도 인간의 육체의 한계와 경험된 자연의 이치 속에서 임의로 가능과 불가능을 판단해 버리고 하나님을 대해 불평하는 실수를 범하고 있는 것이었다. 따라서 지금 **"그 사람은 너의 후사가 아니라 네 몸에서 날 자가 네 후사가 되리라"**는 하나님의 말씀은 아브람의 이러한 신앙의 한계를 하나님의 무한대의 영역으로 확장시켜 그 오류를 지적하시고 지금 범하고 있는 실수를 피할 수 있도록 하시는 것이었다.

내가 불가능하다고 생각하고 이제는 틀렸다고 판단할 때도 그 가능성이 열려있는 것이 우리의 신앙의 세계라는 것을 알아야 한다. 너무 늦었다고 판단될 때에도 아직은 이르다고 하시는 하나님의 말씀 속에서 우리는 인간의 이성과 자연의 이치를 초월하여 존재하는 하나님의 세계를 볼 수 있어야 한다. 이러한 신앙이 있을 때 스스로 조급해서 타협하지 말아야 할 대상과 타협하고 포기하지 말아야 할 것을 포기하는 우를 범하지 않을 수 있다. 굴종하지 말아야 할 대상에게 굴종하지 않을 수 있는 힘을 얻을 수 있다. 말씀 앞에서는 자신감과 위로를 얻지만 돌아섰을 때 만나게 되는 현실의 여러 조건들이 나를 낙심케 하고 염려와 근심을 불러일으킬 때, 그 순간에도 의연한 삶의 모습을 잃지 않을 수 있는 능력을 소유하게 된다.

그러면 이어서 하나님께서는 왜 굳이 엘리에셀이라는 다메섹 사람을 아브람의 후사에서 제외시키는지 그리고 왜 꼭 아브람의 몸에서 날 자로 후사를 세우고자 하시는지를 생각해 보자. 아브람이 엘리에셀을 자신의 후계자로 세우고자 할 때는 단지 재산을 지켜갈 만한 능력과 힘만을 보았던 것은 아니었다. 아브람 자신 신앙인으로서의 정체성을 가지고 있었고 가나안에서의 하나님 나라 건설을 평생의 사명으로 삼고 살아온 자였다. 그러기에 엘리에셀에게서도 신앙을 선택의 한 기준으로 삼았을 것임은 분명하다. 그런데 하나님께서는 왜 그를 거부하시는 것일까? 외모가 부족하거나 외적 능력이 충분치 못해서일까? 물론 그것은 아니다. 이러한 것이 하나님의 선택 기준은 아니기 때문이다. 하나님께서 사람을 거부하시는 이유는 오직 한 가지 곧 신앙의 문제이다. 그렇다면 엘리에셀에게는 그의 신앙과 관련하여 어떤 문제가 있었을까? 이와 관련해서 우리는 훗날 출애굽한 이스라엘에게서 그 답을 생각해 볼 수 있다.

이스라엘이 출애굽하여 광야로 나왔을 때 하나님께서는 20세 이상 된 남자들로 군대와 같은 조직을 편성한다. 그런데 이 20세 이상의 자들이 여호수아와 갈렙을 제외하고는 단 한 사람도 가나안 땅에 들어가지 못한다. 왜 그랬을까? 광야 40년 세월을 통해 나타나는 결정적 요인은 그들에게 애굽의 우상숭배적 문화와 타락한 생활습관이 제거되지 않았다. 이러한 것들이 그들의 의식과 삶 속에 신앙이 들어오는 것을 방해하였다고 하는 사실이다.

늘 애굽에서의 삶을 그리워하고 애굽으로 돌아가고자 하며 가나안일지라도 단지 젖과 꿀이 흐르는 외적인 풍요만을 기대할 뿐이었다. 이미 애굽의 문화와 관습에 길들여진 자들에게 있어 새로운 신앙의 가치관을 교육 받고 새로운 사람으로 거듭난다고 하는 것은 대단히 어려운 일이었다. 이로 말미암아 이제 가나안 땅을 정복하고 그 땅에 새로운 신앙의 세계를 건설하여 후손들에게 물려주는 중대한 사명을 맡는다는 것은 불가능했다. 그 사명을 수행해 갈만한 신앙이 그들 속에 자리 잡을 여지가 그만큼 없었기 때문이었다. 조금만 어려워도 늘 애굽으로 돌아가고자 하였고 모세와 하나님을 거역하고 원망하는 모습이 끊임없이 반복되었다. 가나안을 가고자 할지라도 그 목적은 땅을 얻어 잘 먹고 잘 살기 위해서였지 말씀에 따른 절제된 신앙의 나라를 이루고 확장해 가고자 하는 뜻에는 도저히 따라갈 수 없었다. 20세 이하의 자들이 그 가나안 땅에 들어갈 수 있었던 것은 아직은 애굽의 풍요한 물질문화와 그리고 타락한 우상문화에 길들여지지 않은 자들이기에 새로운 하나님 나라의 신앙에 젖어들 수 있었고 그들이 하나님의 나라를 세우고 지켜갈 수 있었기 때문이었다.

따라서 오늘 아브람 스스로가 후사로 세워놓은 엘리에셀을 하나님께서 그 후사에서 제외시키신 것은 분명 그의 신앙에 문제가 있었기 때문이었다. 그리고 그 문제점은 바로 광야 20세 이상의 자들과 같이 다메섹의 우상 문화와 생활습관이 그 속에 지워지지 않은 채 존재해 있다는 것이었다. 이러한 때 신앙은 그 삶과 의식의 중심부에 자리 잡지 못하고 단지 자신을 신앙인인 것처럼 보이게 만들뿐이었고 본질은 이방인의 상태로 남아 있어 이중적인 삶의 체계를 구성하게 되는 것이다. 겉은 신앙인의 모습이었으나 속은 이방인인 사람이 이 다메섹 사람 엘리에셀이었다. 그러기에 아브람 이후가 되면 아브람이 힘들게 일궈 놓은 하나님의 나라는 곧 무너져 버릴 것이었고 그 공동체는 가나안의 여타 호족 집단의 세력으로 변질되고 말 결과가 거기에 숨어 있었던 것이다.

그러면 하나님께서는 왜 굳이 아브람에게서 날 자를 그의 후사로 주장하시는 것일까? 이 점에 대해서도 우리는 광야에서의 이스라엘에 대한 하나님의 섭리로써 이를 이해할 수 있다. 그것은 하나님께서 이스라엘의 군사로 나갈만한 자는 20세 이상 된 자들로 계수하게 하신 반면 회막에서 하나님의 말씀을 가르치는 중심 역할을 담당했던 레위인들에 대해서는 그들과 달리 1개월 이상 된 자는 모두 계수하라고 하여 철저히 하나님의 소유로 삼으셨던 바로 그 사실이다. 레위인은 태어난 지 1개월 이상만 되면 간난아이일지라도 이미 이스라엘에게 가르쳐야 될 말씀의 내용들이 그 귀에 들려지고 학습되어져야 함을 요구하시는 것이었다. 말씀이 뼛속 깊이 새겨지고 이스라엘의 신앙의 중심으로 백성들을 흔들림 없이 지도해 갈 수 있게 하기 위해서였다.

이것이 얼마나 중요한지는 보다 훗날 사무엘에게서 그대로 증거된다. 젖을 막 뗀 아이가 어미와 떨어져서 홀로 회막에 남아서도 하나님께 경배드린다. 뿐만 아니라 회막에 있던 사악한 엘리의 두 아들 제사장 홉니와 비느하스의 아래에 있으면서도 그들의 악한 행실을 따라 행하지 않는다. 반대로 혼자지만 꿋꿋이 그 신앙을 지켜 이스라엘을 구원할 선지자로 성장해 간다. 그것은 그가 태어나면서부터 그 어머니 한나로부터 받은 신앙 교육 덕분이었다.

하나님께서 아브람의 몸에서 날 자를 그의 후사로 세우겠다고 하시는 것은 단순히 그의 혈통을 이어받을 자라야 한다는 조건을 말씀하시는 것은 아니었다. 혈통의 자녀라면 이삭보다 먼저 태어난 이스마엘이 그의 후사가 되어야 했고 이삭에게서도 에서와 야곱 이 두 아들 중 에서가 그의 후사가 되어야만 했다. 하지만 그 육신의 아들 중에서도 가려져서 선택되어 지는 것은 바로 신앙이 그 유일한 조건이었기 때문이었다. 즉 하나님께서 보시는 후사는 무엇보다도 신앙을 계승하는 신앙의 후사였기 때문이다. 그러기 위해서는 지금까지 아브람이 거쳐온 길에서 경험되어진 모든 삶의 내용들을 그대로 공유하여 아브람의 준비된 신앙을 그대로 이어받고 또 전해줄 수 있어야 했다.

따라서 아브람에게서 태어나야 했고 사래의 품 안에서 길러져야만 했다. 아주 어려서부터 아이는 어미 사래로부터 신앙의 덕목으로 길러져야 했으며 아비 아브람으로부터 신앙의 교훈을 듣고 배워야만 했다. 하나님이라는 존재가 뼛속 깊이 새겨져 그의 피와 살이 되어져야 했다. 그래야만 이 가나안 땅에서의 거친 삶 속에서도 신앙을 지켜가고 전해 줄 수 있게 되는 것이었다. 만일 아브람이 생각하는 것처럼 다메섹에서 태어나 자라고 어느 날 아브람 공동체에 합류된 사람이 그의 후사가 된다면 그에게는 이러한 신앙 교육 과정이 있을 수 없었고 신앙은 그의 의식 속에서 한 부분으로만 자리 잡은 채 피상적인 것이 될 수밖에 없었다.

오늘날처럼 언제든 읽고 생각할 수 있는 성경책이 있는 시대가 아니었다. 아브람의 삶 속에서 직접 경험하고 깨달아진 내용들이 오직 그의 입을 통해 나오는 것 외에는 신앙 전달의 수단이 없는 시대였다. 그런데 이미 자기의식이 생긴 사람에게는 타인의 말을 듣고 그 내용을 나의 내면 속에 깊이 새긴다는 것은 심히 어려운 일이다. 그것은 오늘날 우리가 자녀를 낳아 기를 때에도 그 자녀가 어릴 때에는 부모의 말을 그대로 듣고 다 받아들이지만 벌써 스스로의 분별력을 갖게 되는 때가 되면 의심하기 시작하고 자신의 생각에 비추어 판단하려고 하는 모습을 보면 그대로 알 수 있는 사실이다.

하나님께서 왜 아브람에게 이 늦은 때까지 아들을 주지 않으신 것인가? 이러한 이해에서 본다면 이 믿음의 후사가 될 아들에게 전해주고 심어주어야 할 믿음이 아직 아브람에게 온전히 준비되지 않았기 때문이었다. 신앙의 후사가 되어야 할 아들에게 물질의 후사로서 보다 중요한 의미를 부여하고 그렇게 교육시키고 훈련시켜 갈 것이기 때문이었다. 신앙은 그것을 지켜가기 위한 도구로서 작용할 뿐이었다. 보다 온전한 신앙을 전해줄 수 있는 아브람과 사래가 되기를 하나님께서 기다리고 계신 것이었다. 하나님께서 기다리고 계신 아브람의 신앙의 자리는 이삭의 탄생 후 그를 하나님께 번제로 바치라는 하나님의 요구에 순순히 순종하는 아브라함에게서 그대로 확인된다.

신앙인의 성급함을 본다. 준비도 되기 전에 아직 설익은 모습으로 여전히 애굽의 문화와 생활습관과 사고방식을 그대로 지니고서 하나님의 일을 한다고 나서는 우리가 아닌가? 일꾼도 많고 일꾼 되려는 자도 많으나 하나님의 나라는 더 이지러지고 있는 현실은 무엇을 말해주고 있는가? 왜 교회는 중세 1000년의 암흑기를 경험해야만 했고 지금도 신앙의 혼돈은 끝나지 않고 있는 것인가? 무늬만 신앙인일 뿐인 자들이 오늘도 많은 교회의 문 앞을 지키고 서 있지는 않은가 말이다.

내 눈에는 불가능하게 보이나 하나님께는 여전히 가능하다는 것을 볼 수 있고 나의 생각에는 이미 늦었다고 판단되나 하나님께는 아직 이르다고 하는 것을 깨달을 수 있을 때 그 때 우리는 하나님과 그의 나라를 위해 일할 수 있으리라. 내가 누군가에게 흠 없는 신앙을 남겨줄 수 있을 때 그 때 우리는 하나님 나라를 세워가고 또 이어줄 수 있는 신앙인이 되었다 할 것이다. 하나님의 은혜를 맹목적으로 추구하기 이전에 그 은혜가 희귀하다고 하기 전에 나의 신앙이 준비되었는가 하는 것을 다시 점검해 볼 때이다. 나의 신앙이 준비되지 않는다면 나를 향한 하나님의 때는 영원히 오지 않을 수도 있다.

별을 헤는 밤 (창 15:5)

"그를 이끌고 밖으로 나가 가라사대 하늘을 우러러 뭇 별을 셀 수 있나 보라 또 그에게 이르시되 네 자손이 이와 같으리라"(:5)

단 한 명의 자손도 없어 고민하는 아브람이었다. 결혼 50여년이 지나도록 아이를 낳을 수 없었기에 이제는 나이로 보나 육체적 능력으로 보나 아이를 갖기에는 틀렸다고 포기하고 있는 아브람이었다. 10여년 전 가나안에 처음 들어올 때에 들었던 자손에 대한 하나님의 약속마저도 기대를 접고 있는 때였다. 그러기에 다메섹 사람 엘리에셀을 자신의 후사로 내심 정하여 놓고 자신의 뒤를 준비시켜 가고 있는 상황이었다. 바로 이 때 하나님이 임하셔서 네 몸에서 태어날 아이가 너의 후사가 되리라고 말씀하여 주신다.

정말 놀라운 축복의 말씀이었지만 과연 아브람은 이를 어떻게 믿을 수 있었을까? 이 하나만 더해진다면 더는 부족할 것 없었다. 지금 그의 삶에서 가장 절실히 요구되는 유일한 것이었기에 이 하나님의 약속은 더할 나위 없는 은혜였다. 하지만 문제는 과연 이를 아브람이 믿음으로 받아들일 수 있느냐 하는 것이었다. 하나님도 이러한 아브람의 마음을 이미 읽고 계셨다. 이에 하나님께서는 아브람을 이끌고 밖으로 나가신다. 그리고 하늘을 보게 하시며 그 하늘에 떠있는 별을 보라고 하신다. 그리고 그것을 세어보라고 하신다. 아마 하나님이 말씀으로 임하셔서 그와 만나고 대화를 나누는 때가 밤이었던 것 같다.

지금으로부터 거의 4000년 전의 시대 해발 800m가 넘는 헤브론의 광야와도 같은 들판이었다. 오늘날과 같은 도시의 불빛도 전혀 있을 수 없는 때였고 여러 먼지와 매연이 하늘을 뿌옇게 가리고 서서 별빛의 밝음을 흐려놓을 일도 없는 때였다. 그냥 청정하여 자연의 모든 색과 빛을 있는 그대로 받아 우리의 눈에 담아놓는 그러한 시대였다. 짙은 어둠 속에 오직 보이는 것은 까만 하늘에 펼쳐져 있는 별들의 영롱하고 아름다운 모습뿐이었다. 홀로 외로이 떠있어 그 밝음을 더욱 멋지게 드러내는 별도 있었고 커다란 무리를 이루어 화려한 군무를 펼치며 자신들의 존재를 자랑하는 은하수들도 거기에 있었다.

아마 아브람은 이 밤에 저 까만 밤하늘에 펼쳐진 별들의 잔치를 보며 지금까지와는 전혀 다른 새로운 경이감을 느꼈을 것이다. 밤하늘을 바라보며 그 끝을 알 수 없는 까만 하늘에 반짝이는 별의 아름다움을 이토록 큰 경이로움으로 느낀 적은 지금까지는 없었을 것이다. 어떻게 저토록 많은 별들이 저마다 크기도 다르고 밝기도 전혀 다른 채 저렇게 반짝이며 빈 공간에 떠 있을 수 있을까 하는 신비로움이 그 마음에 새로운 경험으로 다가왔다. 언뜻 언뜻 느낀 적은 있어도 그저 잠시 뿐이었고 또 거의 매일 보는 것이었기에 별다른 감정도 느껴보지를 못했던 그 하늘이었기에 말이다.

더군다나 삶 속에서 후사에 대한 염려와 근심이 두려움이 되어 그의 마음을 짓누르고 있었기에 그 밤하늘을 올려다볼 생각도 하지 못했다. 혹 어쩌다 볼찌라도 별의 아름다움을 느끼기보다는 오히려 그 밤하늘을 향해 깊은 탄식만을 토해 올렸을 것이다. 자식 없이 늙어가는 어느 외로운 노인의 서글픔을 그 별빛에 담아서 말이다. 그런데 이 밤 하나님께서 주신 특별한 감동을 가지고 그 밤하늘을 올려다본다. 그리고 이전에 느껴보지 못했던 전혀 새로운 아름다움을 경험한다. 그리고 이 밤하늘이 가지고 있는 또 한 가지의 신비를 발견한다. 그 별이 그저 많은 것이 아니라 헤아릴 수 없이 많다는 것을. 끝 간 곳 없이 넓은 밤하늘에 펼쳐진 헤아릴 수 없는 별들의 숫자, 이는 하나님의 은혜의 세계를 새롭게 비추어주는 사실이었다. 깊이를 측정할 수 없고 넓이를 측량할 수 없는 저 까만 우주와 또 그 안에 담겨진 헤아릴 수 없는 별들의 숫자는 그것 자체가 하나님의 초월적인 능력과 하나님의 무한대한 은혜 그리고 하나님의 섭리의 오묘함을 드러내는 것이기 때문이다.

지금까지 삶에 쫓겨서 볼 수 없었던 그 밤하늘이었다. 늘 거기 있었고 늘 보여졌지만 느낄 수 없었던 그 밤하늘을 오늘 하나님께서 보게 하심으로 새롭게 올려다본다. 너무나도 청정한 들판의 밤하늘에 촘촘히 떠있는 별들을 보며 언제 저기 저렇게 많은 별들이 있었는가 하고 감탄을 발한다. 말로 표현할 수 없는 그 영롱한 아름다움에 더하여 이루 셀 수 없이 많다는 것에서 새로운 경이감을 느낀다. 바로 그 때 하나님의 말씀이 들려온다. '네 자손이 이와 같으리라'. 지금 단 한 명의 아들도 없는 아브람이다. 그 아들이 없어 누구를 후사로 세울 것인가 근심하며 미래를 불안하게 바라다보는 그였다. 그런 그에게 네 몸에서 날 자를 후사로 주시겠다는 말씀을 주셨다. 그리고 그 말씀조차도 차마 믿기 어려워하는 그였기에 이 밤하늘을 올려다보며 하나님의 무한대한 능력과 오묘한 섭리를 보여주시는 것이었다. 그런데 거기에 더하여 이제는 너의 자손이 그 중 하나가 아니라 저 많은 별들처럼 셀 수 없이 많게 되리라고 말씀하시는 것이었다. 또 그 하나 하나가 저 별들처럼 그렇게 아름답게 되리라고 하시는 말씀이었다.

"아브람이 여호와를 믿으니…"(:6). 이 별들을 봄이 없었더라면 그 속에서 저 광대한 하나님 나라의 신비로움과 경이로움을 느끼지 못했더라면 아브람에게 이 말씀은 그리 설득력 있게 들려오지 않았을 것이다. 하지만 저 까만 밤하늘의 별을 바라보며 느낀 감격이 있었기에 이 순간 약속의 말씀은 너무나 아름다운 연인의 속삭임처럼 즐겁게 들려올 수 있었으리라.

나이 75세의 아내를 둔 85세의 아브람이었고 이제껏 자식 하나 얻지를 못한 그였다. 이 때에 저 밤하늘의 별처럼 많은 자손을 얻게 되리라는 이 하나님의 말씀을 어찌 믿을 수 있었겠는가? 하지만 이 약속은 저 밤하늘 속에 담겨진 하나님의 무한한 능력과 오묘한 섭리를 느낄 수 있었기에 조금도 의심할 필요 없이 그에게 그대로 다가왔다. 무슨 말이 더 필요하며 어떤 설명이 더 있어야 하겠는가?

이 날 이후 저 밤하늘은 전혀 새로운 의미로 아브람에게 다가왔으리라. 아무에게도 말할 수 없는 참으로 아름다운 약속을 그는 그 밤하늘 속에서 추억해 낼 수 있었으리라. 그 셀 수 없이 많은 별들 하나 하나가 자기의 자손처럼 느껴지는 하나님의 약속이 담겨진 밤하늘이었던 것이다. 종이에 써서 도장 찍은 약속이 아니었다. 손가락에 낀 반지나 쌓아올린 돌무더기로 증거를 삼은 언약도 아니었다. 저 광대한 우주 속에 이루 말할 수 없는 감동으로 기록한 약속이었고 밤이면 밤마다 찾아와 우리의 눈 한 가득 담아놓는 그 별빛으로 쓴 약속이었다. 밤만 되면 올려다보는 그 까만 하늘 속에 영롱히 반짝이는 별들이 증인이 되는 약속이었다. 큰 별 작은 별, 그리고 밝게 빛을 내는 별과 또 있는 듯 없는 듯 가물거리며 희미한 빛을 발하는 별 등 그 하나 하나의 별들이 하나님의 약속을 머금고서 너무도 소중하게 그의 마음 속에 새겨져 들어왔으리라. 나의 훗날의 자손들이 저렇게 빛나는 아름다운 별들처럼 된다는 것, 헤아릴 수 없이 많게 된다는 것은 생각만 해도 즐겁고 기대되는 일이 아니었겠는가?

아브람이 올려다본 밤하늘은 오늘 우리에게도 펼쳐져 있다. 그 밤하늘은 동일하지만 한 가지 다른 것은 그 날 아브람에게 그 하늘은 앞으로의 약속을 담고 다가오는 하늘이었지만 오늘의 우리는 그가 그 별들 속에서 아름답게 약속 받고 기대했던 그 별들의 주인공이 되어 그 별들을 올려다보고 있다는 점이다. 그 때 하나님께서 그에게 보여주셨고 그리고 그가 보고 기뻐하며 경이로움을 느꼈던 그 별들이 바로 오늘의 우리이기 때문이다. 4000년 전 그 약속이 실현된 실체로서 말이다. 저 밤하늘의 보석처럼 아름답게 반짝이는 별과 같이 오늘 내 자신 이 어두운 세상 속에서 빛나는 존재일까? 아브람이 오늘 살아서 이 역사 속에 들어와 지금의 나를 본다면 그 날 하나님의 약속을 받고 확인하던 그 별의 아름다움과 감동을 내게서 발견할 수 있을 것인가?

우리는 이 지구가 넓다고 생각하고 우리가 소유해야 할 것이 많다고 생각한다. 하지만 한 번이라도 저 밤하늘을 바라보고 그 광대한 우주의 세계 속에서 이 지구가 얼마나 작은 존재인지를 느낄 수 있다면 이 지구 안에서 우리의 소유한 것들이 또 얻고자 노심초사하는 것들과 우리의 분내며 염려하며 질투하는 것들이 얼마나 작고 쓸데없는 것들인지를 알 수 있지 않겠는가? 아무리 가까운 별과 별 사이의 거리도 수십 광년에서 수백 광년 떨어져 있다. 하늘 이 편에서 저 편 끝까지 펼쳐져 있는 눈에 보이는 별의 거리가 수십억 광년이나 된다는 것을 알게 될 때 고작 70내지 80년의 세월을 사는 우리의 인생이 얼마나 짧고 허무한 것인지를 깨달을 수 있지 않겠는가? 수십 수백억 광년의 시간이 거기 한 하늘에 함께 펼쳐져 있어 우리의 한 눈에 보여지고 있는 것이다.

어려움을 느낄 때에 혹은 실망스런 현실을 만날 때에 우리는 저 밤하늘 별들의 세계를 바라보며 그 무한하고 오묘한 하나님의 능력과 은혜를 느껴 보아야 하리라. 저 무한광대한 세계 속에서 나의 고민이 얼마나 작은 것인지 때로는 얼마나 의미 없는 것들인지를. 하나님께서는 저 밤하늘을 보게 하심으로 '아브람아 너의 고민하는 것이 얼마나 쓸데없는 것인지 아느냐, 물려줄 아들이 없어서 안타깝게 생각할 만큼 남에게 주기가 아깝다고 여기는 너의 소유가 얼마나 작고 사소한 것인지를 아느냐' 하는 조용한 가르침이 그 광활한 우주 속에 담겨져 있었기에 말이다.

오랜 옛날 아브람이 훗날에 대한 기대를 가지고 바라보던 별들이 그 밤하늘 속에 있었다면 오늘 밤하늘의 별들은 그의 기대했던 별로서의 나 자신을 담고 거기에 떠있다는 사실을 생각하자. 매연으로 오염된 밤하늘의 희뿌연 오늘 도시의 별처럼 나 자신도 그러하지는 않는지 아니면 청정한 가을 하늘의 공기처럼 맑고 깨끗한 모습으로 환하게 세상을 비추고 있는지를. 별이 보이는 밤에 할 수 있는 대로 높은 곳으로 올라가 밤하늘을 올려다보라. 거기에서 지금의 나의 별을 찾아보라. 그리고 내가 기대하는 나의 별도 찾아보라.

저 사람 아브람 맞아? (창 15:6)

"아브람이 여호와를 믿으니 여호와께서 이를 그의 의로 여기시고"(:6)

아브람이 여호와를 믿었다고 할 때 이는 무엇을 믿었다고 하는 것이며 이 믿음으로 그는 어떤 결과를 갖게 되었던 것이었을까? 여호와께서 그의 이 믿음을 그의 의로 여기셨다고 할 때 이 의가 가지고 있는 의미와 내용은 어떤 것일까? 특히 여기 이 본문의 말씀이 우리의 믿음을 의라고 정의하는 성경 최초의 기록이기에 이 의미를 구체적으로 파악한다는 것은 너무도 중요하다. 그러므로 우리는 이 질문에 답하기 위해서는 먼저 오늘 하나님과의 만남이 있기 전에 아브람이 가지고 있었던 문제가 무엇이었던가 하는 것을 살펴보아야 한다. 즉 하나님께서 그를 찾아오셔야만 했던 그의 삶의 요인이 무엇이었는가 하는 것과 이것이 하나님과의 만남을 통해서 어떻게 해결되었는가 하는 것을 이해함으로 우리는 그 결과 아브람에게 생겨난 '**믿음**'과 '**의**'의 의미를 정확하게 규명할 수 있을 것이다.

그가 안고 있었던 중요한 문제는 그에게 자신의 모든 것을 물려줄 후사로서의 아들이 없다는 사실이었다. 이 아들이 없으므로 그의 노년을 믿고 의탁할 대상을 갖지 못한 염려가 생겨났다. 또 이로 인해 그가 현재 가지고 있는 많은 재산과 사회적 위치를 나의 혈육이 아닌 남에게 넘겨주어야만 했다. 나아가 가나안에 대한 그 자신의 꿈을 계속 키워나가는 것도 어렵게 느껴졌다고 하는 것이 연속해서 나타나는 사실들이었다. 결국 이런 것들이 그의 근심이 되었고 이 가나안의 험한 상황 속에서 불안과 두려움을 그에게 가져다주었다.

그런데 정작 중요한 문제는 아들이 없다는 것이 하나님께서 그에게 찾아오셔야만 했던 이유의 전부였으며 아들만 생기면 그의 이 모든 문제가 사라지는 것인가 하는 점이었다. 바로 여기서 오늘 우리가 정확히 보아야 하는 것은 그것이 결코 아니라는 사실에 있다. 왜냐하면 이 아들은 그가 처음 가나안에 들어올 때에 하나님께서 이미 약속해 주신 바요 지금도 계속 유효하며 그리고 앞으로 15년 후 그가 100세 될 때에 그의 삶에 실현되어질 것이었기 때문이다. 그러므로 만일 그에게 하나님의 말씀으로 약속된 아들에 대한 기대와 소망이 계속 있었다고 한다면 이 부분은 문제될 것이 없었던 것이다. 그럼에도 불구하고 오늘 하나님께서 그를 찾아오셔야만 했던 것은 무엇이었는가?

물론 아들에 대한 하나님의 언약을 믿지 못하고 있다는 것이 근본적인 요인이었다는 사실은 분명하다. 그런데 보다 중요한 것은 왜 믿지 못하였느냐 하는 것과 또 어떻게 하면 이 믿음을 가질 수 있도록 하느냐 하는 것이었다. 여기에 대해 우리는 하나님께서 이러한 그에게 찾아오셔서 그에게 행하신 것이 무엇이었는가 하는 것을 살펴봄으로써 그 답을 찾을 수 있을 것이다.

하나님께서 아브람에게 오셔서 가장 먼저 하신 일은 두려워 말라고 권면하시는 것이었고 나 여호와 너의 하나님이 너의 방패요 상급이라는 사실을 말씀해 주셨다(1절). 지금 아브람에게 두려움이 있다는 것과 이 두려움은 하나님이 나의 방패요 내 인생의 상급이라고 인식하는 신앙 인식이 없었기 때문이었다. 그럼에도 불구하고 아들이 없는 것에 대한 불만을 토로하는 아브람을 대해(2절) 너의 몸에서 날 자가 너의 후사가 되리라는 아들에 대한 약속을 주셨다(3,4절). 하지만 이에 대한 아브람의 반응은 회의적이었다. 왜냐하면 이 약속은 이미 10년 전에 하신 것이었고 지금도 그가 기억하고 있는 것이었기 때문이다. 문제는 이 약속 자체가 아니라 그 약속이 지금까지 10년이 지나도록 실현되지 않았고 앞으로의 실현 가능성도 보이지 않는다고 하는 것이었다.

그러했기에 하나님께서는 그로 하여금 밖으로 나가 헤브론의 밤하늘을 올려다보게 하셨다. 인간의 이성과 자연의 이치를 초월하여 존재하는 전지전능의 하나님을 그가 만드신 그 우주의 신비로운 밤하늘 속의 무수한 별을 보여주시며 느끼도록 하신 것이었다. 그리고 난 다음 그 아들을 통한 자손들이 저와 같으리라는 10년 전의 언약을 재차 들려주신 주신 것이 그 마지막의 일이었다(5절). 이것이 이 밤에 하나님께서 아브람에게 찾아오셔서 지금까지 그에게 하신 일의 전부였다. 그리고 이어서 아브람이 이를 믿었다는 결과가 오늘 본문의 말씀으로 증거되고 있는 것이다.

이제 우리가 여기서 중요하게 보아야 하는 점이 있다. 그것은 그 아들에 대한 약속과 별처럼 많고 아름다운 자손들이 생겨나게 되리라는 약속은 오늘 처음 주신 약속이 아니라 아브람이 가나안에 들어오던 약 10년 전에 이미 하셨던 약속을 재확인한 것이라는 사실이다. 그와는 다른 어떤 새로운 내용이 들려지고 제시되어진 것은 아니었다. 그럼에도 불구하고 똑같은 언약의 내용이 지금 하나님을 만나기 전까지는 전혀 믿을 수 없는 것이었는데 하나님과의 만남을 가진 후인 지금은 믿음으로 반응되고 있는 것이었다. 이 것이 오늘 하나님과의 만남이 만들어낸 결과였다. 그러므로 해결되어야 하는 의문은 왜 아브람이 오늘 이전에는 그 약속에 대한 믿음을 가지지 못하였느냐 하는 것이며 그로 인해 어떤 결과가 생겨났느냐 하는 것이 중요한 사실이었다.

아브람이 10여년 전 처음 그 약속을 받을 때에는 분명 믿음으로 응답하였었다. **"여호와께서 아브람에게 나타나 가라사대 내가 이 땅을 네 자손에게 주리라 하신지라 그가 자기에게 나타나신 여호와를 위하여 그 곳에 단을 쌓고"(창12:7)**. 그럼에도 불구하고 10년의 세월이 흐른 지금 그 언약을 믿지 못하게 된 것은 오직 하나 아브람과 사래의 육체적 노쇠함, 즉 생물학적으로 이제는 아이를 낳을 가능성이 사라져 버렸다는 육체적 한계에 대한 인식이었다. 이것이 그 언약을 믿지 못하게 만드는 핵심 요인이었고 그로 인해 염려와 두려움이 생겨났다. 그리고 최종적으로는 그가 이 가나안 땅에서 수행해야 하는 핵심 사역 곧 하나님 신앙을 전하고 그 나라를 세워나가는 일이 방해받고 있었던 것이었다. 염려와 두려움이 있는데 그리고 이 두려움을 해소할 방법을 찾는데 골몰하는 그가 다른 일들을 성실히 수행할 수 없게 되는 것은 너무도 당연하기 때문이다.

이에 대해 하나님께서는 내가 너의 방패요 상급이라는 사실을 가장 먼저 들려주셨던 것이다. 인간의 모든 염려와 두려움은 근본적으로 하나님께서 나의 방패요 상급이라는 믿음이 없기에 생겨나는 것이요 따라서 이에 대한 확고한 신앙만 있다면 어떤 염려나 두려움도 물리칠 수 있는 것이기 때문이다. 그리고 이 방패와 상급으로서의 하나님에 대한 믿음은 인간의 이성과 자연의 이치라는 한계를 극복하고 이 모든 것을 창조하신 하나님의 초월적 권능에 대한 믿음이 있을 때 가능한 것이기에 그 우주의 밤하늘을 통해 하나님의 초월성을 보여주셨다. 육체에 매인 인간의 한계를 이를 통해 깨어 버리신 것이었다. 그리고 나서 **"아브람이 여호와를 믿으니 여호와께서 이를 그의 의로 여기시고"**라는 말씀의 증거가 나타나는 것이다.

따라서 이러한 사실들 속에서 우리는 **"아브람이 여호와를 믿으니"**라는 말씀이 내포하고 있는 내용은 단순히 아들에 대한 약속을 받고 그것을 믿게 되었다는 한 가지 사실만이 아니라는 점을 확인할 수 있다. 더 중요한 것은 아들이 없음으로 인해 그의 마음 속에서 그를 짓누르고 있었던 불안 염려 두려움들이 사라졌다는 것이었다. 그리고 이에서 더 나아가 보게 되는 중요한 점은 그가 하나님을 자신의 방패요 상급으로 인식하여 받아들였다고 하는 사실이다. 이는 우주를 창조하시고 섭리하시는 하나님의 초월적 권능을 그가 보고 느낄 수 있었기 때문이었다. 하나님께서 그에게 가장 먼저 중요하게 요구하신 것이 방패와 상급으로서의 하나님 자신에 대한 믿음이었고 따라서 이 부분에 대한 믿음이 세워지지 않았다면 그래서 여전히 두려움이 있었다면 **"여호와께서 이를 그의 의로 여기시고"**라는 말씀이 성립될 수 없기 때문이다.

결국 우리는 여기서 이 밤 하나님께서 그에게 오시기 전과 오신 이후의 아브람에게 생겨난 변화를 보게 된다. 적어도 겉으로 본다면 그에게는 어떤 변화도 없었다. 그에게 아들이 없다는 사실은 여전히 그대로이기 때문이다. 하지만 이런 외적인 상황과는 달리 그의 속마음에는 너무도 큰 변화가 있었다. 즉 이미 10년 전에 있었던 자손에 대한 하나님의 약속을 그가 새로운 확신으로 받아들이게 되었고 이로 인해 그의 삶 속에서 생겨났던 두려움과 염려와 근심이 사라졌다. 인생과 물질에 대해 나도 모르게 집착하였던 그 모든 얽매임에서 벗어나고 자유해졌다. 그리고 하나님의 전지전능하심과 초월적 권능을 온전히 받아들이게 되었다. **"여호와께서 이를 그의 의로 여기시고"**라는 말씀은 바로 이와 같은 전혀 새로워진 아브람의 신앙의 세계가 전제되고 있다. 온전히 변화되어진 속사람을 증거하는 말씀이다.

이 밤이 지난 후 새로운 날 아침에 아브람을 보는 사람들의 눈에 그의 모습은 어떻게 보여졌을까? 부자이고 강한 세력을 지니고 있고 사람들로부터 존경과 사랑을 받고 있지만 그 얼굴 어딘가에는 우수가 깃들여져 있고 한 쪽 어깨가 남모르게 쳐져 있는 어제와 같은 변함없는 그런 모습이었을까? 아니면 이전과는 전혀 다른 생명력이 그 몸 전체에서 풍겨나오는 활달하고 자신감 있는 젊은이와 같은 모습이었을까? 도대체 간밤에 무슨 일이 있었느냐고 사람들이 놀라지 않았을까?

이제 우리는 여기서 한 가지 더 중요한 사실을 본다. 그것은 아브람에게 이러한 자유함을 가져다 준 이 믿음은 하나님의 말씀에 대한 충분하고도 완전한 믿음에서 생겨난 것이었다는 사실이다. 오늘 밤 하나님과의 만남은 하나님 자신의 직접적 현현에 의한 것이 아니라 말씀으로 임재하심이었다는 사실이 바로 이 점을 설명한다(1절). 이 말씀을 이해했고 말씀으로서의 하나님을 바로 이해했기에 이러한 믿음의 세계에 들어올 수 있었던 것이다. 바로 여기서 우리는 우리의 믿음은 철저히 하나님의 말씀에 근거하는 것이라는 사실을 확인할 수 있게 된다. 하나님은 그 말씀을 통해 우리에게 믿음을 주신다는 점이다.

말씀에 대한 이해로 말미암아 나의 생각이 너무 좁았고 내가 비록 하나님의 일을 열심으로 감당하고자 할지라도 하나님께서 인도해 가시는 하나님의 나라와 신앙의 세계에 대해 무지했다고 하는 사실을 깨달았다. 인생을 붙잡아매고 있는 좁은 인식의 한계를 극복했다. 즉 지금까지는 보지 못했고 생각지 못했던 것들을 바라볼 수 있는 새로운 안목이 생겨났던 것이다. 저 멀리 나의 자손이 하늘의 별처럼 많아지는 그 먼 미래의 세계까지 밤하늘을 볼 때마다 확인할 수 있게 되었다. 지금은 홀로 있고 외롭고 초라한 것 같지만 훗날 어느 때에 하늘의 별처럼 많은 자손들이 아름다운 나라를 만들어 가게 되리라는 꿈을 소망으로 간직하게 되었던 것이다.

오늘 우리 자신들의 신앙을 되돌아본다. 우주를 창조하시고 운행하시는 창조주 하나님의 초월적 권능에 대한 믿음이 있는가? 만일 있다고 생각한다면 그 하나님께서 당신의 초월적 권능으로 나의 방패가 되어주신다는 것과 내 삶의 유일한 상급은 하나님 자신뿐이라는 사실을 인식하고 있는가? 이러한 인식도 있다고 생각한다면 지금 나의 삶을 두렵게 하는 것과 근심하게 하는 것 그리고 세상과 인생에 속한 것들에 대한 욕심과 집착으로부터 자유한가? 만일 이 자유함이 없다면 하나님께서 나의 방패요 상급이라는 믿음도 헛것이요 창조주 하나님의 초월적 능력에 대한 믿음도 헛것일 수밖에 없다.

잃어버린 것 (창 15:7)

 가나안에 들어온 지 10여년의 시간이 지난 후 아브람은 이전에 예기치 못했던 상황에 부딪친다. 아들이 없고 후사가 없으므로 이제 닥쳐올 장차의 일들에 대해 염려해야 하는 것이 그것이었다. 이 문제를 위해 하나님께서 어느 날 직접 말씀으로 임재하셨고 이는 그 문제가 아브람에게 얼마나 심각하고 중요한 문제였는가 하는 것을 나타내는 것이기도 하였다. 이 만남을 통해 아브람은 그 문제에서 벗어날 수 있었고 그것이 가져다주었던 고민과 염려 그리고 두려움과 집착에서 해방될 수 있었다. 하나님이라는 존재 자체를 아느냐 모르느냐 하는 것보다 그의 입에서 나오는 말씀을 듣고 그 분이 어떤 분인가를 아는 것이 진정 중요한 신앙의 요인이라는 것을 확인해 주는 것이었다.

 말씀과의 대면 없이 하나님을 안다고 하는 것은 우리의 일상적인 만남에서 누군가의 이름은 아나 그가 어떤 사람인지를 알지 못하는 것과 같다. 이는 그를 모르는 것과 전혀 다르지 않다고 하는 것을 알려주는 것이기도 하다. 아들과 자신의 뒤를 이을 후사의 문제, 남 보기에는 비록 사소한 것 같지만 이는 이와 같은 하나님과의 진지한 만남을 통해서만 그 해결이 가능한 너무도 큰 문제였다는 것을 알게 해준다. 아브람에게 뿐만이 아니라 우리 모든 인생에게도 마찬가지라는 것을 말이다. 삶의 어떤 문제인들 하나님

없이 해결 가능한 작고 사소한 것이 있겠는가?

그렇다면 하나님께서는 왜 아브람에게 이러한 믿음을 주신 것이었을까? 그의 개인적 문제해결이 그토록 시급했고 그것이 하나님께서 이 밤에 찾아오셔야만 했던 이유의 전부였던 것일까? 만일 그렇다면 이 믿음은 단지 개인의 문제를 해결하기 위한 도구로서의 가치만을 지니는 것인가? 바로 이와 관련하여 다음 말씀은 아브람이 후사의 문제로 인해 고민과 갈등을 겪는 사이 그에게 맡겨진 가나안에서의 본래 사역은 어떤 사정에 놓여져 있었는지를 생각하게 해준다.

"또 그에게 이르시되 나는 이 땅을 네게 주어 업을 삼게 하려고 너를 갈대아 우르에서 이끌어 낸 여호와로라"(:7)

이 말씀 속에는 내가 너를 갈대아 우르에서 이끌어낸 이유가 무엇인지 아느냐 하는 하나님의 질문이 담겨져 있다. 즉 '너는 지금 이 땅에 왜 와 있는 것인지 너를 이 곳으로 이끌어낸 여호와 하나님의 뜻이 무엇인지를 아느냐' 하는 내용의 말씀이다. 이는 현재 가나안 땅에 거주하여 살아가고 있는 아브람의 존재 이유와 그 삶의 의미에 대한 본질적이고 근원적인 답을 요구하는 물음이기도 하다. 아브람 자신이 지금의 이 가나안에 존재하면서 생각하고 있고 기대하고 있는 바가 과연 하나님께서 원하고 바라시는 바와 일치하는가 하는 점을 묻고 있는 것이다. 그리고 하나님은 이 질문에 대해 내가 너를 이 땅으로 이끌어낸 것은 이 가나안 땅 전부를 네게 주어 너의 소유가 되게 하려고 하신 것이라고 스스로 답하신다. 가나안 땅 전체가 너의 뜻이 펼쳐지고 이어져가는 땅이 되게 하며 궁극적으로는 여호와 하나님의 뜻이 이 곳에 실현되고 확장되어 가기를 원하신다 함이다. 그런데 이것을 너는 지금 알고 있느냐, 너의 삶의 내용 속에 담아가고 있느냐 하는 물음인 것이다.

하나님의 이 말씀 또한 하나님의 언약으로 아브람이 가나안 땅에 처음 들어올 때 들려주신 말씀이라는 사실이다. **"여호와께서 아브람에게 나타나 가라사대 내가 이 땅을 네 자손에게 주리라 하신지라 그가 자기에게 나타나신 여호와를 위하여 그 곳에 단을 쌓고"(12:7).** 하나님은 그 때 자손에 대한 약속과 더불어 이 땅에 대한 비전까지도 약속을 통해 주셨다. 그리고 아브람이 단을 쌓았다는 것은 이 약속을 자신의 삶의 사명으로 받아들였다는 것을 드러낸다. 그리고 오늘까지 이를 위해 모든 고난을 무릅쓰고 살아왔고 그 결과 오늘 이 정도의 자리에까지 이른 것이었다. 그런데 왜 지금 이 시점에서 이 약속을 다시 상기시키시는 것일까? 아브람이 이를 지금도 분명하게 인식하고 있다면 그리고 실천하여 가고 있다면 과연 이렇게 물어보실 필요가 있는 것이었을까?

중요한 것은 현재의 상황에서 아브람이 자신의 인생을 통해 생각하고 있고 기대하고 있는 바가 무엇인가 하는 사실이다. 지금까지 살펴보아 왔듯이 그의 삶의 중심은 자신의 후사 문제에 초점이 맞춰져 있었다. 후사가 없기 때문에 자신의 가진 모든 것을 믿고 맡길 사람이 없다는 것에서 오는 염려와 두려움이 그를 짓누르고 있었다. 또 이를 해결하기 위한 고민이 온통 그의 생각을 사로잡고 있었다. 이를 아브람이 처음 이 땅에 들어올 때와 비교해 보면 너무나도 많이 달라져 있음을 발견할 수 있다. 그가 이 가나안에 들어올 때만 해도 그가 꿈꾼 것은 오늘의 그가 염려하고 생각하는 것처럼 자신의 인생과 소유가 아니었다. 지금 아브람이 가지고 있는 이러한 염려들을 그 때와 비교해 보면 너무도 사소한 것이었고 조금의 관심도 미련도 두지 않았던 것들이었다.

아브람이 롯을 자기에게서 떠나가게 하였던 사실이 이를 증명한다. 하나님 나라의 일에는 전혀 관심이 없었고 오직 자기 소유와 자기 인생에만 집착하며 사는 롯을 아브람은 그렇게 보내었던 것이다. 그 때 아브람에게는 이 가나안을 하나님의 나라로 만들어 보고자 하는 너무도 소중하고 아름다운 신앙의 뜻이 있었다. 이를 위해 갈대아 우르에서의 그 풍요하고 안락한 삶까지도 포기했던 것이다. 본토 친척 아비의 집 그리고 그 곳에서의 삶, 당시 사람들의 세계관으로 보면 삶의 전부였던 소중한 것들이었다. 하지만 이 모든 것을 포기하고 희생한 채 오직 하나님의 부르심에 응답하여 하나님의 나라를 위한 꿈을 가지고 이 땅에 온 것이 아브람의 실제였었다.

그런데 그 꿈과 이상이 지금은 단지 자신의 후사를 놓고 걱정하는 것으로 바뀌었다. 현재의 가진 것을 자신의 전부로 여기고 이것을 누구에게 물려줄 것인가로 고민하고 있었다. 바로 이 점에 대해 하나님께서는 앞서의 후사에 대한 말씀을 통해 그 고민과 염려를 해소시키신 후 이제 보다 본질적인 문제로 아브람의 생각을 이끌어가는 것이다. '네가 지금 가지고 있는 소유와 너 개인의 노년을 놓고 염려하느냐? 이것이 너의 처음 가졌던 가나안을 대한 기대였으며 너의 노년에 대한 소망이었더냐? 너의 처음 가졌던 그 가나안을 향한 꿈과 이상과 기개는 어디로 갔느냐?' 라고 묻는 질문이다. 그리고 이에 대해 '나 여호와 너의 하나님이 너를 이 땅으로 이끌어낸 것은 너의 지금 소유한 것이 아니라 이 가나안 땅 전부를 네게 주려고 이끌어낸 것이야' 라고 스스로 그 답을 확인해 주시는 것이었다.

사람마다 젊어서는 큰 꿈과 이상을 품는다. 이 아브람처럼 하나님과 인류를 향한 숭고한 뜻을 갖고 살기도 한다. 하지만 현실 속에 부대끼면서 나이가 들어감에 따라 그 꿈은 사라지고 생각과 기대의 폭이 줄어들고 인생도 왜소해지는 것을 경험한다. 그리고 끝에 가서는 한움큼 받아든 퇴직금을 들고 남은 인생을 어떻게 꾸려갈까 궁리한다. 이도 없이 병들고 버림받은 채 불쌍하고 처량한 노년을 보내는 이는 또 얼마나 많은지. 그런데 우리의 신앙 또한 많은 경우에 이와 유사한 경로를 겪는다. 처음에는 나를 희생하고 헌신하여 하나님과 하나님의 나라를 위해 무엇이든 할 수 있다는 각오를 가지고 충성을 다짐한다. 하지만 작고 사소한 것들에 집착하다가 정작 본질을 놓쳐버린 채 그 신앙의 꿈이 퇴색되고 바래진다. 그리고 마지막에는 자기 한 몸 이끌어가는 것도 힘겨워하는 신앙으로 바뀌고 그저 현실에 만족하여 변화를 거부하고 두려워하는 것으로 변질된다. 이럴 때쯤이면 그 신앙과 삶은 하나님 나라에 걸림돌이 되고 거추장스러운 존재가 되기 십상이다.

처음 올바른 뜻과 이상을 가지고 올바른 방향을 향해 나아가는 것은 너무나 중요하다. 하지만 이를 이루고자 하는 열정과 올곧은 기개를 잃지 않고 삶의 마지막 순간까지 이어간다는 것은 꿈과 이상을 품는 것보다도 얼마나 더 소중한지를 우리는 알아야 한다. 불의와도 타협하지 않고 변해가는 삶의 상황에도 속지 아니하며 인생의 늙음에도 지지 않는 신앙의 뜻과 기개야 말로 우리가 소망해야 하는 또 다른 신앙의 목표이다. **"네가 그리스도 예수의 좋은 군사로 나와 함께 고난을 받을찌니 군사로 다니는 자는 자기 생활에 얽매이는 자가 하나도 없나니 이는 군사로 모집한 자를 기쁘게 하려 함이라"**(딤후 2:3-4).

왜 지금 와서 다시 (창 15:8)

"그가 가로되 주 여호와여 내가 이 땅으로 업을 삼을 줄을 무엇으로 알리이까"(:8)

　이 가나안 땅을 너의 소유가 되게 하려고 너를 갈대아 우르에서 불러내었다는 하나님의 말씀에 대해 아브람은 그것이 과연 사실입니까라고 묻는다. 그것이 사실이라면 그 증거가 무엇입니까, 내가 무엇을 가지고 그것을 알 수 있겠습니까 하고 반문한다. 이 말은 그가 하나님의 이 뜻을 믿지 못하겠다는 것이 아니라 자신의 능력으로는 도무지 생각하기 어려운 너무나도 엄청난 결과라는 놀라움이 들어있는 말이다. 무엇보다 아브람의 이 말이 나타내는 중요한 사실은 오늘 이 말씀이 있기 전까지 아브람의 마음 속에는 가나안 땅에 대한 이러한 가능성이 전혀 생각되어지지 않고 있었다는 사실이다. 이는 가나안 전쟁 이후 아브람은 자신의 높아진 위상에 만족하고 그 평안한 삶에 안주하여 살아왔다는 것을 알려준다. 그러는 사이 가나안에서의 그 삶의 시각이 극도로 좁아져 자신의 삶에 한정되어졌고 다만 내 가진 이 소유를 누구에게 물려주며 어떻게 지킬 것인가 하는 것만 생각하게 되었다. 가나안 땅 전체를 바라보는 비전도 사라졌으며 십여 년 전 하나님께서 주신 약속도 기억 속에서 사라져 버렸음을 보게 해 준다.

사람이 자신의 삶에 얽매이고 현재의 상황에 구속된 삶을 살게 되면 그 생각과 마음의 폭도 극히 좁아지게 된다. 그리고 그 좁아진 틀 안에서 쉽게 벗어나오지 못한다. 그렇기 때문에 현재의 조건과 상황을 초월하여 생겨나는 꿈과 비전에 대해 선뜻 수용하거나 쉽게 납득하지 못한다. 그러한 불가능해 보이는 목표를 향해 달려가는 자들을 무모한 자들이라고 비웃는다. 그러기에 여기에 함께 참여하려거나 도우려고 하지 않는다. 이러한 현상은 훗날 출애굽한 이스라엘이 가나안 정복의 대과업을 눈 앞에 둔 시점에서 그대로 보여진다.

열 두 명의 정탐꾼을 먼저 그 땅으로 보냈을 때 그 12명 중 10명이 가나안 땅을 정복하는 것은 불가능하다고 보고한다. 현실적이고 객관적인 조건과 상황을 대비하여 분석해 볼 때 지극히 합리적이고 이성적인 판단이었다. 이제 막 출애굽하여 아무 준비도 없이 힘들게 광야를 지나온 자신들이 그 땅에 오랫동안 터를 잡고 살아오며 영역을 굳히고 세력도 갖춘 그들을 몰아낸다는 것은 현실적으로 불가능해 보이는 것은 사실이었다. 오합지졸에 불과한 자신들의 모습을 충분히 인식한 결과였다. 그 결과 그들은 자신들을 이 곳으로 인도하고 이 불가능한 일을 시키고자 하는 모세를 원망하고 반역하여 애굽으로 돌아가자고 소리친다. 이것이 여호수아와 갈렙이라는 두 인물을 제외한 전체 이스라엘 백성의 결과였다. 현실적으로는 불가능해 보이는 것이 사실이었다. 하지만 그 땅을 정복하고자 하는 보다 높고 큰 비전을 이루어 가려는 모세와 뜻을 함께 하고자 하였던 사람은 그 60만 이스라엘의 장정 중 단 두 사람 뿐이었던 것이다.

즉 보다 높은 이상을 향해 현실의 불가능해 보이는 조건들을 극복해 가고자 하는 것에 대해 모든 이스라엘이 이를 거부했고 이를 이루어 보고자 하는 열정과 기대보다는 극도의 절망감을 드러냈다. 오늘 우리가 이들의 행위를 어리석은 것이었다고 평가하지만 이를 오늘 우리의 현실 속에 대입한다면 우리 또한 조금도 다르지 않다. 객관적인 비교 결과가 유리하지 못하다면, 더 나아가 절대 불리하다면 그 누구도 그 성공의 가능성을 인정하려고 하지 않는다.

그러나 한 시대의 역사를 주도해 가고 변화시켜 가는 인물들은 누군가? 현실의 상황과 조건이 한계 상황처럼 놓여져 있지만 불가능해 보이는 목표일지라도 오늘 이 시대와 모두를 위해 반드시 필요하다고 판단된다면 이를 이루기 위해 최선을 다하는 자들이다. 때로는 이 목표를 불가능하게 만드는 현실의 조건을 극복하기 위해 인간적인 술수를 사용하기도 하지만 이 도전 정신을 가진 자들이 역사를 변화시키고 만들어 왔다. 불가능한 현실을 이겨 내고자 하는 그 치열한 노력을 기울인 자들이 전혀 예상치 못한 결과들을 만들어 왔고 우리는 그 도전 정신과 가장 진지한 열심들을 주목해 볼 필요가 있다. 신앙이 아닌 인간의 열심도 이런 결과를 만들어 낼 수 있다는 사실을 말이다.

모세와 여호수아와 갈렙, 이들도 현실의 한계를 온 몸으로 느낄 수밖에 없는 연약한 인간에 불과했다. 막 애굽을 벗어나와 광야를 건넌 이스라엘의 현실적인 한계를 누구보다도 더 잘 아는 자들이었다. 하지만 인간적인 야심이 아니라 하나님께서 사명으로 부여해 주신 그 비전을 온 마음을 다해 받아들인 자들이었다. 그 불가능해 보이는 꿈을 가장 거룩한 의와 선으로 이루어간 자들이었다. 그리고 하나님 나라와 백성을 위해 자기 개인의 모든 것을 희생하고 헌신하여 모든 사람이 불가능하다고 여겼던 그 큰 일을 결국 순종으로 이루어 내었던 것이다.

오늘의 아브람, 그 또한 한 때는 불가능해 보이는 꿈과 비전을 가지고 현실에 도전하던 시절이 있었다. 하지만 시간이 지남에 따라 현실의 삶 속에 부대끼면서 살아오는 사이 그 크고 높은 꿈은 잊어버렸고 오늘 다시 듣는 그 비전을 전혀 생경스런 마음으로 대한다. 그것이 지금의 나에게 과연 가능한 일이냐고 되묻는 것이었다. 바로 여기서 우리는 한 가지 중요한 질문을 해 본다. 왜 하나님께서는 이미 늦은 것 같은 아브람에게 그 뜨겁던 열정이 사그라진 사람에게 가나안을 향한 이 크고 중요한 사명을 다시 생각하게 하시는 것일까 하는 사실을. 하나님께서는 아브람의 오늘의 결과를 앞서 전혀 모르고 계셨던 것일까? 그 꿈과 비전을 이루지 못하고 상실한 채로 자신의 삶에 매달려 살아가게 될 아브람을 하나님께서는 모르시고 그에게 십여년 전 그와 같은 꿈을 사명으로 주셨던 것이었을까? 만약 이를 이미 알고 계셨다면 하나님께서는 무엇을 기다리고 있었던 것일까?

여기서 우리는 모세를 다시 생각해 본다. 그는 과연 어떻게 가나안 정복의 대과업을 사명으로 받아들일 수 있었던 것일까? 아브람에게 주어졌지만 아브람이 오늘까지 잊어버리고 있었던 가나안에 대한 사명은 모세에게 주어졌던 가나안 정복의 사명과 동일했다. 중요한 것은 모세 또한 오늘 아브람이 경험하고 있는 것과 같은 시간을 보냈었다고 하는 점이다. 모세도 한 때 하나님의 신앙 안에서 이스라엘을 위해 일하고자 하는 젊음의 열정과 패기를 지니고 있었다. 하지만 그는 그 열정으로 애굽 사람을 쳐 죽였고 또 그로 인해 스스로 광야로 도망가 버렸었다. 즉 오히려 의욕적으로 일한다고 할 그 때에 사람을 죽일 만큼 무모하리만치 그 열정이 넘쳐났고 성급하였다. 반면 또 그가 원하던 결과가 나타나지 않고 기대가 허물어지자 너무도 쉽게 그 모든 것을 포기하고 자기 목숨을 아까워하여 광야로 도망쳐 버렸다. 극과 극을 오가는 정반대의 모습이 그의 삶에서 나타났던 것이었다.

그러나 그가 다시 하나님의 부르심을 따라 이스라엘 백성을 위해 일하게 되었던 80세 노년의 때에는 열정이 겉으로 흘러넘치지도 않았고, 성급하지도 않았다. 또 원하던 결과가 바로 나타나지 않고 어려움이 닥쳐온다고 해서 쉽게 포기하고 도망가 버릴 만큼 나약하지도 않았다. 육체적으로는 젊음의 힘을 잃어버리고 쇠하여 있었을지라도 정신적으로는 어떤 하나님의 뜻에도 순종할 만큼 더욱 성숙하고 강건해져 있었던 것이다.

그렇다면 오늘의 아브람은 어떠한가? 십여 년 전 가나안에 처음 들어올 때의 아브람도 40세 때의 모세처럼 불같은 열정을 가지고 있었다. 하지만 그 또한 모세가 애굽에서 광야로 도망갔던 것처럼 가나안에서의 사역이 실패로 드러나자 가나안에서 애굽으로 도망갔고 그 곳에서 그는 가장 나약한 인간의 모습을 보인다. 그리고 다시 가나안으로 돌아와서 오늘까지의 성공적인 삶을 살았다. 하지만 이 시점 아직 해야 할 일이 많이 남아 있음에도 불구하고 조용한 노년을 꿈꾸며 자기 개인의 삶에 집착하는 한 늙은이로서의 나약한 모습을 보일 뿐이었다. 바로 이 순간 하나님께서는 80세 된 모세를 부르시는 것처럼 85세 된 아브람에게 찾아오셔서 하나님의 약속과 비전을 다시 제시해 주시는 것이었다. 아브람은 이제 자신의 때는 끝이라고 생각하고 있지만 하나님은 여기가 끝이 아니라 다시 새롭게 시작해야 할 시점이라고 보신 것이었다. 즉 이제야말로 하나님의 일을 보다 성실하게 흔들림 없이 시작할 수 있는 때라는 것을 하나님께서는 아셨고 어쩌면 오늘을 하나님께서는 기다려 오셨다고 해야 옳을 것이다.

아브람 자신은 이제 인생을 정리해야 할 시점이라고 보고 있었고 지금까지 이루어 온 것을 어떻게 지킬 것인가 골몰하였다. 하지만 하나님께서는 이제야 말로 보다 성숙한 마음으로 하나님 나라를 위해 일할 수 있는 때라고 보신 것이었다. 이제까지의 그 모든 경험들이 가장 아름답게 조화를 이루어 조급함도 없고 실패에 대한 두려움도 없이 인생의 마지막 순간까지 하나님 나라를 위해 살아갈 수 있는 내면의 준비가 그에게 갖추어졌다는 것을 보고 계셨다. 우리 인생의 안목과는 전혀 다른 하나님이셨던 것이다.

성공에 대한 외적인 열정과 육체적인 의지보다는 어떤 실패에 대해서도 쉽게 좌절하지 않고 어떤 큰 도전 앞에서도 끈기 있게 일을 이루어 갈 수 있는 내면의 성숙을 하나님께서는 기다리고 계신다는 사실을 보게 된다. 인간적인 야심에 의해 쉽게 달아오르지만 한 두 번의 실패와 작은 어려움들 혹은 몇 번의 거듭되는 실패와 거친 도전을 이겨낼 의지를 갖추지 못한 채 또 그렇게 속히 식어버리는 우리 인생의 약점을 알고 계신 것이다. 오늘도 하나님의 나라가 이토록 허약한 모습으로 서 있는 것은 왜인가? 성공에 대한 맹목적인 기대와 이를 위한 육체적 열정과 의지는 있다. 그러나 어떤 실패도 이겨내고 저 먼 날에 이루어질 하나님 나라에 대한 기대를 갖고서 한 알의 썩어져 가는 밀알이 되고자 하는 준비된 내면을 소유한 자가 없기 때문이 아닌가?

인생의 어느 때일지라도 불가능한 일은 없는 것을. 물론 인간적인 야심과 헛된 망상은 분명히 경계해야 한다. 그러나 신앙 안에서 하나님 나라를 향한 열정은 내 생의 마지막 순간까지 단 한 순간도 잠들지 않는 영혼을 요구한다는 것을. 끝까지 수고하며 헌신하는 것 이것이 오늘 우리의 신앙이어야 한다는 것을 하나님은 묵묵히 드러내고 계신다.

이 괴리감을 (창 15:8-10)

"그가 가로되 주 여호와여 내가 이 땅으로 업을 삼을 줄을 무엇으로 알리이까"(:8)

하나님께서 이 밤에 아브람을 찾아오신 것은 그가 후사가 없어서 고민하고 있는 것을 보시고 이를 해결하기 위해서라기보다는 이로 인해 하나님 나라를 위한 사역이 중단되고 있기 때문이었다는 것이 보다 궁극적인 이유였다. 후사에 대한 그의 염려와 두려움을 정리한 후 **"나는 이 땅을 네게 주어 업을 삼게 하려고 너를 갈대아 우르에서 이끌어낸 여호와로라"**고 하신 말씀의 의미가 그것이었다. 그런데 아브람은 보다 중요한 이 하나님의 약속의 말씀에 대해서는 선뜻 수긍하지 못한다. **"주 여호와여 내가 이 땅으로 업을 삼을 줄을 무엇으로 알리이까"**. 처음이 아니라 오래 전의 약속을 다시 상기시키시는 것이었다. 그럼에도 그는 전혀 믿음으로 받아들이지 못하고 있다. 후사에 대한 하나님의 약속을 대해 하나님께서 의로 여기실만한 믿음을 나타내 보인 아브람이었다. 그런 그가 드러낼 수 있는 것이라고 하기에는 대단히 의아스러운 반응이다. 믿지 못하겠다는 것이 아니라 믿기 위한 보다 확실한 증거를 보여 달라고 하는 것일 수도 있다. 그러나 증거를 요구하는 것 자체가 전폭적인 신뢰를 나타내지 못하는 약점을 지니고 있는 것이었고 온전한 믿음은 아니었다.

한 하나님의 입에서 나온 약속에 대해서 왜 이렇게 반응이 다른 것인가? 하나의 사안에 대해 의로 여기실만한 믿음을 보였다면 다른 것에 대해서도 동일한 믿음을 보여야 하는 것이 아니겠는가? 앞서의 후사에 대한 약속에 대해 우주를 창조하시고 다스리시는 하나님의 초월적인 능력을 보고 믿었다면 이어지는 땅에 대한 약속도 그 초월적인 능력을 지닌 하나님의 입에서 나온 약속이라는 점에서 당연히 조건 없는 믿음으로 반응하여야 했다. 약속의 내용을 놓고 본다면 그 실현 가능성은 어느 쪽이 더 크게 인식될 수 있는 것일까? 인간의 눈으로 본다면 전자는 지금까지 자식이 없었고 지금도 없으며 앞으로도 그 가능성을 기대한다는 것이 어렵다. 이미 노인이 된 사라에게 자손이 태어나고 그 자손들이 하늘의 별처럼 많게 되리라는 약속의 실현 가능성은 인간의 인식으로는 거의 불가능한 일이다. 하지만 가나안 땅을 네 업으로 주겠다는 약속은 그에 비하면 오히려 실현 가능성이 높다. 상황의 변화에 따라서는 지금 당장이라도 가능해 질 수 있는 일이기 때문이다. 이를 아브람은 수년 전 엘람 왕 그돌라오멜과의 전쟁에서 이미 경험한 바가 있었다.

동일한 하나님의 두 가지 말씀에 대해 앞서의 말씀을 그대로 믿은 아브람이 두 번째의 말씀에 대해서는 그와는 다른 반응을 보인다. 중요한 것은 똑같은 하나님의 말씀이요 약속이지만 인간은 그 실현 가능성을 동일한 무게로 받아들이지 않는다는 사실이다. 즉 인간의 생각으로 한 번 여과한 다음 그 말씀과 약속이 선별적으로 받아들여지기도 하고 받아들여지지 못하기도 한다는 것이다. 하나님 자신의 입장에서 본다면 그가 하는 말씀과 약속은 그 실현 가능성에 있어서 더 크거나 작고 혹은 더 쉽고 어렵고가 없다. 하지만 그것을 받아들이는 인간 자신의 가지고 있는 인식의 세계에 따라 수용되기도 거부되기도 하는 것이다.

그러면 어떻게 해야 하겠는가? 하나님은 아브람의 믿음 속에 있는 이러한 괴리감을 과연 어떻게 다스려 가시는가?

"여호와께서 그에게 이르시되 나를 위하여 삼 년 된 암소와 삼 년 된 암염소와 삼 년 된 수양과 산비둘기와 집비둘기 새끼를 취할지니라"(:9)

하나님의 두 번째 말씀과 약속을 대해 흔쾌한 믿음으로 응답하지 못하고 증거를 구하는 아브람이었다. 그런 그에게 아직도 나 여호와 하나님의 말씀에 대한 믿음이 그렇게 없느냐고 책망하여야 할 것 같은데 그러한 것은 전혀 없고 다만 하나님께서는 여러 종류의 짐승과 새를 준비할 것을 요구하신다. 삼 년 된 암소. 이제 초산을 끝내고 본격적으로 번식에 들어가는 대단히 재산 가치가 높은 귀한 가축이다. 삼 년 된 암염소. 삼 년 된 암소와 마찬가지로 왕성하게 번식활동을 하며 젖을 생산해 내는 대단히 소중한 재산이다. 삼 년 된 수양. 많은 털을 만들어 내고 건강한 새끼를 잉태케 할 수 있는 경제적 가치가 무척 큰 동물이다. 산비둘기와 집비둘기의 새끼. 재산 가치는 크게 없지만 그 똥이 불쏘시개로 요긴하게 쓰이며(왕하 6:25 합분태) 서민들이 흉년 때에 양식으로 대용하기도 하는 언제 어디서든 포획이 가능한 조류이다. 하나님은 이러한 것들을 **"나를 위하여"** 곧 하나님 자신을 위하여 준비하라고 하신다. 왜 무엇 때문에 이러한 것들을 요구하시는 것일까? 아브람은 이를 어떤 의도로 받아들인 것이었을까?

"아브람이 그 모든 것을 취하여 그 중간을 쪼개고 그 쪼갠 것을 마주 대하여 놓고 그 새는 쪼개지 아니하였으며"(:10)

하나님과의 만남이 있던 그 밤이 지난 다음 날 아브람은 하나님의 말씀을 그대로 수행한다. 그런데 아브람이 하나님의 말씀을 수행한 결과를 놓고 보면 새를 제외한 모든 짐승의 가운데를 쪼개어 마주 대하도록 벌려놓은 것이 눈에 들어온다. 무엇을 뜻하는 것인가? 이는 당시 고대 사회의 언약을 체결하기 위한 준비라는 것을 알 수 있다. 사람과 사람의 약속에 대해 반드시 증표를 세워야 할 필요가 있고 무엇보다도 쌍방간에 반드시 지켜져야 하는 아주 중요한 약속일 경우 쌍방이 서로 동의하여 맺는 언약식의 장면이다. 만약 이 약속을 지키지 못할 경우에는 내 목숨을 내놓겠다는 상대방을 대한 또 다른 약속이다. 반면 네가 이 약속을 어길 경우 내가 너의 목숨을 취하겠다는 확증을 받아 놓는 행위이다. 어떤 경우에도 이 약속은 지켜져야 한다는 언약을 보증하는 최고의 행위였다.

물론 모든 약속이 이러한 생명을 거는 보증 행위가 요구되는 것은 아니었다. 목숨을 걸고서라도 지켜져야 된다고 여겨질 만큼 아주 중요한 약속일 때 그리고 만일 지켜지지 못했을 경우 어느 일방이 심각한 손해를 입게 될 때 쌍방이 합의하여 이러한 언약식을 체결한다. 또 이 때는 공동체의 원로들이 증인이 되어 참석하는 것이 보통이다.

그렇다면 이 언약식 때 사용하는 동물은 어떤 것인가? 왜 하나님께서는 아브람에게 삼 년 된 암소를 비롯하여 아주 작은 산비둘기와 집비둘기의 새끼에 이르기까지 다섯 종류의 짐승을 준비토록 하신 것이었을까? 가난한 서민 계층의 사람들이 삼 년 된 암소를 잡아 언약식을 치를 수 없다는 점에서 아브람이 준비한 다섯 종류의 짐승은 모든 계층의 사람들이 각각 사용하는 언약식의 도구들이라는 점을 쉽게 이해할 수 있다. 즉 삼 년 된 암소는 고관 귀족들이나 부자들이 극히 중요한 약속을 체결할 경우에 사용된다. 삼 년 된 암염소나 수양은 그 이하 중간 계층들이 그리고 산비둘기나 집비둘기 새끼는 소나 양이나 염소가 허용되지 않을 만큼 가난한 사람들이 사용한 것으로 추정할 수 있다.

삼 년 된 암소가 왕이나 귀족 세력가들이 언약을 맺을 때 사용한 것이라면 이 때의 약속은 그 사회에서 가장 크고 중요한 약속이다. 어떤 면에서는 그 공동체 전체의 운명이 걸려있는 것일 수도 있었다. 삼 년 된 암염소나 수양으로 약속을 맺는다고 할 때 이 또한 그 언약을 체결한 사람들의 가족 공동체의 운명이 어떤 형태로든 영향을 받게 되는 중요한 것이었다. 산비둘기나 집비둘기 새끼로 맺은 언약도 당연히 그러했다.

그런데 하나님께서는 왜 한 가지가 아니라 이러한 모든 종류의 언약식 제물을 다 준비하도록 하신 것이었을까? 이 언약식 제물이 모든 계층의 사람들과 모든 종류의 언약을 망라하고 있다는 점에서 하나님께서 아브람과 맺는 이 약속은 그 모든 약속을 합쳐 놓은 것보다 더 중요하다는 것을 의미한다. 이 세상 모든 자들 앞에서 맺는 약속이요 그들 모두를 증인으로 하는 언약이며 이 세상 전체와의 언약이라는 의미를 드러내고 있다. 즉 이 언약의 확실성을 세상에 존재하는 모든 언약을 이용하여 증거해 주시는 것이다. 온 천하를 창조하시고 섭리하시는 하나님이다. 그 하나님께서 자신이 창조하신 피조물이요 그 피조물 중 하나인 한 인간을 대해 자신의 전부를 걸고 하는 언약, 이것이 이 언약의 특징이다.

보통의 언약은 언약 체결 당사자인 쌍방 모두의 책임과 의무를 요구한다. 둘 모두가 똑같은 분량의 책임과 의무를 함께 부담한다. 그런데 오늘 아브람을 대한 하나님의 약속은 하나님 자신의 일방적인 약속이다. 곧 이 언약의 성취를 위한 책임과 의무와 부담은 오직 하나님 한 분만의 몫인 것이다. 이 언약에 대해 아브람이 지불해야 하는 부담이나 대가는 전혀 없다. 그리고 동시에 이 언약의 성취를 통해 은혜를 얻을 자는 오직 아브람이요 이 땅의 인간들일 뿐이었다. 하나님에게 어떤 유익이 있는 것이 아니었다. 하지만 이 언약의 책임을 오직 하나님 한 분만이 지는 형식으로 이 언약식이 진행되고 있다.

그러나 바로 이 때 하나님께서 언약 상대방인 아브람이라는 한 인간을 향해 요구하는 한 가지가 있다. 나 여호와 하나님을 믿으라고 하는 한 가지이다. 나의 하는 말을 믿고 내가 해 나갈 일들을 믿음으로 따르되 의심하지 말라는 것이다. 그리고 이 때의 믿음은 하나님의 말씀을 의심치 말고 따라오라고 하는 순종의 믿음이다. 바로 이 한 가지를 위해 인간이 인식할 수 있는 모든 가능한 방법을 총동원해서 증거하신다. 이를 통해 인간도 인간의 언약을 믿듯 너도 나 하나님의 약속을 믿고 믿음 있는 자의 모습을 가지라고 하시는 것이다.

인간의 믿음을 위해 최선을 다하는 하나님이시다. 믿음이 아직 부족한 자를 책망하기 보다는 오히려 마치 당신 자신이 한 인간이 되신 것처럼 인간의 편에 서서 그가 하나님의 말씀을 절대적으로 신뢰할 수 있도록 최선을 다해 도우시는 것이다.

오늘 우리는 과연 하나님을 믿고 있는가? 믿고 있다면 그의 말씀에 대한 온전한 신뢰를 갖고 있는가? 과연 나의 인생은 그러한 신뢰를 바탕으로 흔들리지 않는 믿음의 삶을 살아가고 있는가? 믿음이 있는 것 같다가도 어떤 작은 문제라도 일어날 것 같으면 순식간에 바닥을 기는 우리들이 아닌가?

차원이 달라요 (창 15:10)

커다란 암소를 죽여 머리 끝에서부터 꼬리 끝까지 반으로 쪼개어 놓고 양과 염소도 이와 같은 식으로 반으로 갈라 펼쳐 놓아 언약식을 준비하는 것은 대단히 힘들고 번거로운 일이었다. 왜 아브람의 신앙에 이러한 힘든 언약식의 과정이 필요한 것이었을까? 그 이유는 가나안을 업으로 주겠다는 하나님의 약속을 아브람이 전폭적으로 믿지 못하고 이를 받아들이기 위해 증거를 요구하며 단서를 달았기 때문이었다. 그렇다면 아브람은 먼저의 후사에 대한 약속의 말씀은 그대로 믿은 반면 이 가나안 사역의 말씀은 왜 순전하게 받아들이지 못하였던 것일까? 물론 하나님께서 아들과 후사에 대한 말씀을 약속으로 주셨을 때에도 아브람은 밤하늘의 별들을 올려다보며 그 속에서 보여지는 하나님의 오묘하고 초월적인 창조의 능력과 섭리를 깊은 감동으로 느낀 이후에야 비로소 온전히 믿게 되었다. 하지만 왜 그 믿음이 가나안에 대한 약속의 말씀에는 그대로 이어지지 못한 채 또 다시 이러한 번거로운 언약식의 절차를 필요로 하는 것이었을까?

하나님께서 이처럼 동물들을 잡아 반으로 쪼개어 놓고 맺는 언약의 형식을 취하시는 것은 하나님 약속의 확실성을 보여주고자 하는 것이었다. 하지만 보다 근본적으로는 하나님의 모든 말씀과 약속에 대해 전폭적으로 신뢰하지 못하는 인간의 믿음이 가지고 있는 이와 같은 약점을 반영하고 있는 것이었다. 신앙이 우리의 인식과 마음을 온전히 다스리는 것이 아니라 우리의 인식과 생각이 신앙의 위에 서서 말씀과 신앙을 판단하고 지배하게 될 때 나타나는 결과이다. 부분적으로는 믿지만 또 다른 부분에서는 믿지 못하는 믿음의 양면성을 우리는 우리의 신앙 안에 가지고 있는 것이다.

하지만 우리가 이러한 사실 외에 여기서 발견하게 되는 다른 한 가지는 이 두 가지 약속의 말씀 자체가 아브람을 대해 요구하는 믿음의 차원이 각각 다르다고 하는 것이다. 곧 앞서 아브람이 자손과 후사를 약속하신 하나님의 말씀을 믿은 것은 머리로 믿는 인식적 차원에서의 믿음이었다. 반면 가나안을 업으로 주시겠다는 약속에 대한 믿음은 마음으로 믿을 뿐만 아니라 그의 삶을 다 바쳐 헌신해야 하는 순종을 내포하는 믿음이라는 점이다. 즉 후사와 자손에 대한 하나님의 말씀은 아브람의 의지와는 상관없이 이루어지는 것이었다. 이를 위해 아브람이 취해야 하는 행동은 없었고 다만 마음으로 인정하여 받아들이는 것만이 요구되었다.

반면 가나안을 업으로 주겠다고 하실 때는 만일 아브람이 이를 그대로 믿는다면 이 말씀의 내용이 구체적으로 무엇인지를 알고 아브람 또한 그것을 위해 전적으로 헌신하는 삶이 요구되는 것이었다. 이 밤에 하나님께서 아브람에게 오신 이유도 바로 이 부분 곧 하나님께서 아브람에게 부여하신 사역이 중단되고 있었기 때문이었고 이를 다시 시작하기 위해 오신 것이라는 사실에서도 충분히 알 수 있는 일이다.

이러한 사실들 속에서 우리는 우리의 믿음이 두 가지 차원을 그 속에 담고 있다는 사실을 보게 되는데 그것은 머리로 이해하고 마음으로 수용하여 입으로 고백하는 믿음의 **정적인(static)** 차원과 몸으로 순종하는 **동적인**

(dynamic) 차원이 그것이다. 물론 믿음이란 마음으로 깨달아 알고 행위로 순종하는 이 두 차원을 하나로 다 포함하고 있고 이 두 가지가 나누어짐이 없이 하나의 믿음을 이루어 나타날 때 온전한 신앙을 형성하는 것이다. 하지만 지금 아브람에게서 나타나는 것처럼 오늘 우리들에게서도 보편적으로 드러나는 문제점은 이 두 부분이 서로 분리되어 나타나고 있다는 사실이다. 이러한 사실은 예수님의 말씀 속에서도 그대로 확인된다.

> "그러므로 누구든지 나의 이 말을 듣고 행하는 자는 그 집을 반석 위에 지은 지혜로운 사람 같으리니 비가 내리고 창수가 나고 바람이 불어 그 집에 부딪히되 무너지지 아니하나니 이는 주초를 반석 위에 놓은 연고요 나의 이 말을 듣고 행치 아니하는 자는 그 집을 모래 위에 지은 어리석은 사람 같으리니 비가 내리고 창수가 나고 바람이 불어 그 집에 부딪히매 무너져 그 무너짐이 심하니라"(마 7:24-27)

"나의 이 말을 듣고 행하는 자"와 "나의 이 말을 듣고 행치 아니하는 자". 이 둘의 공통점은 둘 모두가 말씀을 듣고 안다는 사실이다. 그러면서도 이 둘이 가지고 있는 차이점은 하나는 그 깨달은 말씀을 그대로 순종하여 행한다는 것이요 다른 하나는 들어 알되 순종하여 행하는 행함이 없다는 것이다. 이 두 신앙의 부류가 바로 믿음의 두 가지 차원을 드러내는 말씀이다. 즉 언약의 말씀을 귀로 들어 알지만 몸으로 행하지 않는 믿음의 모습과 귀로 들어 알되 들은 대로 행하는 것을 더 중시하는 믿음의 모습이 우리의 신앙 안에 자리하고 있다는 사실을 우리에게 설명하고 있다. 바로 여기서 말씀을 듣고 아는 것이 정적인 차원의 믿음이라면 이를 순종하여 행하는 것이 동적인 차원의 믿음이라고 할 수 있다.

예수께서는 이 아는 것과 행하는 것이 일치하여 하나가 될 때 즉 정적인 차원과 동적 차원이 서로 연결되어 하나의 믿음을 이룰 때 그 신앙이 온전한 신앙이라고 가르치고 있는 것이다. 즉 정적인 차원과 역동적인 차원이 하나의 믿음을 이루어야 한다는 신앙의 당위성을 우리의 신앙을 대해 요구하고 계신 것이다. 중요한 것은 만일 이 두 부분이 함께 이루어지지 않게 된다면 그 결과는 **"그 무너짐이 심하니라"**는, 즉 어떤 사소한 도전과 시험과 유혹 앞에서도 신앙은 전혀 힘을 발휘하지 못한 채 쉽게 허물어지고 말게 된다는 것이다. 이는 오늘 우리의 신앙의 현장에서도 그대로 보여지고 경험되는 현상이다.

"좋은 나무가 나쁜 열매를 맺을 수 없고 못된 나무가 아름다운 열매를 맺을 수 없느니라 아름다운 열매를 맺지 아니하는 나무마다 찍혀 불에 던지우느니라 이러므로 그의 열매로 그들을 알리라 나더러 주여 주여 하는 자마다 천국에 다 들어갈 것이 아니요 다만 하늘에 계신 내 아버지의 뜻대로 행하는 자라야 들어가리라"(마 7:18-21). 예수님을 알고 그를 **"주여 주여"** 라고 불러 나의 주라고 고백하는 것이 믿음의 정적인 차원이라면 하늘에 계신 하나님의 말씀대로 행하여 열매를 맺는 것이 동적인 차원의 믿음이다. 주께서는 정적인 차원만이 아니라 동적인 차원까지 포함하는 믿음이 되어야 할 것을 우리에게 신앙의 명제로 선포하고 있는 것이다. 만일 이 둘이 합쳐 하나의 믿음으로 존재하지 않고 분리되어 정적인 차원만이 있고 역동적 차원이 무시된다면 찍혀 지옥 불에 던져질 것이라고 분명하게 경고하신다.

**"내 형제들아 만일 사람이 믿음이 있노라 하고 행함이 없으면 무슨 이익이 있으리요 그 믿음이 능히 자기를 구원하겠느냐…이와 같이 행함이 없는 믿음은 그 자체가 죽은 것이라…네가 보거니와 믿음이 그의 행함과 함께 일하고 행함으로 믿음이 온전케 되었느니라…영혼 없는 몸이 죽은 것같이 행함이 없는 믿음은 죽은 것이니라"(약 2:14-26)// "우리가 그의 계명을 지키면 이로써 우리가 저를 아는 줄로 알 것이요 저를 아노라 하고 그의 계명을 지키지 아니하는 자는 거짓말하는 자요 진리가 그 속에 있지 아니하되 누구든지 그의 말씀을 지키는 자는 하나님의 사랑이 참으로 그 속에서 온전케 되었나니 이로써 우리가 저 안에 있는 줄을 아노라 저 안에 거한다 하는 자는 그의 행하시는 대로 자기도 행할찌니라"(요일 2:3-6).

선지자와 사도들이 하나님 나라 백성과 교회를 향하여 이토록 안타깝게 외치며 가르친 것도 바로 이 믿음의 불일치 때문이 아니었던가? 입으로 시인하고 마음으로도 믿는다 하지만 행위로는 부인하는 불순종의 믿음 때문이었다. 즉 정적인 차원의 믿음은 있으나 동적인 차원의 믿음은 없는 그래서 속과 겉, 앞과 뒤가 일치하지 않는 이중적이고 위선적인(**"거짓말하는 자요"**) 신앙의 모습을 보여 왔기 때문이었다. 이러한 신앙에는 구원이 있을 수 없다고 단호하게 선포한다("**그 믿음이 능히 자기를 구원하겠느냐**" "**행함이 없는 믿음은 그 자체가 죽은 것이니라**").

따라서 앞서 밤하늘을 보게 하시며 하나님의 언약을 마음으로 믿게 하신 하나님께서는 이제 이 언약식을 통해 그의 온 삶이 그 후사의 문제에 얽매인 데서 벗어나 이 하나님과의 언약의 성취를 위해 헌신되도록 하시는 것이다. 이 부분이 확실하게 정립되지 않으면 머리로는 믿으나 몸으로는 그와는 다른 선택을 하게 되는 불일치가 발생되기 때문이요 이 때의 결과가 어떠할지는 자명하기 때문이었다. 그리고 이것은 곧 아브람의 삶 속에서 그대로 경험되어져 나타날 내용이기도 하였다.

오늘의 교회는 어떠한가? 역동적 차원의 행함의 믿음은 간과한 채 마음으로만 믿고 입으로 고백하는 정적인 차원의 믿음만을 믿음의 전부라고 강조하는 신앙의 오류를 범하고 있지 아니한가? 사도들이 죽은 믿음이요 거짓말하는 신앙이라고 그토록 강하게 질책하는 그 행함 없는 믿음을 말이다. 순종과 행함이 있는 동적인 차원의 믿음이 구원을 결정짓는 본질적 부분이라는 사실을 전혀 간과한 채로 말이다.

솔개 (창 15:11-12)

"솔개가 그 사체 위에 내릴 때에는 아브람이 쫓았더라 해질 때에 아브람이 깊이 잠든 중에…"(:11-12)

아브람은 하나님의 명령을 따라 가장 기름지고 좋은 짐승들을 잡아 벌여놓았다. 소와 양과 염소 등 싱싱한 짐승의 사체요 피가 흘러나오며 냄새를 풍기기에 이를 먹으려고 몰려드는 짐승들이 또 있을 수밖에 없었다. 솔개가 이를 노리고 덤벼든다. 이 솔개의 존재는 단순히 한 마리의 솔개만을 뜻하는 것이 아니라 무리지어 떼로 몰려드는 상황을 설명하는 것이다. 또 그 외에도 까마귀와 독수리를 비롯한 온갖 날짐승 들짐승들이 찾아드는 것을 말한다. 자연히 아브람은 이들을 쫓아내기 위해 분주할 수밖에 없다. 잠시도 한눈을 팔지 못하고 잔뜩 긴장한 채 이리 뛰고 저리 뛰며 새와 짐승들을 쫓아야만 했다. 더군다나 이들은 쫓는다고 해서 쉽게 도망가는 것이 아니요 언제든 덤벼들 틈을 노리면서 가까운 주변을 서성인다. 계속해서 지키는 자의 신경을 거슬리게 하며 잠시도 쉬지 못하도록 괴롭히는 것이다.

특별히 아브람은 이것들을 하나님을 위해 준비하였기에 조금도 짐승들의 입이 가지 못하고 사체에 흠이 가지 않도록 두 눈 부릅뜨고 지켜야만 했다. 해질 무렵 아직 잠자리에 들 때도 아닌 초저녁에 아브람은 깊은 잠에 빠진다. 솔개, 까마귀, 들짐승 등으로부터 이 제물들을 지키기 위한 괴로운 싸움이 저녁 어두워져서야 끝이 났다. 깊은 잠에 빠진 아브람의 모습은 그 낮의 싸움이 얼마나 고단한 것이었는가를 보여주고 있다. 결국 아브람은 이 한 낮 아무것도 하지 못한 채 짐승들과의 싸움으로 하루를 온전히 허비하였다. 그 싸움에 지쳐 지금 이 어두움 속에서 하나님을 위해 준비한 짐승의 사체는커녕 자기 자신도 지킬 힘을 갖지 못한 채 완전히 죽은 자처럼 깊은 잠이 들어 있는 것이다.

이제 이러한 사실들 속에서 우리가 생각해보게 되는 것은 하나님은 왜 아브람에게 이렇게 고단한 일을 준비시켰을까 하는 사실이다. 왜 하나님은 그 낮 시간 동안에 아브람에게 나타나지 않은 채 몰려드는 짐승들 앞에 아브람의 피곤한 삶을 그대로 노출시켜 놓으신 것이었을까? 짐승의 사체를 보고 여러 다른 짐승들이 몰려들 것을 아셨고 또 아브람이 하나님의 임재를 기다리며 이 피곤한 싸움을 싸우고 있는 것을 다 보고 계셨다. 그럼에도 어째서 당신 자신을 보이지 않으셨고 대신 짐승 떼들을 보내셔서 아브람으로 하여금 짐승 떼에게 시달림을 당하도록 하신 것이었을까?

먼저는 하나님을 위해 준비한 짐승의 사체들을 보고 이를 훔쳐 먹으려고 몰려드는 솔개와 까마귀와 들짐승의 무리 속에서 우리는 이 세상의 모습을 그려보게 된다. 좋은 것, 기름지고 맛난 것이 있으면 그것을 빼앗기 위해 노리고 몰려드는 마치 도적 떼 같은 인간들의 군상이 이 몰려드는 짐승들의 모습 위에 오버랩 되고 있지 않은가? 작은 이익일지라도 양보하지 못하고 때로는 너무도 하찮아 보이는 것을 놓고서도 목숨을 걸고 다투는 치열한 인생의 모습들은 이 사회의 보이는 곳과 보이지 않는 곳 어디에서든 지금도 전개되고 있는 것을 우리는 알고 있다.

어쩌면 이것은 아브람 자신의 지금까지의 삶을 형상화하여 놓은 것일 수도 있다. 까마귀 떼로부터 죽은 짐승의 사체를 지키려고 동분서주하는 이 모습은 지금 자신의 소유를 소중히 여겨 그것을 남에게 빼앗기지 않고 지키기 위해 누구를 후사로 삼을까 고민하며 그 소유에 집착하는 것과 동일한 구조를 가지고 있기 때문이다. 아브람이 자신의 소유한 모든 것들을 물려줄 후사가 없어서 고민하고 있는 것 자체가 자신의 후사가 없음을 보고 그의 소유를 노리고 덤벼드는 짐승 같은 자들이 많이 있고 이로 인해 아브람 또한 자신의 것을 아까워하여 이를 지키려 골몰하고 있는 모습을 반영하고 있기에 말이다.

해가 지자 즉시 지쳐 쓰러져 잠든 아브람의 모습은 자신의 소유를 지키려고 전전긍긍하며 거기에만 정신이 팔려 있는 사이에 속절없이 늙음을 맞이해 버린 그의 인생의 시간들을 보여주는 것이기도 하다. 또 어쩌면 이 깊은 잠은 어느 순간부터인가 자신의 소유에 마음이 빼앗겨 가나안을 대한 신앙의 사명을 포기하고 상실한 채 살아온 아브람의 영적인 어두움과 깊은 잠을 드러내는 것이기도 하다.

우리는 하나님을 위해 드릴만한 소중한 그 무엇을 준비하고자 하지만 세상은 그것을 먼저 알고 자기가 차지하려고 빼앗기 위해 덤벼든다. 그것이 시간이든 물질이든 나의 능력이든 나는 하나님께 드리려는 생각으로 애써 좋은 것을 준비하여 놓았는데 세상은 그것을 자기들의 먹잇감으로 보고 덤벼드는 것이다. 그리고 이 세상과의 이러한 생존의 다툼 속에서 정작 하나님을 위해서는 아무것도 하지 못한 채 나의 몸도 소중한 시간들도 속절없이 잃어버린 초라한 모습으로 서있게 되기도 하고 말이다. 아브람의 지금도 바로 이러하다 할 수 있는 것이다.

그러면 아브람이 이 하루를 소롯이 허비하며 지키기 위해 온 힘을 쏟았던 소며 양이며 염소 등 짐승들의 사체는 과연 얼마나 유익한 것이었는가? 과연 그만큼 온 힘을 쏟아 지켜야 할 만한 가치가 있는 것이었는가? 아브람에게는 이 죽여 벌여놓은 짐승의 사체들이 하나님께서 요구하신 것이요 그래서 하나님께 드리기 위한 소중한 것이라고 여겨질 수 있었다. 하지만 그것이 과연 하나님께 어떤 작은 유익이라도 있는 것일까? 곰곰이 살펴보면 하나님께서 오늘 이러한 준비를 아브람에게 시키신 것은 전적으로 아브람 때문이었다. 하나님의 언약과 그 언약이 제시하는 가나안 땅에 대한 사명을 아브람이 온전히 믿고 성실히 수행하여 왔다면 그리고 이제라도 지난 밤에 다시 새롭게 일깨워주신 그 언약과 사명을 그대로 받아들였다면 지금의 이러한 일은 전혀 불필요한 과정이다.

따라서 이 짐승의 사체들은 다만 아브람의 부족한 믿음을 돕기 위해 아브람의 요구를 따라 준비하라고 하신 것일 뿐 하나님 자신 이 죽은 짐승의 고기를 통해 어떤 작은 이익도 얻을 것은 없다. 하지만 아브람은 이것을 하나님을 위해 드린다고 생각하였기에 너무나도 소중하게 생각한 것이 아니었겠는가? 이것은 마치 지금 아브람이 자신의 소유한 모든 것이 하나님께서 주신 것이요 이것을 지키는 것이 하나님을 위하는 것이라고 생각하였는지 모르지만 그 소유 자체가 하나님 앞에 소중한 것은 전혀 아닌 것과 마찬가지이다. 이러한 바탕에서 생각한다면 아브람이 너무나도 소중하게 생각하여 이 하루 최선을 다해 지키고자 노력한 이 짐승의 사체는 그야말로 한 점 죽은 짐승의 고기 덩어리에 불과할 뿐이었다. 어떤 목적을 위해 사용하고자 선택될 수는 있어도 이 자체가 목숨을 걸고 나의 인생의 시간을 온전히 바쳐 지켜야 할 것은 아니었다.

바로 이 속에서 우리는 하나님께서 이 짐승의 사체를 준비하게 하시고 그 사체를 붙들고 하루 종일 덤벼드는 짐승들과 씨름하게 하신 이유를 발견하게 된다. 아브람 자신 짐승의 사체 같은 그리 중요하지 않은 것들을 지키기 위해 지금 얼마나 소중한 시간과 힘을 허비하고 있는지를 보여주고자 하신 것이다. 정작 중요한 가나안에 대한 사명은 까맣게 잊어버리고 포기해 버린 채 그 사명을 위해 주신 재물과 이러 저러한 소유를 그것보다 더 소중히 여겨 그것들을 지키고 물려주기 위해 온 마음과 정신을 쏟는 지금의 아브람이었기에 말이다. 지금까지 온갖 들짐승 날짐승들의 먹잇감에 불과한 것을 부여안고 정작 귀하고 소중한 것들은 잃고 살아온 아브람의 인생이었다. 이를 이 한낮의 시간 동안 죽은 고깃덩어리를 안고서 이를 빼앗아 먹으려고 몰려드는 짐승들과 싸우는 장면으로 형상화 해 놓은 것이다.

아브람의 이러한 모습은 4000년 전 아브람이라는 한 신앙인의 모습에 그치는 것이 아니라 오늘 이 시대 우리 신앙인의 모습을 담고 있는 것이기도 하다. 지금의 우리 또한 그리 소중하지 않은 그저 사라지고 없어질 것들을 얻고 지키기 위해 우리의 시간과 힘과 열정을 다 소모해 버리고 있기 때문이다. 전혀 엉뚱한 것들, 잠시 유익이 있는 것처럼 보이나 실제로는 아무 유익이 없는 것들로 내 인생을 속 끓이며 불태우고 있지 않다고 과연 누가 말할 수 있겠는가? 나는 이것이야말로 진정 중요하다고 가치를 부여하고 그것을 얻고 지키기 위해 노력하고 있지만 결국은 너무나도 헛될 수밖에 없는 것들을 안고서 진정 위할만한 가치가 있는 것들에는 접근도 못한 삶을 살면서 말이다.

하나님께서는 아브람이 하나님을 위해 준비한 것들 위에 내리는 날짐승과 들짐승들의 존재를 통해 이 세상이 하나님 나라를 어떻게 대하고 있는지 알려주신다. 그리고 그것들과 싸우다 지쳐 깊은 잠에 빠진 아브람의 모습을 통해 하나님 나라의 일꾼이 자신은 하나님 나라를 위해 애쓴다고 하지만 그 결과가 어떻게 허망한지를 상징적으로 보여주고 계신다.

오늘도 이 세상에서 하나님 나라와 하나님 나라의 가치들이 어떻게 도전받고 있고 얼마나 허망한 것들로 대치되고 있는지 우리는 보고 있다. 얼마나 쓸데없는 것들에 우리의 가진 소중한 것들을 허비하고 있는 것인지 충분히 느끼고 있다. **"그러므로 너희가 선지자 다니엘의 말한 바 멸망의 가증한 것이 거룩한 곳에 선 것을 보거든(읽는 자는 깨달을찐저)// 주검이 있는 곳에는 독수리들이 모일찌니라"**(마 24:15//28)의 말씀이 바로 이를 두고 하는 말씀이 아니겠는가? 하나님 대신 사람이 주인 노릇 하는 교회, 신앙보다는 돈이 더 우선시되는 교회, 천하보다도 더 귀한 한 생명의 가치는 망각되고 사람의 숫자와 외적인 허망한 업적들이 더 중시되는 이 시대 신앙공동체와 신앙인들의 모습은 지금이 바로 다니엘의 말한 바 멸망의 가증한 것이 거룩한 곳에 서 있는 종말의 시대라는 것을 그대로 보여준다. 영적인 사망이 가득한 곳에 다만 그 죽은 시체를 뜯어 먹으려고 몰려든 독수리와 까마귀와 이리떼만이 가득할 뿐이고 말이다.

절대 고독의 때가 있음을 (창 15:12)

"해질 때에 아브람이 깊이 잠든 중에 캄캄함이 임하므로 심히 두려워하더니" (:12)

덤벼드는 짐승들과 싸우며 이제나 저제나 하나님이 임하실까 간절히 기다리는 아브람에게 해가 지고 밤이 되도록 하나님은 나타나지 않으셨다. 그 당시 모든 중요한 일은 낮에 이루어졌고 밤이 되면 실상 아무것도 할 수 없었기에 아브람은 낮에 하나님을 기다렸으리라. 이 벌려놓은 동물의 사체들을 가지고 무엇을 하든 그것은 낮이라야 가능한 것이고 밤이면 아무것도 보이지 않게 되기에 낮에 임하실 하나님을 기대하고 기다렸으리라. 하지만 해가 지고 캄캄한 어두움이 임해도 하나님은 임하지 않으셨다. 낮에 짐승들을 쫓으며 긴장해 있던 아브람은 잠시 동물들이 물러가고 조금 한가해진 저녁 시간 낮의 피곤함을 이기지 못해 깊은 잠에 빠진다. 그러다 문득 잠이 깨었고 캄캄한 어두움으로 인해 심히 두려워한다. 사방 어느 것도 분간할 수 없는 칠흑 같은 어두움이 임하였고 그의 주변에 의지할만한 어떤 것도 없는 들판이었기에 이토록 두려워하는 것이었으리라. 아무도 없는 들판에서 사방 한 치도 앞뒤를 분간할 수 없는 어두움에 갇혀 있게 된다면 어느 누구라도 두려워하지 않을 수 없기 때문이다. 하지만 우리는 아브람의 두려움이 그렇게 자연스러운 것만은 아니라는 것을 다음의 사실들 속에서 확인하게 된다.

첫째, 아브람은 본업이 목축하는 유목민이었다. 그가 히브리인이었다는 성경의 기록은 그가 양과 소와 염소 낙타 등 짐승을 기르며 들판에 유하는 자였음을 증거해 준다. 유목하는 자들의 족장으로서 들판에서 짐승과 함께 자고 짐승들과 싸우는데 익숙한 자였다. 그러한 그가 만일 들판에서의 어두움과 홀로 유숙하는 것을 두려워한다면 유목을 업으로 삼는다는 것은 불가능하였다. 가축을 데리고 목초와 물을 찾아 돌아다니며 들판에서 잔뼈가 굵어온 자였기에 이 들판에서 한밤을 지낸다고 해서 그 어두움을 두려워할 만큼 심약한 자는 아니었다.

둘째, 현재의 아브람은 400여명 이상의 군대를 거느린 강력한 지도자이다. 적어도 이 가나안 남부에서는 감히 그를 대적할만한 자가 아무도 없다고 해도 과언은 아니다. 왜냐하면 엘람 왕 그돌라오멜의 연합군을 격파하고 가나안을 구출해 내었던 수년 전의 사건은 지금도 전설처럼 회자되며 앞으로도 그러할 것이기 때문이었다. 가나안에 들어온 이후 산전수전 다 겪은 아브람이었고 또 더군다나 지금 그가 있는 이 헤브론의 산지는 그의 앞마당이나 마찬가지라고 할 수 있는 지역이었다. 곳곳에 그의 가축과 목동들이 퍼져있는 그러한 곳이었다. 어떤 강력한 대적과의 싸움도 두려워 않던 아브람이었고 사방에 의지할 대상 하나 없이 이 땅에 들어와서 숱한 밤을 보낸 그였다. 만일 밤을 두려워할 만큼 약한 사람이었다면 오늘까지 이 험한 땅 가나안에서 그렇게 살아오지 못하였을 것이다. 그런데 그러한 그가 이 밤의 어두움 앞에서 두려워 떨고 있는 것이다.

셋째, 무엇보다도 지금 이 들판의 상황이 과연 아브람을 위협하는 요인을 가지고 있느냐 하는 점이다. 무엇이 지금 아브람을 두렵게 하고 있는 것인가? 사실 지금의 깊은 어두움은 땅에 존재하는 모든 생명체들에게 가장 평온한 휴식을 제공하고 있지 않은가? 거의 모든 짐승들도 자기 보금자리로 돌아가서 아무 두려움 없이 편안한 쉼을 취하고 있는 때이다. 낮에 아브람을 그렇게 괴롭혔던 솔개며 까마귀 독수리 이리떼 등 들짐승들도 지금은 자기 자리에서 편히 쉬고 있는 때이다. 실제로 지금 시간에 아브람이 두려워해야 할 만한 대상은 아무것도 없는 상황이다.

자연에서의 어두움은 모든 피조물들에게 휴식과 더불어 새로운 생명력을 더해주기 위해 존재하고 있고 이것이 어두움을 창조하신 하나님의 본래 목적이기도 하였다. 하지만 가장 평안해야 하고 또 아무것도 두려워할 것이 없는 아브람이 저 스스로 두려워하고 있는 것이 이 밤 그가 보이고 있는 두려움의 실상이었다.

그러면 이 두려움은 어디에서 온 것인가? 그것은 전적으로 그의 속에서부터 생겨나온 것이었고 이는 만물 가운데 가장 연약한 것이 인간이라는 사실을 새롭게 확인하여 주는 사실이다. 이 들판의 그 어떤 생명체도 지금의 어두움을 두려워 않고 편한 휴식을 취하고 있는 이 시간이다. 때에 인간 중에서 강력한 지도자로 인정받고 있고 그 스스로도 강한 의지를 지닌 한 인간이 스스로의 두려움을 못 이겨 두려워 떨고 있기 때문이다. 인간은 만물을 지배하고 다스릴 존재로 창조되었으나 죄가 그의 속에 들어온 이후 이렇듯 오히려 만물 중에 가장 왜소하고 초라한 존재로 전락해 버린 생생한 증거를 아브람은 보이고 있는 것이다. 인간은 죄로 인해 그 속 보이지 않는 곳에 때론 자기도 미처 깨닫지 못하고 있는 두려움을 간직한 연약한 존재요 이러한 두려움에 사로잡힐 때는 어떤 의미 있는 행동도 할 수 없는 허망한 존재라는 것을 드러낸다.

그러면 하나님께서는 왜 이러한 상황을 아브람으로 겪게 하시는 것일까? 온 종일 짐승의 사체를 붙잡고 그것을 지키기 위해 힘겨운 싸움을 하게 하셨다. 또 이 밤에 아무것도 쫓아오는 것 없는 속에서도 이토록 큰 두려움을 느끼게 하시고 스스로는 어찌할 수 없는 절망감과 허망함을 맛보게 하시는 것은 어떤 의도에서였을까?

무엇보다도 어두움 하나도 이겨내지 못하는 두려움이 이 의지의 사람 아브람에게 있다는 것, 아브람 자신 이 한 밤의 작은 어두움도 이겨낼 수 없고 오히려 그 앞에서 두려워 떨 수밖에 없는 약하고 약한 한 인간에 불과할 뿐이라는 사실을 확인시켜 주시는 것이 아니겠는가? 너는 스스로 이 가나안의 두려울 것 없는 세력자로 자처하고 지금 소유가 대단한 것이라고 자부하며 이것을 누구에게 물려줄 것인가 고민하지만 너 스스로는 아무것도 할 수 없는 자요 또 이 밤과 같은 두려움이 너의 삶에 임할 때 네가 지금 소중하게 여기며 가지고 있는 그 모든 것이 너를 위해 해 줄 것은 아무것도 없다는 사실을 가르쳐 주심이다. 이 한 낮의 시간을 짐승의 사체를 지키기 위해 온 힘을 다하였던 것처럼 너 자신 지금까지 그 허망한 것들을 위해 살아왔고 이 허무한 것들을 가장 소중한 모든 것처럼 여기며 지키려고 애써 왔다는 것을 알게 하신다. 그리고 이러한 것들이 밤의 이 두려움 앞에서 아무 도움도 되지 못하는 것처럼 홀연히 너의 인생의 끝에 닥칠 그 두려움의 날에 너를 조금도 지켜주지 못할 것이라는 사실을 새롭게 일깨우고 있는 것이다.

더불어 이렇듯 그 속 보이지 않는 곳에 두려움을 간직한 연약한 네가, 이 밤의 작은 어두움 하나 앞에서도 아무것도 할 수 없는 네가 오늘까지 이 모든 결과들을 이루며 살아올 수 있었던 것이 과연 네가 한 일이냐 하는 질문이 이 속에 들어있기도 하다. 지금까지의 너는 네가 잘나서 이렇게 살아왔다고 생각할 수도 있지만 그것은 전적으로 나 여호와 하나님이 너를 지키고 인도하여 온 것이라고 말씀하고 있다. 그러기에 앞으로의 너도 너의 힘으로 살아가는 것이 아니라 오직 나 여호와 하나님의 힘으로만 살아갈 수 있다는 사실을 명심하라는 말씀이기도 하다. 하나님을 떠나서는 그 어떤 의미 있는 일도 할 수 없고 의미 있다고 생각되어 행해지는 모든 것들도 결국은 얼마나 허망할 수밖에 없는 것인지를 너는 똑똑히 알라고 하시는 것이다.

아브람의 연약함. 이것은 이미 오래 전에 아브람이 가나안에서의 첫 사역을 실패로 끝내고 애굽으로 내려가게 되었을 때 이미 확인되어진 바였다. 아무도 그를 죽이려고 하는 자 없었지만 스스로 죽을까 두려워하여 자기의 아내 사래를 자신의 누이라고 말하여 애굽 왕에게 첩으로 빼앗겨 버렸던 데서 이미 경험되고 확인되어진 것이었다. 얼마나 큰 비겁함이 그에게 있는 것인지, 쫓아오는 자 없어도 쫓겨가는 두려움이 그의 안에 있고 이 두려움으로 인해 그 삶이 얼마나 비참해질 수 있는 것인지를 그는 너무나 처절하게 경험하였던 것이다. 그 때도 하나님께서 특별히 간섭하여 도와주심으로 다시 한 번 가나안에서 사역할 더 큰 힘을 얻어 나올 수 있었다. 오늘 그의 삶이 이루어질 수 있었던 그 모든 바탕은 그 때 하나님의 전적인 은혜로 인해 더해진 것이었다. 그러한 그가 자신도 모르는 사이에 자신의 이 연약함을 잊어버리고 하나님의 주권적인 섭리의 부분을 망각하고 자신의 능력의 한계에 갇혀진 자신만의 삶의 세계를 구축해 왔던 것이다.

그러기에 특별히 이 밤에 이러한 경험을 하게 하시는 것은 가나안에서의 사명을 다시 일깨워주시는 하나님의 언약의 말씀에 대해 자기 자신의 능력을 의심하며 그 실현 가능성에 대해 회의적인 반응을 내보였던 아브람이었기 때문이다. 그 일이 너의 능력으로 되어지는 일이 아니라는 사실 너 스스로는 그 일의 아주 작은 부분도 감당할 수 없다는 사실을 전하고 오직 여호와 하나님의 지혜와 섭리로 되어져갈 일이요 너는 오직 믿음으로 순종하라고 요구하시는 것이다.

오늘날도 사람 앞에서 큰소리치는 자 많지만 쫓아오는 자 없어도 도망가는 것이 인간이요 두렵게 하는 것 없어도 스스로 근심하며 두려워 떨며 사는 것이 인간이다. 가장 편안한 중에도 두려워 떠는 마음이 인간 누구의 속에라도 있다. 그러면서도 하나님을 알려고 하지 않고 믿으려 하지 않는다. 세상 앞에서 오히려 큰소리치고 그 두려움을 애써 감추려고 한다. 만용일 뿐임에도. 아브람 자신 어두움이 이렇게 큰 두려움이 되어 자신에게 덮쳐올 줄은 예전에는 미처 생각지 못했을 것이다. 양떼도 없고 동무도 없이 혼자 맞이하는 이 밤이 이렇게 무서울 수도 있다는 사실을 그는 처음 깨달았으리라. 내게 있다고 생각하던 것이 모두 사라졌을 때, 아무것도 보이지 않고 또 볼 수도 없는 흑암 같은 어두움이 내 삶에 드리울 때 인간은 철저하게 무능력하고 다만 두려워할 수밖에 없는 이처럼 연약한 존재라는 사실을 뼈가 저리도록 아프게 느꼈을 것이다.

무엇을 가졌다고 생각하는 자일수록 이러한 흑암의 때가 있다는 사실을 생각해야 한다. 절대 홀로인 때, 나 혼자 견뎌내야만 하는 때가 있음을 기억해야 한다. 이것을 인식할 때 우리는 그 누구 앞에서도 겸손할 수 있으며 지금 가지고 있는 것이 아무리 크다고 할지라도 그것으로 인해 자만하지 않을 수 있게 된다. 무엇보다도 이 어두움의 때, 절망의 때를 이기게 해 주는 존재로서 더욱 진지하게 하나님을 찾고 알고자 하는 소중한 노력을 기울일 수 있고 그 하나님 앞에 최선을 다해 그 음성을 순종하고자 하는 믿음을 키워갈 수 있다. 아무도 의지할 필요가 없다고 나 혼자 이 세상을 잘 살 수 있다고 큰소리치던 자일 수록 그 무너짐이 얼마나 허망하고 또 그 때 사람 앞에서 얼마나 비굴해지는지….

똑바로 듣고 분명히 알라 (창 15:13)

"여호와께서 아브람에게 이르시되 너는 정녕히 알라 네 자손이 이방에서 객이 되어 그들을 섬기겠고 그들은 사백 년 동안 네 자손을 괴롭게 하리니"(:13)

가나안 땅에서 이제는 아무것도 두려워할 것이 없고 먹고 사는 생존의 시급함도 없이 단지 후사에 대한 염려만 하고 있던 아브람과 이 밤 아무것도 두려워할 것이 없는 속에서도 홀로 두려워 떨고 있는 그의 모습은 묘한 대조를 이루고 있다. 후사를 염려하는 아브람의 모습이 그 모든 소유를 이루기까지의 자신의 삶에 대한 어떤 자부심이 담겨 있는 모습이라면 이 밤 두려워 떠는 모습은 참으로 초라하고 왜소하며 한없이 불쌍한 존재로서의 모습을 가지고 있는 것이다. 아브람 자신 늘 겪고 보내는 밤의 어두움이 이처럼 큰 두려움이 되어 임하리라고는 조금도 생각지 못하였으리라. 한 밤의 어두움도 이겨내지 못하는 자기 자신이 얼마나 연약하고 무기력한 존재인지를 새롭게 경험한 것이었다.

바로 이러한 때 이루어진 하나님의 임재는 이와 너무도 극적인 대비와 조화를 이룬다. 마치 거친 폭풍으로 인해 깊은 물결 속으로 빠져 들어가는 위태한 때에 손을 내밀어 그 죽어가는 자를 구원해 내는 것과 같다. 하나님의 존재와 그 의미를 가장 분명하게 각인시켜 줄 수 있는 그런 상황의 연출이었다. 이 두려운 순간에 하나님의 임재를 맞이한 아브람의 감정은 커다란 안도감이었으리라. 그런데 이 순간 아브람에게 보이신 하나님의 얼굴 모습은 어떠하였을까? 이제는 두려워 말라고 하시는 지극히 자비롭고 인자한 모습이었을까 아니면 엄하고 무서운 얼굴이었을까?

아브람에게 나타나신 하나님은 곧바로 다음과 같은 말씀을 먼저 하신다. **"너는 정녕히 알라"**. 여기서의 **"정녕히"**라는 단어는 '똑바로' '분명히'라는 의미를 가지고 있는 표현이다. 이는 이제부터 내가 하는 말을 귀담아 똑바로 듣고 마음에 분명히 새기라는 말씀이다. 결코 가볍게 함부로 듣지 말라고 하는 엄중한 경고가 들어있는 말씀이기도 하다. 네 멋대로 네 생각대로 듣지 말고 있는 그대로의 말씀에 주목하라고 하시는 것이었다.

두려워 떨고 있는 아브람 앞에 서신 하나님께서 이 말씀을 하실 때 이 속에서 느껴지는 그의 표정은 자비하고 인자한 것이라기 보다는 엄하고 진지한 것이었다. 왜 그러한 것이었을까? 두려움에 떠는 자에게 온화하고 자비한 모습이 더 합당할 것 같은데 말이다. 하지만 우리는 다음의 내용을 통해 그 이유를 분별할 수 있게 된다. 그것은 바로 이 때 그의 입에서 나오는 말씀은 듣는 자에게 감히 거역할 수 없는 힘과 무게를 지니고 있게 된다고 하는 사실이다. 이 두려운 상황에서 이렇듯 엄한 모습으로 임한 하나님의 존재와 말씀 앞에 선 아브람은 감히 얼굴을 들 수도 없었겠고 이 말씀을 되묻거나 의심하거나 부인하는 것은 상상할 수도 없는 일이다. 말씀 한 마디 한 마디가 태산 같은 무게로 그를 덮쳐오고 그냥 온 몸으로 받아들이는 것 외에는 어떤 생각도 몸짓도 불가능하였으리라.

하나님과의 만남과 이 말씀이 깊은 어두움으로 인해 심한 두려움을 경험하는 가운데 갖게 되었다는 것만으로도 가볍게 듣거나 쉽게 잊을 수 없는 것이었다. 하물며 이처럼 엄한 얼굴 표정 앞에 선 인간이 그 하나님의 말씀 속에서 다른 생각을 떠올리고 다른 것을 말할 수 있는 여지는 조금도 가질 수 없게 되는 것이었다. 하나님의 존재와 말씀이 이 밤보다 더 지존하게 느껴지고 더 엄숙하게 들려진 적이 없었겠고 지금까지도 하나님의 말씀을 때때로 들으며 지내왔지만 이렇게 큰 무게로 느껴진 적은 없었으리라.

아무리 친한 동무의 말도 가벼이 여겨서는 안 될 때가 있고 선생이나 부모의 말이라면 더욱 그러하다. 때론 어린 아이의 말이나 아주 손쉬운 상대의 말이라도 가볍게 듣고 넘길 수 있는 말이 있고 또 존중하는 마음으로 귀 기울여 들어야 하는 때가 있다. 더구나 만일 이 땅을 다스리는 왕의 명령이나 요구를 듣는다면 그리고 어떤 약속의 말을 듣게 된다면 그것은 절대 잊을 수 없는 중요한 사건이다. 삶의 어떤 것보다도 더 귀하게 여겨지고 오래도록 기억되며 그 약속은 절대적 믿음으로 기다려지게 될 것이다. 하물며 온 천지를 지으시고 섭리하시는 창조주 하나님의 말씀일 경우에는 더 어떠해야 하겠는가? 일 점 일 획도 더하거나 제하여질 수 없는 말씀이요 영원히 존재하며 반드시 이루어지는 말씀일진대 말이다. 단 한 마디도 그냥 듣고 잊어버리거나 무시해도 되는 내용이 있을 수 없고 한 음절 한 음절이 태산보다 더 무거운 무게와 가치를 지니고 다가오는 것이 아니겠는가?

그러함에도 불구하고 지금까지의 아브람은 어떠하였는가? 가나안에 처음 들어올 때부터 주어진 이 땅과 후손에 대한 약속의 말씀들을 십여 년의 세월 동안 너무나 쉽게 잊어버렸다. 뿐만 아니라 그 말씀에 대한 기대마저도 포기하고 임의로 후사를 세우고자 하였다. 거기에 더하여 지난 밤 다시 들려주는 약속의 말씀에 대해서는 의심을 섞어 증거를 요구하기에까지 이르렀던 것이다. 그래도 되는 것이었을까? 이 밤 이러한 두려움을 경험케 하시고 이제 임하셔서 **"너는 정녕히 알라"**라고 하시며 똑바로 귀 담아 들고 절대 잊지 말라고 하시는 이유는 어디에 있는 것이었는가? 지금까지 하나님의 존재와 하나님의 입에서 나오는 말씀을 대한 아브람의 태도가 심히 가벼운 것이었음을 드러내시고 이를 책망하시는 의도가 이 속에 담겨 있는 것이다.

만일 아브람이 인생의 중요한 순간마다 찾아오신 하나님과의 만남을 인생의 가장 소중한 추억으로 간직하여 왔다면 어떠했을까? 그 때 들려준 언약의 말씀을 반드시 이루어질 것이라고 믿고 기억하며 오늘까지 살아왔다면 그가 과연 오늘까지의 소중한 인생의 때를 헛되이 보낼 수 있었을까? 그 후손에 대한 언약을 믿었다면 자신에게 후사가 없음으로 인한 두려움과 허망한 노력에 사로잡힐 필요가 있었던 것일까? 그보다는 지금도 오직 가나안에 대한 사명을 이루기 위해 혼신의 힘을 다하고 있었을 것이다. 그러므로 그가 오늘 가지고 있는 두려움과 허망함은 그 하나님과의 만남과 말씀의 소중함을 잊고 살아왔기 때문이었다.

"너는 정녕히 알라"는 말씀 속에는 진지하게 듣고 정확히 그 의미를 이해하며 절대 잊어서는 안 된다는 엄한 당부가 담겨 있다. 단 한 마디도 농담이 있을 수 없는 하나님의 말씀을 가벼이 들어온 신앙인에 대한 무거운 질책이 들어있는 것이기도 하다. 나 여호와 하나님의 입에서 나온 말씀은 너희가 그렇게 쉽게 여길 수 있는 것이 절대 아니라는 교훈이 들어 있는 말씀이다.

우리의 신앙은 바로 여기서부터 출발하는 것이 아니겠는가? 무게 있고 진지한 신앙은 하나님의 말씀에 대한 엄숙한 경청에서부터 나오는 것이 아니겠는가? 듣기를 귀찮아하고 듣고도 쉬이 잊어버리며 그 뜻을 내 입 맛에 맞춰 멋대로 해석하여 이해하는 속에서는 바른 신앙의 성장을 절대 기대할 수 없다. 신앙 자체가 그 실체를 잊어버리는 것이기 때문이다. 지금의 아브람이 캄캄한 어두움과 죽음의 두려움 속에서 떠는 마음으로 듣게 되는 것처럼 그렇게 긴장된 마음으로 들어야 하는 것이 말씀의 본질인 것이다. 말씀의 인도함이 없이는 곧 죽음이기에 말이다.

제사장 겸 학사 에스라를 통하여 하나님의 말씀이 선포될 때 그 앞에 선 이스라엘은 모든 사람이 기립하여 눈과 귀를 오직 그 들려올 말씀으로 향하였다. 귀 기울여 듣겠다는 것이었고 들은 대로 다 지켜 행하겠다는 다짐을 나타내는 것이었으며 그 말씀의 주인이신 하나님을 절대 경외하는 마음의 표현이었다. 그러할 때 바벨론 포로 생활에서 돌아온 그들에게 그 어느 때보다 귀한 하나님의 은혜가 강물처럼 흘러넘쳤던 것을 성경은 그대로 기록하고 있다(느 8:1-12).

하나님의 말씀은 한 마디 한 마디가 가볍게 듣고 쉽게 생각하고 멋대로 판단할 수 있는 것이 아니었던 것이나 그들은 이전에 너무도 쉽게만 그 말씀을 들었음을 이 때야 비로소 깨달았다. 그 안에 담겨 있는 계시의 의미를 전혀 알지도 못하면서 말씀을 다 안다고 하였었던 자신들의 무지를 그 때서야 보았다. 하나님을 화나게 하면서도 자신들은 하나님을 기쁘게 하고 있다고 생각하였다. 하나님은 그들을 대해 진노를 쌓고 있었음에도 자신들은 은혜를 기다리고 있었던 어리석음을 그들은 그제서야 발견할 수 있었던 것이다. 그리고 그것 때문에 그렇게 참담하게 나라가 멸망당하고 그들과 그들의 자손들이 죽고 포로가 되는 고통을 겪었던 것임을 비로소 알 수 있었다.

이 시대 우리 신앙인들의 비극도 그 때의 저들과 동일하지 않은가? 하나님과의 만남을 세상 어느 것보다 더 소중하게 생각하는 사람이 어디에 있는가? 하나님의 말씀을 이 밤 아브람처럼 두려움과 떨림으로 받아들이는 사람이 과연 몇이나 되며 뼛속 깊이 사모하여 반드시 이루어질 것이라고 믿고 의와 선을 지켜 살아가는 사람이 또한 얼마나 되는가? 죄를 짓고서 그 죄를 깨닫고 진실로 회개하는 자가 누구일까? 거짓말하며 회개치 아니한 결과가 지옥의 죽음이라는 사실을 심각하게 인식하는 자가 과연 있는 것일까? 아무것도 모르나 스스로 다 아는 것처럼 선생 노릇하며 죄를 간직하고서도 의인인 것처럼 행동하는 뻔뻔스러움이 가득 찬 이 세대이다.

누구를 탓하랴 (창 15:13)

"여호와께서 아브람에게 이르시되 너는 정녕히 알라 네 자손이 이방에서 객이 되어 그들을 섬기겠고 그들은 사백 년 동안 네 자손을 괴롭게 하리니"(:13)

아브람이 후사를 바라고 원할 때 그가 기대하는 자손은 어떤 자손이었을까? 하나님께서 **"하늘을 우러러 뭇 별을 셀 수 있나 보라…네 자손이 이와 같으리라"**라고 말씀하시고 이를 그가 믿음으로 받아들였을 때 그에게 기대되었던 자손들은 어떤 자손들이었을까? 주인처럼 편안하고 왕처럼 다스리는 자들이었을까 아니면 노예처럼 부림을 당하고 온갖 고초를 겪는 그런 자들이었을까? 물론 하나님의 그 약속은 참으로 복되고 아름다운 것이었고 얼마든지 큰 희망을 가지고 미래를 기대할 수 있게 만드는 내용이었다. 하지만 그 약속은 아브람을 통해 이루어질 궁극적인 결과에 대한 말씀이었지 그 과정이 어떨 것인가에 대해서는 짐작해 볼 여지가 거의 없는 말씀이었다. 그런데 하나님은 그의 자손들이 400년 동안 이방에서 노예살이를 하게 될 것이라고 하신다. 과연 아브람은 자신에게서 생겨날 자손들에게 오늘의 말씀처럼 400년간이나 남의 노예가 되어 괴롭힘을 당하게 되는 일이 있으리라는 것을 조금이라도 생각해 볼 수 있었을까?

만일 어떤 사람에게 그 자손이 남의 종이 되고 노예가 되어 사람을 섬기는 자가 되며 사람으로부터 모진 고초를 겪게 되는 운명이 예정되어 있다면 과연 그 자손을 낳고 싶은 자가 있겠는가? 제 자식이 노예가 되어 살 것을 보면서도 그 자녀를 안고 어우르며 기뻐하는 부모가 있을 것인가? 아브람 자신 자기의 몸에서 태어날 아들을 간절히 기대하며 살아 왔다. 그리고 하늘의 별과 같이 되리라는 하나님의 약속의 말씀을 기쁨으로 받아들였다. 그런데 이 밤에 들려지는 말씀은 그 자손들이 400년간이나 남의 땅에서 종살이를 하게 되리라는 것이었다. 과연 기뻐할 수 있을 것인가?

오늘도 우리는 이 부분을 명심하여야 한다. 모든 부모가 자식의 태어남을 인해 기뻐하고 또 축하를 받지만 과연 그 아이의 장래가 남의 노예가 되어 고초를 겪게 되리라는 것을 생각하는 부모는 얼마나 되겠는가? 저 아이가 돈에 찌들려 살고 비굴하여 아첨하는 삶을 살며 남에게 사기를 치고 강도짓하며 남의 손가락질을 받아 저주스런 삶을 살게 되리라고 생각하는 부모가 몇이나 되겠는가? 또 혹은 사람을 죽인 살인범이 되어 사형장에서 사라지게 될 인생을 생각하는 부모는 과연 몇이나 되며 그런 일을 꿈에라도 생각하는 이가 있겠는가? 그러나 누구의 자녀가 그렇게 될지는 몰라도 반드시 있게 되리라는 것은 사실이다. 지금 이 순간도 그런 자식을 가지고 있고 그런 부모가 되어 세상을 한스러워하며 살아가는 이들이 너무도 많기에 말이다.

그러면 자식이 그렇게 되는 것은 누구 때문인가? 자식이 그렇게 될 수도 있다는 것을 인식하는 부모라면 그를 어떻게 키워야 하겠는가? 지금 바로 이 말씀 앞에 선 아브람의 마음은 어떠하겠는가? 자신의 막연히 기대하고 바라는 자녀의 삶과 들려지는 하나님의 말씀이 전하는 실제와는 어느 정도 차이가 있는 것인가? 이 말씀이 들려지는 지금 이 순간 마치 쇠망치로 머리를 맞는 것과 같은 충격이 몰려오지 않았겠는가? 아브람 자신은 자기의 재산을 물려줄 자, 그 재산을 이어받아 편안한 삶을 살게 될 자녀를 바라며 그렇게 자신의 든든한 의지가 되어 자신의 노후를 지켜줄 자를 기대하였다. 그런데 그 자녀들이 남의 민족을 섬기는 노예가 되어 400년이나 살게 되리라는 것이었다. 나의 기대와 바라는 것만을 생각하였지 저 자손들의 입장에서 저들이 스스로 만들어갈 저들의 인생은 전혀 생각해 보지 못한 아브람이었다. 그 자손들을 위해 오늘 내가 가장 우선하여 노력해야 하는 것은 무엇인가를 진지하게 고민해 보지 않았던 것이다.

하나님께서는 모세에게 주신 율법 말씀을 통하여 아이를 해산한 여인에 대한 규례를 다음과 같이 말씀해 주신다. "이스라엘 자손에게 고하여 이르라 여인이 잉태하여 남자를 낳으면 그는 칠 일 동안 부정하리니 곧 경도할 때와 같이 부정할 것이며 제팔일에는 그 아이의 양피를 벨 것이요 그 여인은 오히려 삼십삼 일을 지나야 산혈이 깨끗하리니 정결케 되는 기한이 차기 전에는 성물을 만지지도 말며 성소에 들어가지도 말 것이며…자녀간 정결케 되는 기한이 차거든 그 여인은 번제를 위하여 일 년 된 어린 양을 취하고 속죄제를 위하여 집비둘기 새끼나 산비둘기를 취하여 회막문 제사장에게로 가져갈 것이요 제사장은 그것을 여호와 앞에 드려서 여인을 위하여 속죄할찌니 그리하면 산혈이 깨끗하리라 이는 자녀간 생산한 여인에게 대한 규례니라"(레 12:2-7). 하나님은 아이를 낳은 여인을 부정하게 보셨고 산모 스스로도 자신의 부정함을 인식하도록 하셨다. 부정하게 되었다는 것은 다른 사람과의 일체의 접촉을 삼가도록 하시는 것이었고 어떤 일도 하지 못하도록 하시는 것이었다. 왜냐하면 부정한 자와 접촉하는 자는 그도 부정해지고 그가 만지는 물건들도 부정해 지는 것이었기에 그러하다. "성물을 만지지도 말며 성소에 들어가지도 말 것이며"라는 말씀이 바로 이를 나타내는 말씀이다.

여인이 아이를 낳았다는 것은 축복받아야 할 경사스런 일이 아닌가? 새로운 생명의 탄생이 이루어졌기에 말이다. 그런데 왜 축하를 받기는커녕 스스로 죄인으로 인식하고 자신의 죄로 인한 부정함을 오래도록 되새기며 다른 모든 사람들과 격리되어 지내야 하는 것일까? 그것이 단순히 아기와 산모의 건강을 위한 자상한 배려인 것일까? 하나님은 이 정결케 되는 기간이 지난 후 번제와 속죄제를 드리도록 하신다. 속죄제란 자신의 죄를 회개한 증거로써 드리는 것이요 번제란 말씀에 대한 온전한 헌신을 다짐하며 드리는 제사이다.

이는 곧 아이를 낳은 이후 여인은 이제 새로 태어난 아이와 단 둘이만 있으면서 자신의 죄를 곰곰이 되살피며 자기의 죄인 됨을 새롭게 인식해야만 하고 그렇게 철저히 스스로의 죄를 회개해야만 한다는 것을 보여준다. 그리고 그 회개의 과정이 하나님의 말씀에 의한 자기 성찰과 반성이어야 했으며 하나님의 말씀으로만 인생을 살아갈 것을 새롭게 다짐해야만 하는 것이다. 하나님께서는 아이를 해산한 여인에게 이러한 죄에 대한 성찰과 회개 그리고 이를 통해 스스로 정결케 되는 특별한 시간을 갖도록 하셨으며 이 과정이 하나님의 말씀에 대한 새로운 인식과 다짐으로 이어지도록 하신 것이었다. 하나님께서는 왜 이러한 과정을 갖도록 하신 것이었을까?

여기서 우리는 이 아이의 장래와 관련지어 생각해 본다. 과연 이 아이가 태어났다고 해서 그 인생이 축복을 받은 것인가? 과연 이 세상이 태어난 아이들을 위해 얼마든지 복된 삶을 제공해 주는 낙원 같은 곳인가? 세상에 태어나 살아가는 사람 중에 오히려 그 태어난 순간을 저주하듯 살아가는 사람이 얼마나 많은가? 가난과 질병과 억압으로 고통 받으며 늘 욕망과 미움과 분노에 사로잡혀 살아가는 자는 또 얼마나 많은가? 이렇게 될지라도 과연 그 탄생을 축복이라고 할 수 있는 것인가?

비록 이와는 달리 스스로는 많은 재물과 권세를 누리며 복된 인생이라 생각하고 이 세상을 살만한 세상이요 인생 자체를 살만한 것이라고 여기며 살아가는 자가 많다고 하자. 그 사람이 하나님을 알지 못하며 혹 하나님을 안다고 할지라도 하나님의 뜻과는 무관한 삶을 살다가 결국 지옥의 심판을 받게 된다면 과연 그 때도 그 인생을 복되다고 할 수 있는 것일까? 진정 이 세상에 태어나는 아이들 중에 그 평생의 삶을 가장 복되게 살았다고 말할 수 있는 사람이 몇이나 되겠는가?

바로 이러한 점에서 우리는 자녀를 낳은 여인에게 왜 태어난 아이를 앞에 놓고 일정 기간 자신의 죄를 성찰하게 하시며 그 죄를 낱낱이 고백하고 회개하는 시간을 갖게 하시는지 그리고 하나님의 말씀으로 살아가는 삶에 대한 새로운 각오와 다짐을 하게 하시는지 답을 얻게 된다. 그것은 그 아이에게 자신의 마음 속에 있는 미움과 분노와 시기와 탐욕과 같은 인간의 죄악 된 성품, 그리고 잘못된 가치관이나 생활 습관 사회적 문화 등 아이의 생각과 삶에 부정적 영향을 끼칠 수 있는 모든 것들이 아이에게 전달되어지지 않기를 위해 자신을 다신 한 번 정결케 하도록 하는 것이다. 그리고 아이가 이 세상의 어떤 죄와 더러움과도 싸워 이길 수 있도록 말씀을 가르치고자 자신 안에 있는 하나님의 말씀을 다시 한 번 되새기고 준비하도록 하는 것이기도 하였다. 아이가 이 세상에 태어나서 가장 먼저 대하는 사람이 어머니요 아이의 기본적인 품성과 의식이 형성되는 어린 시절동안 가장 오랜 시간 접촉하며 자라나게 되는 대상이 어머니였다. 어머니의 아이의 삶에 대한 영향력은 절대적이다. 따라서 이러한 과정이 없이는 그 아이를 축복된 길로 인도해 갈 수 없다는 것은 너무도 당연한 것이다.

오늘의 내 자신 어미 되고 아비 된 자로서 내 자녀를 그냥 아끼고 좋아할 것이 아니라 그 자녀가 남의 노예가 되어 고초를 겪으며 살 수도 있다는 사실을 생각할 수 있어야 한다. 그 때 부모로서의 책임과 의무가 새롭게 다가오지 않겠는가? 자녀를 위해 해 주어야 하는 것들이 좀더 다르게 느껴지지 않겠는가? 왜냐하면 자녀들의 그러한 결과는 거의 전적으로 부모의 책임으로 귀결되기 때문이다. 그러할 때 내 삶에 대해서도 좀더 긴장할 수 있고 내 인생을 바라보는 가치관의 문제도 달라질 수 있을 것이다.

가장 두려운 순간에 엄한 모습으로 임하셔서 아브람의 자손들이 400년 동안 이방인에게 객이 되어 거하겠고 종살이를 하게 되리라고 말씀하시는 하나님이다. 굳이 이러한 사실을 알려 주시며 아브람에게 주고자 하시는 직접적인 메시지가 있다면 그것은 정신 차리라는 것이 아니겠는가? 곧 다가올 미래가 이러할 것임에도 너는 지금 무슨 엉뚱한 생각과 기대를 품고 있느냐 하는 책망이 아니겠는가? 말씀을 가볍게 대하고 그 약속을 어느덧 잊어버렸으며 본래의 사명 보다는 자신의 재산과 소유에 더 집착하여 이를 남기려고 하는 그였다. 그러므로 이러한 결과는 아브람에게 자신의 책임으로 느껴져야 하는 것이 당연하였다. 돈을 물려주고 권세를 남겨주려고 생각하는 그에게 이 말씀은 전혀 다른 것을 생각하게 해 주었으리라. 그게 아니라는 것을, 이것이 사실이라면 그 고난의 때를 이겨낼 힘을 길러주어야 하고 그 속에서도 시들어 사라지지 아니할 강하고 튼튼한 신앙을 물려주어야 한다는 것을 말이다.

네가 잊었느냐? (창 15:13-14)

"여호와께서 아브람에게 이르시되 너는 정녕히 알라 네 자손이 이방에서 객이 되어 그들을 섬기겠고 그들은 사백 년 동안 네 자손을 괴롭게 하리니"(:13)

아브람이 기대하고 생각하는 것과 하나님께서 보고 계시는 실제와는 너무도 현격한 차이가 있었다. 아브람이 바라보는 역사의 시간과 하나님께서 그에게 보기를 원하는 역사의 시간과도 엄청난 차이가 있었다. 자손이 하늘의 별처럼 되리라는 말씀을 들었을 때 아브람은 그저 그것이 좋았다. 그냥 편안하게 세월이 흐르고 자손이 늘어나고 부귀복락을 누리는 것만을 생각했다. 그 과정에 종과 노예처럼 되어 고난을 겪는 세월이 놓여 있으리라고는 조금도 생각지 못했다. 그리고 아브람은 기껏해야 자신의 당대에 되어질 일만을 생각했다. 자신의 현재를 자손에게 물려주는 것으로 자신의 할 일을 다하는 것이라고 생각했다. 하지만 하나님께서는 저 앞 어느 때의 400년 세월까지 보고 생각하도록 말씀해 주신다.

결국 하나님께서는 오늘의 만남을 통해 자신의 당대에만 머물러 있는 아브람의 시각을 저 먼 훗날 어느 때의 400년간의 시간까지로 넓혀 주셨다. 자기 개인의 삶에만 매여 있는 삶의 영역을 저 먼 후손들의 삶의 영역까지도 생각할 수 있도록 확장시켜 주셨다. 보다 멀리 내다보고 보다 많은 사람들을 생각할 수 있도록 그 삶의 지평을 확장시켜 가시는 것이었다. 그리고 궁극적으로 이렇게 하신 이유는 이제 아브람의 남은 삶을 통해 진정 소중하게 행해야 하고 남겨주어야 하는 것이 무엇인지를 알고 이를 실제로 행하여 나갈 수 있도록 하고자 함이었다. 그 삶 속에 먼 훗날 후손들에 대한 생각과 그들을 위한 수고와 노력까지도 담아낼 수 있기를 원하시는 것이었다.

어느 정도 확보된 삶의 공간과 여건 속에서 뚜렷한 목적 없이 살아가는 아브람이었다. 아직도 해야 할 일이 많고 살아가야할 시간들이 많이 놓여져 있건만 단순히 자신이 지금 소유한 것들을 전부라 생각하고 이를 누구에게 물려줄 것인가를 고민하며 무기력하게 살아가고 있었다. 자신에게 부여된 본질적 사명을 잊고 살아가는 그였기에 이제 그에게 보다 분명한 삶의 목표를 다시 한번 제시하고 이유 있는 삶을 살아가도록 하시는 것이었다.

예수님께서는 오늘 우리들에게도 성경 속에 남긴 당신의 말씀을 통해 역사의 종말에 대해 정확한 상황들을 말씀해 주고 계신다. 언제 일어날지도 모르는 저 먼 미래의 사건일 수도 있다. 또 비록 가깝다 할지라도 나의 인생의 때와는 전혀 상관없는 때일 수도 있다. 그럼에도 예수께서는 왜 모든 시대 모든 하나님의 사람들로 하여금 그것을 알도록 말씀해 주는 것일까? 분명한 것은 우리들의 생각 속에 그 역사의 종말이라는 시간까지도 담고 살아가도록 하는 것이라는 점이다. 지금 이 때가 역사의 어느 시점인가를 분별하도록 하시며 종말의 때가 그러하니 오늘 나는 어떻게 살아야 하는지를 항상 생각하고 지금 나는 어느 편에 서있는지를 살펴 알도록 하시는 것이다. 늘 긴장된 삶의 태도를 지니고 궁극적으로는 등과 기름을 함께 준비하고 있었던 다섯 처녀처럼 구원의 은혜에 대해 깨어있는 신앙을 소유하도록 하시는 것이 그 분명한 뜻이다.

　역사의 종말을 늘 인식하고 살아가는 자와 전혀 생각하지 못한 채 내 인생의 때와 오늘의 상황만을 주목하고 살아가는 자와의 삶은 분명 다를 수밖에 없다. 아브람에게 훗날 어느 때의 400년과 그 후손들의 삶에 대해 말씀해 주시는 것도 바로 이와 같은 생각과 삶의 변화를 요구하고 있는 것이다. 저 먼 역사의 시간과 아직 보이지 않는 후손들의 삶까지 현재의 아브람의 삶 속에 용해하여 내기를 원하시는 것이다. 이것이 담겨 있지 않은 아브람의 삶은 하나님께서 원하시는 신앙의 자리와는 분명히 다른 곳에 있기에 말이다. 그러면 이 말씀으로 인해 아브람의 생각에 구체적으로 생겨나야 하는 변화는 어떤 것들인가?

　"네 자손이 이방에서 객이 되어 그들을 섬기겠고 그들은 사백 년 동안 네 자손을 괴롭게 하리니". 아브람은 이 가나안 땅에서 뿌리를 내리고 살아가기 위해 지금까지 혼신의 힘을 다하였고 지금에 와서는 어느 정도 이 뜻을 이룬 것이 사실이었다. 그리고 자신의 후손에게 이를 물려주고 이것을 바탕으로 하여 이 땅에서 살아가게 되기를 원하는 것이 그의 마음이었다. 그런 마음으로 후손을 원하였다. 그런데 **"네 자손이 이방에서 객이 되어 그들을 섬기겠고"**라는 말씀은 그의 후손들이 이 가나안 땅을 어떤 이유로든지 떠나게 될 것임을 의미하는 말씀이 아닌가? 그리고 그 땅에서 객이 되어 종살이하게 되리라는 것은 그 떠남이 스스로의 선택이 아니라 떠날 수밖에 없는 요인에 의해 이 땅에서 쫓겨나는 신세가 될 것을 또한 뜻하고 있지 않은가? 객이 되어 종살이하는 고통스런 삶을 얻기 위해 자신의 살던 땅을 떠나는 자는 없기 때문이다.

이 말씀이 실제로 가리키는 역사적 사건은 훗날 야곱이 그의 모든 가족들을 이끌고 애굽으로 내려가게 되는 상황이다. 그 때 야곱이 그의 자손들을 데리고 가나안을 떠날 때는 외적으로는 심한 기근이 가나안 땅을 덮쳐왔기 때문이었다. 그리고 야곱과 그의 가족들이 가나안을 떠나게 되는 것은 돈이 없어서라거나 사람과 싸워 이길 힘이 없어서가 아니었다. 오히려 야곱에게는 오늘 아브람에게 있는 것과 같은 충분히 많은 재물이 준비되어 있었다. 그럼에도 그들이 애굽으로 가야만 했던 것은 오직 하나 온 세상을 덮친 기근 때문이었고 이를 피할 수 있는 자는 하나도 없었다. 땅이 먹을 양식을 생산하지 못하자 돈이 아무리 많아도 소용이 없었고 힘이 있을지라도 강도짓을 않는 한 그 힘은 아무 도움이 되지 못하는 상황이었다.

　이 사건 속에서 나타나는 오늘의 아브람과 관련된 중요한 사실은 그 무엇보다도 아브람이 소중하게 생각하고 후손들에게 물려주고자 하는 자신의 지금 소유한 것들이 그 후손들에게 아무런 유익도 주지 못한다는 것이었다. 아브람 자신은 이 정도의 재산과 세력과 명성이라면 자신의 자손들은 충분히 넉넉하게 살아갈 수 있으리라고 생각하였다. 하지만 역사의 결과는 그런 것들이 그들을 지켜주는 것은 전혀 아니라는 것이었다. 그렇다면 무엇인가?

　"그 섬기는 나라를 내가 징치할찌며 그후에 네 자손이 큰 재물을 이끌고 나오리라"(:14)

　"**그 섬기는 나라를 내가 징치할찌며**". 아브람의 자손들이 노예가 되어 섬기고 또 그들을 노예로 삼아 다스리는 그 나라를 하나님께서 징치할지라고 말씀하신다. 이는 훗날 모세에 의해 애굽 왕 바로와 그 백성들에게 가해지는 재앙의 사건을 두고 하시는 말씀이다. 이스라엘은 그 때 바로에게서 풀려날 수 있는 힘도 없었고 그럴만한 의지도 없는 상태였다. 바로는 강한 권력을 가지고 그들을 압제하고 있었다. 이스라엘은 그 압제에서 벗어나기를 원하는 마음은 있었을지라도 그것을 이룰 힘도 없었고 그것을 위해 지불해야 하는 희생을 받아들일만한 의지도 전혀 없었다. 그러므로 만일 하나님께서 애굽을 징치하시는 역사가 없었더라면 이들 혼자만의 힘으로 거기에서 벗어난다는 것은 있을 수 없는 일이었다. 이는 만일 하나님께서 그들의 삶에 개입하지 않으시면 그들은 그 속에서 절대 풀려날 수 없을 것임을 의미하는 말씀이다. 즉 그 때에도 이 백성들이 의지할 수 있는 유일한 힘과 소망은 오직 하나님뿐이었다.

"그후에 네 자손이 큰 재물을 이끌고 나오리라". 노예살이 하던 자들이 무슨 재산이 있어서 큰 재물을 가지고 나오겠는가? 또 이 큰 재물이 이스라엘에게 필요한 이유는 무엇인가? 그들에게는 재산도 없었을 뿐 아니라 그들이 광야에서 살아갈 수 있었던 것은 애굽에서 가지고 나온 재물 때문이 아니었다. 오직 하늘로부터 내려오는 만나였고 하나님께서 그들을 위해 베풀어주신 구름기둥과 불기둥 덕분이었다. 그럼에도 이들이 큰 재물을 가지고 나올 수 있었던 것은 하나님께서 이 이스라엘 백성들의 연유로 애굽 백성들을 치셨기 때문이다. 그로 인해 그들이 이 백성을 속히 내보내기 위해 자신들의 재물을 더해준 것이었다. 재물이 없이는 광야로 나갈 용기를 가질 수 없었던 이스라엘이었기에 그 손에 재물을 들려주어 애굽을 나가도록 하신 하나님의 섭리였다.

결국 아브람의 후손들이 애굽 왕의 손아귀에서 벗어나며 노예살이의 고역에서 놓여나게 되는 것은 재물이나 힘으로 되어진 것이 아니라 오직 하나님의 은혜로 말미암음이었다. 하나님의 도우심과 섭리가 없이는 절대 불가능한 사건이었다. 바로 이것이 **"그 섬기는 나라를 내가 징치할찌며 그후에 네 자손이 큰 재물을 이끌고 나오리라"**는 하나님의 말씀이 담고 있는 내용이요 하나님께서 아브람에게 알려주고자 하시는 메시지이기도 한 것이었다. 사람이 그 억눌린 데서 풀려나 자유와 해방을 누리며 또 할 수 없는 일도 능히 할 수 있게 되는 것은 오직 하나님의 은혜와 능력으로 가능하다는 것을 이 말씀은 전하고 있는 것이다.

여기서 우리는 13절 말씀과 14절 말씀이 가지고 있는 서로 뚜렷이 대비되는 내용을 만나게 된다. 즉 **"네 자손이 이방에서 객이 되어 그들을 섬기겠고 그들은 사백 년 동안 네 자손을 괴롭게 하리니"**라는 13절의 말씀이 재물이나 세력이 사람을 구하여 내는 것은 아니라는 사실을 나타내고 있다면 **"그 섬기는 나라를 내가 징치할찌며 그후에 네 자손이 큰 재물을 이끌고 나오리라"**는 14절 말씀은 오직 하나님만이 인생을 구원하여 낸다는 사실을 담고 있는 것이다. 그리고 이 메시지가 오늘의 아브람을 향해 선포되고 있는 것은 아브람이 후손을 원할 때 그가 목적하고 있는 것이 재물과 세력 등 외적인 것들이었다는 점에서 아브람의 생각과 신앙의 오류를 지적하고 바로잡고자 하는 것이라는 사실도 여기서 보게 된다.

이와 관련하여 우리는 또 한 가지 중요한 사실을 보게 된다. 그것은 아브람의 자손들이 훗날 겪게 될 것이라는 말씀의 내용들은 이미 아브람이 일찍이 겪었던 일들이라는 사실이다. 그가 가나안에서의 첫 사역을 실패로 끝내고 애굽으로 내려갔을 때 그곳에서 다시 가나안으로 나오기까지 그가 겪었던 일들이 바로 그것이었다. 자신의 어처구니없는 실수로 인해 사래를 빼앗기는 큰 곤경에 처하게 되고 그 때 하나님의 개입으로 바로와 그의 집안 모두가 충분히 느끼고 볼 수 있는 재앙이 임하게 되었었다. 그 결과로 사래를 되찾게 될 뿐만 아니라 큰 재물까지 얻어 나올 수 있었다. 아브람 자신의 출애굽 사건이었다.

즉 오늘 들려주는 아브람의 후손들에 관한 말씀과 정확히 일치하는 자신의 경험이었다. 이 애굽에서의 경험이 있었기에 자기 자손들이 겪게 될 그 사건은 현실감 있게 이해될 수 있는 것이었다. 그 때 아브람은 사람이 구원을 얻게 되는 것과 할 수 없는 일을 할 수 있게 되는 것은 재물이나 힘이 아니라 오직 하나님의 은혜로 말미암아 가능하다는 것을 애굽 왕과의 대립 관계에서 충분히 확인하였다. 그럼에도 그에게 오늘 이러한 교훈이 다시 한 번 들려지고 그의 신앙속에 확인되어져야 하는 것은 그가 그러한 신앙의 교훈을 잃어버렸기 때문이다. 십여 년 평안한 때를 보내며 중요치 않은 것들로 본질적인 것들을 대신하여 그의 신앙을 채워 왔기 때문이었다.

결국 이 말씀을 통해 하나님께서 아브람에게 전하고자 하시는 뜻은 너의 오늘날이 오직 나 여호와 하나님의 인도와 섭리로 되어진 것처럼 너의 후손들도 오직 나 여호와 하나님의 은혜로 살아가게 되리라는 것을 알라고 하는 것이다. 네가 오늘날 이 모든 것을 누리는 것은 네 자신이 노력해서가 아니라 절대 하나님의 은혜로 되어진 것을 누구보다도 잘 알고 있지 않으냐 하는 것이다. 그러므로 너의 후손들이 살아가게 되는 것도 네가 오늘 남겨주고자 하는 재물이 아니라 오직 하나님을 향한 굳은 믿음과 거기에서 나오는 하나님의 은혜라는 것을 똑똑히 깨달아 알라고 하시는 말씀이다. 곧 너는 너의 자손들에게 무엇을 남겨주어야 하고 그것을 위해 오늘 네게 요구되는 것이 무엇인지 깊이 생각해 보라고 하심이다.

오늘 우리 자신도 이러한 신앙의 내용을 잘 안다. 남에게 가르칠 만큼 똑똑히 기억하고 있다. 하지만 우리의 실제 삶은 어떠한가? 너무도 쉽게 재물 속에 파묻혀 버리고 재물과 외적인 것들로 인해 망각되고 있지 않은가? 다른 사람에게 전한 이후 돌아서서 살아가는 내 자신의 삶이 바로 지금의 아브람의 모습이 아니라고 말할 수 있는 신앙인이 과연 몇이나 되겠는가? 마지막 순간까지 치열하게 우리의 신앙을 대해 도전해 오는 것이 부하게 되는 것과 높아지고자 하는 것이라는 사실을 우리는 분명히 기억하여야만 한다. 하나님의 아들 예수 그리스도에게 도전해 왔던 마귀의 시험도 돌을 떡덩이로 만들라는 것이었고 세상을 지배할 수 있는 힘과 영광을 주겠다고 하는 것이었다.

너는 내가 책임져 주마 하지만 (창 15:15)

"너는 장수하다가 평안히 조상에게로 돌아가 장사될 것이요"(:15)

아브람의 자손들이 이방인의 땅으로 내몰려 그곳에서 400년 동안 종살이하며 괴로움과 고통을 당하게 되리라는 하나님의 말씀이었다. 이 깊은 밤 두려움 속에서 하나님의 임재를 맞이한 아브람에게는 일대 충격이었을 것이다. 이 말씀에 바로 이어서 하나님께서는 아브람 자신에 관한 말씀을 들려주신다. 너는 평안히 살다가 늙어서 죽게 되리라고 하는 내용이었다. 자손들의 사정과는 정반대되는 말씀이었다. 자손들이 이방 땅에서 객이 되어 떠도는 불안한 삶을 살게 되고 또 종이 되어 압제의 고난을 당하게 되리라는 것과 아브람 자신 장수하다가 평안히 죽게 되리라는 말씀은 정반대의 내용이었다. 자손들에 관한 말씀에 이어 이 말씀이 들려질 때 아브람은 어떤 심정이었을까? '휴, 나는 아니구나' 하고 안도했을까? 후손들이야 고난을 당할지라도 내 당대와 내 자신의 삶에는 더 이상의 고난이 없을 것이기에 그나마 다행이라고 여겼을까?

왜 하나님께서는 아브람에게 장수와 평안의 복을 주겠다고 하시는 것일까? 왜 이 말씀을 자손들에 대한 말씀에 이어 들려주시는 것일까? 하나님께서는 어떤 의도와 목적을 가지고 그에게 이러한 삶의 복을 주시고자 하시는 것인가? 지나온 날 고생하며 살아왔기에 그것에 대한 보상의 차원에서 인가?

이 땅에 사는 수많은 사람들이 한결같이 꿈꾸는 것이 있다. 그것은 바로 장수하는 것과 평안함이다. 만일 어떤 사람이 재난을 겪지 않고 장수할 수 있다면 그리고 평안한 삶을 누릴 수 있다면 우리는 이를 최고의 복으로 여긴다. 그리고 모든 사람이 이를 얻기 위해 최선을 다한다. 오래도록 장수하는 것과 삶의 평안을 빼놓고서는 최선을 다해 사는 삶의 의미를 논한다는 것은 거의 무의미하다고 할 수 있는 것이 감출 수 없는 현실이다. '왜 그렇게 열심히 공부하는가?' '왜 그렇게 열심히 일하는가?' 라는 질문에 대한 대답은 많은 복잡한 과정을 거치겠지만 궁극적으로는 '나중에 편안하기 위해서' 라는 대답으로 귀결되는 것이 일반적이다. 내가 편안해지고 또 나를 통해서 누군가가 편안해지는 결과가 없는 수고는 전혀 의미 없는 것이기 때문이다.

그런데 우리는 여기서 한 가지 더 질문해 본다. 장수하고 평안한 것이 인생의 궁극적 바라는 것이라면 왜 평안하고자 하며 또 평안해야만 하는 이유는 무엇일까? 왜 장수하고자 하며 또 장수해야만 하는 이유는 무엇인가? 적어도 우리의 인생은 이 질문에 대해서는 대답할 준비가 되어 있지 않다고 하는 것이 분명하다 할 것이다. 사람이 장수해야만 하는 이유, 사람이 평안해야만 하는 이유와 목적, 어쩌면 거의 모든 인간이 죽음에 이르러 허무를 경험하게 되는 것은 바로 이것 때문이 아닌가? 부귀영화와 무병장수와 평안을 경험하였다고 할지라도 죽음 앞에 이르러서는 허무를 고백할 수밖에 없는 것은 바로 이 질문에 대한 대답을 가지고 있지 않기 때문이다.

이러한 점에서 하나님은 왜 아브람에게 장수와 평안을 주시는가 하는 그 이유와 목적을 생각해 보게 된다. '너 그동안 수고했으니 앞으로는 편히 오래도록 살도록 복을 주마'라고 하시는 것인가? 만일 그것이 하나님께서 인간에게 주시는 진정한 복이라면 아브람의 수명 175세였고 그의 삶의 터는 광야의 장막이었다. 아담 이후 아브람의 조상들과 비교해 본다면 그의 수명은 턱없이 짧은 것이었다. 아브람 당대에도 살아있는 아브람의 9대 선조이자 노아의 첫째 아들인 셈과 비교해 보더라도 그는 아브람의 태어나기 390년 전에 나서 아브람과 같은 세대를 살다가 아브람이 죽은 후에도 35년을 더 산 후 600세의 일기로 죽는다. 아브람의 7대 조상 셀라도 아브람의 255년 전에 태어나서 아브람의 사후 3년까지 433년을 살다가 죽고 6대 조상 에벨도 아브람의 225년 전에 태어나서 그보다 64년을 더 살다가 464세로 세상을 마감한다.

이러한 사실들은 아브람의 175세가 결코 장수하는 복을 누린 것이라고는 볼 수 없게 만드는 내용들이다. 그리고 더불어 오늘 이후에도 아브람의 삶을 보면 크고 작은 사건들이 계속해서 일어난다. 소돔과 고모라의 멸망 사건, 그 후 아브람이 블레셋 족속의 땅으로 내려가게 되는 것과 그랄 왕에게 사래를 누이라고 하여 빼앗기게 되는 사건, 또한 이스마엘을 쫓아내는 것과 이삭의 번제 사건 등 힘겨운 일들이 계속해서 그의 인생을 스쳐 지나간다. 물질의 궁핍이나 내쫓김과 같은 고난은 없었지만 보편적 인간들이 겪는 것보다 더 힘든 일들을 계속해서 겪어야만 했다. 결코 우리가 생각하는 평안은 아니었다.

따라서 하나님께서 오늘 아브람에게 **"너는 장수하다가 평안히 조상에게로 돌아가 장사될 것이요"** 라고 말씀하시는 것은 그 평안과 장수가 결코 우리가 생각하는 그러한 단순한 평안과 장수의 복은 아니라는 것을 알게 된다. 그러면 어떤 내용을 지니고 있는 것일까? 여기서 우리는 아브람의 현재 나이 85세쯤이라는 것과 그가 175세를 산다고 할 때 그의 살아갈 날이 지금까지 살아온 날과 거의 똑같이 많이 남아 있다는 사실을 주목하게 된다. 결국 아브람에게 장수하리라고 말씀하시는 것은 장수하는 것 그 자체를 복으로 여기도록 하시는 말씀이 아니라 아브람에게 남겨져 있는 삶의 시간이 아직 많다는 것을 알려주기 위함이라는 사실을 알게 된다.

아브람은 자신의 인생을 마치 할 일 다 한 것처럼 여기고 이제 자신에게 남겨진 일은 후손에게 그리고 그 누군가에게 자신의 가진 것을 잘 물려주는 것이라고 생각하고 있었다. 하지만 하나님께서는 그러한 생각 자체를 부정하시며 그의 그러한 삶의 태도를 거부하시는 것이다. 아브람은 자신의 인생의 후선으로 물러나는 것을 생각하고 있지만 하나님은 네가 너의 인생의 현장에서 뒤로 물러나기에는 아직은 이르다는 것을 알려주신다. 너의 인생을 통해 네가 해야 할 일이 아직도 많이 남아있다고 하는 사실을 깨우쳐 주시고자 함이다.

더불어 평안하리라고 하시는 것은 그의 인생에 아무런 어려운 일도 일어나지 않고 고요한 아침 바다 같은 삶을 살게 되리라고 하시는 것이 아니었다. 많은 어려운 일들을 겪게 될지라도 내가 너를 안전하게 지켜 보호해 주겠노라고 하는 안전과 구원에 대한 약속의 말씀이다. 마치 다윗의 생전에 수많은 환란과 고난을 겪으나 하나님께서 그의 바위가 되시며 산성이 되시고 구원의 보장이 되셔서 그를 안전하게 지켜 보호해주셨던 것처럼 그 어떤 것도 너를 다치게 하거나 해롭게 하지는 못하리라는 내용이 담겨 있다. 그리고 이것이 이후에 아브람이 살아가게 되는 삶의 실제였다. 여러 가지 어려운 일들이 그에게 닥쳐왔지만 그의 삶은 하나님께서 지켜주셨던 것이다.

그러면 하나님께서 아브람에게 오늘 이 시점에서 장수와 평안을 약속하시는 것은 왜일까? 아브람의 장수와 평안은 그의 후손들에 대한 고난과 대비된다는 점에서 우리는 이에 대한 대답을 찾아본다. 비록 나는 장수하고 평안할 수 있을지라도 지금 내 눈 앞에 있는 나의 자손이 그리고 이어질 그 후손들이 이방인의 땅으로 쫓겨나 그곳에서 종살이를 한다는 사실을 알게 될 때 나 개인이 누리게 되는 장수와 평안은 어떤 의미를 지니게 되는 것일까? 자손들이야 그렇게 되든 말든 나만 오래 살고 평안하면 되는 것인가? 내가 혹 자손들의 결과를 모른다면 또 혹 자손들의 살아갈 세상이 어떤 형편이 될지 알지 못한다면 그럴 수도 있다. 하지만 그들의 미래를 생각한다면 그래서 이러한 고난의 세월을 짐작이라도 할 수 있다면 이미 나만의 평안과 장수는 의미를 잃어버리는 것이 아니겠는가?

'내가 너의 삶은 책임져 주마. 하지만 아직도 많이 남아 있는 너의 인생을 어떻게 살아갈 것인가 하는 것은 온전히 너의 몫이야. 너의 자손들이 남의 종살이 하게 된다고 할 때 네가 해야 할 일은 무엇인지 생각해 봐' 라는 말씀이 그 뒤에 흐르고 있지 않은가? 자손이 고난 받을지라도 내가 편안하면 그만인 것이 아니라 내가 힘들고 고난을 받을지라도 자손들이 평안하기를 꿈꾸게 되는 것이 부모의 심정인 것을 아시기 때문이다. 하나님께서 이 깊은 밤의 두려움 속에서 아브람을 만나주시고 그 후손들이 400년간 이방인의 땅에서 종살이하게 될 것과 이어 아브람 자신의 평안과 장수를 말씀해 주시는 것은 오늘까지의 삶을 통해 있게 되었고 또 확인되어져 온 그 신앙이 그 누구보다도 후손들에게로 끊어지지 않고 이어져 가도록 하라는 엄숙한 사명이 담겨져 있는 것이다. 훗날 이삭 야곱 요셉 등 아브람의 자손들 속에서 이 신앙이 어떻게 그렇게 긴장되고 진실한 모습으로 이어져 갈 수 있었던 것인지 그 대답을 오늘 이 밤 아브람과 하나님의 만남의 사건 속에서 발견하게 된다.

오늘 우리 신앙인들은 바로 이것을 인식해야만 한다. 나 또한 하나님을 알지 못하는 자들과 같이 내 인생을 통해 꿈꾸는 것이 단순히 오래 사는 것이요 편히 사는 것일 수도 있다. 그리고 내 신앙의 의미도 단지 이를 이루기 위한 것일 수 있다. 그렇다면 나의 신앙과 신앙인으로서의 삶의 목적과 이유가 하나님 없는 저들과 무엇이 다른가 하는 점을 생각해보아야 한다. 나의 삶을 통해 자손들에게 남겨주어야 하는 최고 최대의 가치는 무엇일까 하는 것을 숙고해 보아야 한다. 생명이 생명으로 이어지지 않는다면 내 인생의 종말 또한 허무할 수밖에 없는 것이다.

어디 그리 쉬운가? (창 15:16)

"네 자손은 사대 만에 이 땅으로 돌아오리니 이는 아모리 족속의 죄악이 아직 관영치 아니함이니라 하시더니"(:16)

앞서 하나님께서는 아브람의 자손이 이방인의 땅에서 종살이하게 될 기간을 400년이라고 하셨다. 그리고 16절에서는 이를 4대의 기간으로 말씀하신다. 곧 400년을 4대의 기간으로 일치시키시는 것이었다. 이를 산술적 계산에 의거해 본다면 한 세대를 100년으로 잡을 때 가능한 결과가 된다. 즉 이방인의 땅 애굽에서의 아브람의 자손들은 100세가 되어서야 자식을 낳고 다음 세대가 이어지게 된다는 말이 된다. 우리는 여기서 400년의 세월을 4대의 기간으로 말씀하시는 것에 대해 산술적 계산이 갖게 되는 문제점을 분석해 본다. 인류 사회학적으로 볼 때 한 세대는 한 사람이 태어나고 자라나 다음 세대를 볼 때까지의 기간을 뜻하고 이는 통상 30년 정도가 정상적이다. 따라서 400년은 13대 정도의 세대가 이어져 오는 것이 정상이라고 할 수 있다. 이는 노아의 첫아들 셈에게서부터 아브람까지 이어져 오는 세대를 살펴보아도 그러하다. 셈이 아르박삿을 낳은 것은 100세였으나 이는 홍수라는 특별한 사건이 있었기에 그러한 것이며 아르박삿 이후부터는 첫아들이 태어나 다음 세대로 이어진 것은 거의가 삼십 세를 전후해서 이루어졌다.

그러므로 지금 아브람의 때에 여전히 살아있는 노아의 아들 셈부터 아브람까지의 세대를 계산해 보면 아홉 세대 390년이었다. 여기는 셈이 홍수 직후 아르박삿을 100세에 낳은 것과 데라가 아브람을 낳은 것이 70세였다는 두 번의 특별한 경우를 빼면 거의가 30년을 한 세대로 하여 진행되어 온 역사를 보여주고 있다. 아브람 이전의 390년도 아홉 세대였다는 사실로 볼 때 400년이 4대 밖에 되지 않는다는 것은 지극히 이상한 일이 된다.

물론 애굽에서의 아브람의 후손들은 그 기간 동안 모두가 100세가 되어서야 다음 세대를 보았다고 하면 될 수도 있는 일이지만 그럴 경우도 다음의 문제가 발생한다. 그것은 인구수에 관한 문제이다. 즉 애굽에 내려갈 때의 아브람의 자손들은 모두가 70명이었는데 400년이 지난 후 출애굽할 당시를 보면 전쟁에 나갈만한 20세 이상의 장정만 60만 명이었다. 이를 근거로 이스라엘 전체 인구를 추정하면 거의 300만에 이르는 거대한 규모였다. 그런데 이것이 70명을 기반으로 하여 4대 만에 이루어졌다고 한다면 그것은 있을 수 없는 일이 된다. 도저히 불가능하다. 따라서 이 4대란 400년의 기간을 이어오는 산술적인 숫자가 아니라 어떤 의미가 담겨 있는 숫자라는 것을 알 수 있게 된다.

이 세대의 의미를 마태복음의 예수 그리스도의 족보에서 보면 그 족보에도 정확히 애굽에서의 세대가 4대(헤스론-람-아미나답-나손)로 기록되어 나타나는데 이 족보에 기록되는 전체 세대의 특징은 오직 한 가지, 믿음의 세대라는 사실이다. 즉 믿음 없는 세대는 전부 삭제되고 믿음이 이어져 오는 세대만이 거기에 기록되고 있는 것이다(마태복음 강해 참조).

따라서 이 4대의 의미는 애굽에 들어간 때로부터 출애굽이 이루어질 때까지의 전체 세대 중에 신앙이 이어져 가는 세대는 단 4세대에 불과할 뿐이요 그 외의 모든 세대는 신앙을 잃어버리고 애굽 사람처럼 이방인이 되어 살게 되리라는 것을 알려주는 말씀이다. 혈통으로는 모두가 이스라엘이었고 아브람의 자손이었지만 신앙으로도 이스라엘이었던 자는 소수였다는 사실을 의미한다. 400년의 기간이 있었지만 신앙이 이어져간 기간은 겨우 100여년이었고 그 외에는 신앙이 있었을지라도 실체는 사라지고 형체만 남아있는 그래서 있으나 없는 것과 마찬가지인 기간이었다. 애굽에서의 경제적 풍요와 안정이 그들에게서 신앙의 긴장을 없애버렸으며 그리고 그 이후 찾아온 노예와 같은 삶의 고난이 그들에게서 이 신앙을 빼앗아 가버렸던 것이다.

아브람이 이후 자기의 몸에서 태어날 그 귀하고 귀한 자손들에게 신앙을 물려주기 위해 혼신의 힘을 기울인다 해도 그 신앙은 애굽이라는 상황을 만났을 때 불과 4대만에 깨어질 수밖에 없다는 사실을 나타내는 말씀이다. 아브람 이삭 야곱 요셉이라는 쇠풀무 같은 시련들 속에서 억세게 단련된 신앙인들을 통해 전해져 내려간 신앙이었다. 일천년의 세월일지라도 능히 견딜 수 있을 것 같은 신앙이었지만 그 신앙의 생명도 애굽의 물질적 풍요 앞에서는 단 100년을 견디지 못하고 녹아 없어져 버렸던 것이다.

일이 이러함에도 만일 오늘과 같은 안이함 속에서 만들어지고 전해져 가는 신앙이라면 그 생명력이 과연 얼마나 오래 지속될 수 있을 것인가? 오늘의 아브람과 같이 그저 여러 가지 외적인 소유들을 후손에게 물려주고 그것을 지켜가는 것에 더 큰 관심을 기울인다면 그 결과는 너무나도 뻔한 것 아니겠는가? 아브람이 이 말씀 중에서 이러한 내용들을 다 듣고 이해하였는지 모르겠지만 하나님께서는 바로 이러한 사실들을 이미 보고 들려주고

자 하시는 것이다.

큰 무리 중에 다 신앙이 있는 것 같아 보여도 참다운 신앙을 소유한 자는 과연 몇이나 될까? 일을 많이 할지라도 그 중 진정한 의미에서의 신앙의 일이 과연 얼마인지도 알 수 없는 일이다. 내가 오래도록 신앙생활을 한 것 같아도 그 세월 동안 정말로 참된 신앙의 삶을 살았느냐 하는 것은 또 별개의 문제이다. 참으로 억센 신앙의 연단을 스스로 각오하지 않는다면 우리는 지금 있는 것처럼 보이는 나의 신앙일지라도 그것이 진실한지 알 수가 없다. 물질적 풍요와 육체적인 편안함이 찾아오면 또 혹 매서운 시련의 때를 만나면 한순간에 연기처럼 사라져 버리고 말 우리의 신앙인지도 모른다는 사실을 우리는 알아야 한다. 우리의 신앙을 향한 도전이 얼마나 거세며 또 얼마나 거칠고 치열한 싸움이 우리의 앞에 놓여져 있는지 새삼 깨달을 수 있어야 한다. 신앙이 있으나 그 실체를 잃어버리고 껍데기만 남아 있게 되는 실제를 우리는 이어지는 다음의 말씀에서 찾아볼 수 있을 것이다.

"아모리 족속의 죄악이 아직 관영치 아니함이니라". 아모리 족속이란 함의 아들 가나안의 11명 아들 중 네 번째로 훗날 이스라엘의 가나안 정복 때 가나안의 중심 세력을 형성하는 족속이다. 아모리 족속의 죄악이 아직 관영치 아니하다는 말씀은 지금 보이는 저들의 모습이 전부가 아니라는 사실, 저들에게 아직 보이지 않는 죄악들이 있고 그 죄가 더욱 커져가게 되리라는 사실을 나타내는 말씀이다. 끝내는 이 죄로 인해 하나님의 심판이 임하고 아브람의 자손들에 의해 멸망당해야 할 자들이라는 내용을 말씀하고 있다. 하나님께서는 가나안의 여러 족속들이 있음에도 왜 아브람에게 특별히 이 아모리 족속의 죄악에 대해 말씀하시는 것일까? 이 아모리라는 이름과 이들의 죄악에 대한 말씀이 아브람에게 들려질 때 아브람이 남다르게 받아들이고 느낄 수 있는 어떤 특별한 사실이라도 있는 것일까?

우리는 이 사실과 관련하여 특히 이들이 현재의 아브람과 중요한 관계를 가지고 있는 것을 보게 된다. 그것은 이들이 지금 아브람이 있는 이 헤브론 지역을 지배하는 족속이요 아브람과 동맹하여 살아가고 있는 자들이라는 점이다(창 14:13). 그러면 아브람의 이들과의 삶의 관계 특히 신앙의 영향력은 과연 어떠했던 것일까? 우리는 이에 대한 내용을 훗날 사라가 127세로 죽던 때에 있었던 한 가지 사실을 가지고 추정해 볼 수 있다.

아브라함은 사라가 죽자 헤브론에 함께 살고 있던 헷 족속에게 가서 사라를 장사지낼 땅을 사고자 한다. 이 헷 족속은 아모리 족속의 형제 족속으로 그 땅에 함께 살고 있었다. 그 때 그들은 이렇게 말한다. **"내 주여 들으소서 당신은 우리 중 하나님의 방백이시니…"**(창 23:6). 이들은 자신들 중에 자기 아내를 장사할 땅 한 평 소유하고 있지 아니한 이방인인 아브라함을 대해 **"내 주여"**라고 칭한다. 그리고 자신들 중에서 **"하나님의 방백"**이라고 말한다. 이는 아브라함과 이 헤브론을 중심으로 살고 있는 가나안 족속들과의 관계를 잘 나타내는 말이다. 아브라함이 가나안 족속이 아니요 저들의 입장에서 보면 이방인이지만 저들이 그를 **"내 주여"**라고 칭하는 것은 아브라함이 저들 중에서 지도자와 같이 대단한 신망과 존경을 얻고 있다는 것을 보여주는 표현이다. 또한 **"하나님의 방백"**이라고 고백하는 것은 이 권위가 하나님을 믿는 신앙에서 나왔다는 것과 저들이 이 아브라함의 하나님 신앙에 대해 그리고 하나님 자신에 대해 외경심을 가지고 있다는 사실을 드러내고 있다.

하지만 이러한 신앙의 증거가 있음에도 불구하고 이들의 신앙에 대해 성경은 전혀 언급하고 있지 않다. 오히려 이 헷 족속이나 아모리 족속이나 모두 출애굽한 아브라함의 자손들에 의해 아이 여자 가릴 것 없이 다 멸해져야 할 자들로 등장한다. 이것은 이들에게 신앙이 있는 것처럼 보였지만 그 신앙은 하나님이 요구하시는 진실한 믿음이 아니라 단지 아브라함을 통해 보여진 신앙과 어떤 삶의 결과만을 보고 그저 흉내나 내는 것과 같은 것이었다고 할 수 있다. 무늬만 신앙인이라고 함이 옳을 것이다.

"아모리 족속의 죄악이 아직 관영치 아니함이니라"는 말씀은 아직 드러나지 않은 죄가 저들에게 있고 지금 눈에 보이는 모습이 전부가 아니요 더욱 더 악해지리라는 의미를 담고 있다. 그렇다고 할 때 이는 헷 족속처럼 지금 아브람과 동맹을 맺고 함께 살아가고 있는 이 아모리 족속도 아브람의 사역의 결과로 신앙을 어느 정도는 받아들이고 있는 상황을 전제하고 있는 말씀이다. 만일 저들의 죄가 관영하든 관영치 않든 저들로 하여금 구원받을 수 없게 만드는 저들의 죄악을 아브람이 인식하고 있었다면 그래서 하나님의 구원과는 한참 멀리 떨어진 삶을 살아가고 있는 것을 알고 있었다면 하나님께서 이 아모리 족속의 아직은 관영치 아니한 죄를 굳이 말씀해 주실 필요가 없기 때문이다. 하나님을 알지 못하고 있을 바에는 죄의 관영함을 말한다는 것이 아무 의미가 없기 때문이다.

그러므로 하나님께서 아모리 족속에 대해 이런 말씀을 하시는 것은 아브람의 지금까지의 삶과 사역의 결과 그들에게 어느 정도는 하나님 신앙이 전해져 있다고 하는 사실을 전제하고 있다. 아브람 자신이 현재 자신의 재산을 누구에게 물려줄까 고심하며 살아가는 것도 저들에게 어떤 형태로든 신앙이 있는 것처럼 생각되어졌기에 스스로 이 신앙 전달의 사명에 대한 긴장을 풀어버렸기 때문이라고 할 수 있다. 만일 저들에게 전혀 신앙이 전달되어 있지 않은 상황이라면, 여전히 악한 모습으로 살아가고 있었다면 아브람이 자기가 이 가나안에 존재하는 본래의 목적인 그 전도의 사명을 포기하고 태연하게 자신의 남은 삶만을 염려하며 살아가고 있다는 것은 쉽게 상상할 수 없는 일이기 때문이다.

아브라함과 이삭, 야곱, 요셉을 통해 쇠풀무처럼 연단되어 이어져간 신앙이었지만 단 4대만에 끝이 나게 되리라는 앞의 말씀이 신앙이 실체를 잃어버리고 껍데기만 남아 있을 수도 있다는 사실을 알려주시는 것이라면 이 아모리 족속의 죄악에 대한 말씀은 그 껍데기만 남아있는 신앙의 실체를 현실 속에서 보여주시는 것이라고 할 수 있다. 아브람의 눈에는 저 아모리 족속에게 하나님 신앙이 있는 것처럼 보여졌지만 그것은 겉모습일 뿐 그 속마음에는 여전히 죄가 살아있고 더욱 커져갈 수밖에 없음을 하나님께서는 보고 계셨기 때문이다. 이러한 것을 보지 못하는 아브람에게 이를 알려주고자 하시는 것이다.

신앙이 있는 듯 하나 실제로는 없었던 암흑기 역사를 성경 말씀과 교회의 역사는 그대로 증거하고 있고 그 역사는 오늘도 우리 눈 앞에서 그대로 흘러가고 있다. 우리 또한 전혀 알맹이 없는 신앙을 보면서도 그 신앙의 거짓을 알지 못한다. 과연 하나님께서 나를 대해 그리고 이 시대의 교회를 대해 보고 있는 신앙은 속이 텅 빈 쭉정이 같고 무늬만 그럴듯한 가라지 신앙인가 아니면 속까지 변화되고 말씀으로 채워진 증거 있는 알곡 신앙인가?

더 어떻게 하랴 (창 15:17)

"해가 져서 어둘 때에 연기 나는 풀무가 보이며 타는 횃불이 쪼갠 고기 사이로 지나더라"(:17).

하늘의 별빛 이외에는 불빛 하나 없는 캄캄한 광야의 밤에 용광로의 불같이 이글거리며 타오르는 횃불이 등장한다. 그리고 그 불빛이 앞서의 모든 언약 말씀을 확증해 주는 증거의 수단으로 쪼갠 고기 사이를 지나간다. 언약식이었다. 지금까지 하나님께서 아브람에게 들려주신 모든 말씀이 반드시 이루어진다는 것을 눈으로 확인시켜 주시는 것이었다. 내가 지금까지 너에게 들려준 모든 약속을 반드시 지켜 행하겠다고 하는 하나님 자신의 아브람을 대한 약속이었다. 이 약속을 믿고 기억하며 이 언약에 합당한 사람이 되라고 하심이었다. 이 밤에 들은 언약을 후손에게 전하여 알리며 후손들 또한 언약의 신앙인이 되도록 하라는 당부가 이 속에 들어가 있다.

물론 아브람은 이 쪼갠 고기 사이를 지나가지 않았다. 그러므로 이 언약은 하나님에게만 이행의 책임이 주어진 약속이었다. 다만 아브람에게는 이를 믿을 것을 요구하실 뿐이었다. 뒤에 나타나는 결과와 연결시켜 본다면 아브람 자신 아직 이 언약에 동참할 준비가 되어 있지 않기에 언약의 당사자로 세우지 않은 것이기도 하였다. 아브람은 이 언약이 있었음에도 이를

제1부 헤브론의 밤 **129**

여기는 중대한 실수를 범하는 것이 바로 이어지는 16장에 나타나는 결과다. 만일 아브람이 쪼갠 고기 사이를 지나가는 언약의 다른 한 쪽 당사자가 되었다면 그는 언약의 책임을 지고 그대로 죽을 수밖에 없었다.

하나님의 언약이 갖고 있는 성격에 관해서는 보다 훗날 이스라엘이 광야에 있을 때에 하나님과 맺은 언약을 보면 분명히 알 수 있다. 하나님은 이스라엘이 시내 광야에 도착한 뒤 이스라엘에게 율법을 주시고 이들과 언약을 맺으신다. "모세가 여호와의 모든 말씀을 기록하고 이른 아침에 일어나 산 아래 단을 쌓고 이스라엘 십이 지파대로 열두 기둥을 세우고 이스라엘 자손의 청년들을 보내어 번제와 소로 화목제를 여호와께 드리게 하고 모세가 피를 취하여 반은 여러 양푼에 담고 반은 단에 뿌리고 언약서를 가져 백성에게 낭독하여 들리매 그들이 가로되 여호와의 모든 말씀을 우리가 준행하리이다 모세가 그 피를 취하여 백성에게 뿌려 가로되 이는 여호와께서 이 모든 말씀에 대하여 너희와 세우신 언약의 피니라"(출 24:4-8).

하나님의 약속을 대해 이스라엘 스스로 그 모든 말씀을 지켜 준행하겠다는 다짐을 한다. 그리고 피를 뿌리는 언약식에 참여한다. 이 언약의 사건을 전후로 해서 이스라엘의 범죄 행위에 대한 하나님의 반응은 판이하게 달라진다. 곧 출애굽 이후 시내 광야에 도착하기까지 이스라엘은 아주 여러 번 심각한 범죄 행위를 저지른다. 출애굽 3일 후에 있었던 마라에서의 원망의 사건이 그러했고 신 광야에서의 만나와 메추라기 사건도 있었다. 그리고 르비딤에서 또 다시 물로 인해 백성이 모세를 대적하고 하나님을 대적하는 일도 벌어졌다. 그러나 하나님은 일체 백성들의 행위에 대해 책임을 묻지 않으셨다. 그런데 위의 언약식이 있은 후로 백성의 범죄 행위를 대하는 하나님의 태도는 180도로 달라진다. 곧 죄를 범한 당사자들에 대한 일벌백계의 치리가 이루어지는 것이었다.

　금송아지 사건으로 인해 모세의 손에 의해 죽은 자만 삼천 명이었다. 그리고 기브롯 핫다아와에서 백성들이 만나 외에 고기를 원하며 불평할 때도 심히 큰 재앙으로 치셨다. 가나안 정탐 이후 그 땅에 대해 악평한 자들 또한 재앙으로 죽었다. 그리고 고라의 반역 사건으로 인해 염병으로 죽은 자가 일만 사천 칠백 명이었다. 또한 모압 평지에 머물 때 모압 여자들과의 음행 사건으로 인해 죽은 자들이 이만 사천 명이었다.

　언약 체결 이후 법을 어긴 자들을 대해서는 가차 없이 죽음으로 다스려 가시는 하나님을 볼 수 있다. 하나님의 말씀을 어기는 것이 얼마나 무서운지 곧 죽음으로 이어지는 중대한 범죄라는 것을 공동체의 다른 구성원들에게 각인시켜 주는 것이었다. 처벌에 대한 이러한 두려움이 없이는 공동체의 법에 순종할 수 없는 것이 인간이요 오직 자기 이익을 위해 끊임없는 다툼과 갈등을 만들어내는 것이 인간이라는 것을 아시기 때문이었다. 더불어 구원의 생명을 간직하고 이어가야 하는 것이 신앙공동체를 통해 하나님께서 하고자 하시는 일이었다. 이 공동체는 이러한 사명을 수행하여야만 하는 책임을 지고 있었다. 따라서 신앙공동체를 어지럽히는 것은 이와 같은 생명 구원의 사명을 저버리게 만드는 것이 되기 때문에 이처럼 엄하게 다스리는 것이기도 하였다.

　얼굴과 얼굴을 대면하여 맺는 사람과의 어떤 약속도 하나님께서 이 밤에 아브람에게 해주신 것보다 더 확실하게 할 수는 없는 일이었다. 가장 확실하게 언약을 맺으셨고 평생 잊을 수 없는 분명한 방법으로 이 언약을 인식시켜 놓으셨다. 귀로 듣게 하셨으며 눈으로 보게 하셨고 그리고 온 몸으로 느껴 뼛속 깊이 새길 수 있도록 하셨다. 사람을 아시는 하나님께서 사람의 입장에서 사람을 위해 할 수 있는 모든 방법을 다 동원하여 이 밤의 만남의 사건을 열어 가셨던 것이다.

아무리 열심히 신앙의 내용을 설명하고 하나님의 뜻을 들려줘도 인생의 현실적인 잡다한 것들에 묻혀 쉽게 잊어버리는 것이 사람이다. 작은 도전과 유혹 속에서도 신앙의 가치들을 너무나 쉽게 포기해 버리는 것이 인생이다. 이를 아시는 하나님이기에 이 밤 이와 같은 열심으로 당신의 뜻을 아브람에게 알리셨다. 이를 준비하고 또 이루어 가며 앞으로 올 수많은 세대들을 위해 한 알의 작은 밀알이 될 것을 원하셨다. 그것이 아브람에게 뿐만 아니라 이 세상을 위해서도 하나님께서 줄 수 있는 가장 큰 은혜의 길이었기 때문이다. 그러면서도 아브람을 언약의 당사자로 세우지 않으시고 다만 하나님만이 언약 수행의 책임을 지신다. 아직은 이 언약을 지켜갈 준비가 되어있지 않은 아브람을 보셨기 때문이다.

한 신앙인을 바로 세우기 위한 하나님의 열심을 본다. 우리 인간이 지각하고 받아들일 수 있는 모든 방법을 다 동원하여 하나님의 뜻을 알리신다. 바른 신앙의 길을 알리신다. 그를 바르게 하여 구원하기 위함이었고 또 이 세상을 구원하기 위함이었다. 만일 누군가 나를 대해 이와 같은 열심으로 나에 대한 사랑을 나타낸다면 그 열심 때문에라도 감동을 받고 그의 뜻을 들어주고자 할 수도 있을 것이다. 그러나 정작 이와 같은 하나님의 열심을 대하는 아브람은 어떠한지. 아무 감동 없는 무덤덤한 표정으로 구경하듯 서 있는 것은 아닌지.

오늘 우리들도 나를 향한 하나님의 사랑이 어떠한지를 아는 자가 누구일까? 과연 그 열심을 알고 감동하여 나 또한 있는 힘을 다해 그 부르심에 응답하고자 하는 자가 누구일까? 기억해야만 하는 하나님의 언약을 아는 자가 누구인지, 귀에 들려진 하나님의 세미한 언약 말씀을 듣고 그것을 이루려는 열정을 가진 자가 누구인지 다시 한 번 생각해 본다.

애굽강에서 유브라데까지 (창 15:18-21)

"그 날에 여호와께서 아브람으로 더불어 언약을 세워 가라사대 내가 이 땅을 애굽 강에서부터 그 큰 강 유브라데까지 네 자손에게 주노니"(:18)

이 밤 참으로 중요한 신앙과 삶의 교훈들을 담은 긴 대화를 마치신 다음 하나님께서는 특별한 한 가지 언약을 아브람에게 주신다. 그것은 훗날 아브람의 후손들인 이스라엘이 차지하고 살아가게 될 영토의 범위에 관한 것이었다. **"애굽 강에서부터 그 큰 강 유브라데까지"**. 이는 당대 최고 최대의 문명권을 이루고 있는 애굽문명과 메소포타미아 문명 사이의 전 지역을 담고 있다. 곧 이 두 문명을 연결하는 오늘날의 시나이 반도와 이스라엘 그리고 레바논 시리아 지역을 포함하여 터키와 이라크의 접경에까지 이르는 대단히 광대한 지역이다. 이 전 지역을 아브람의 자손이 다스린다는 것은 애굽 문명과 메소포타미아 문명 사이에 그 두 문명권을 잇는 하나의 거대한 제국이 형성된다는 것을 의미한다. 지금 이 가나안의 남쪽 헤브론에서 작은 유목 집단을 이끌며 족장으로 살아가고 있는 아브람의 입장에서 본다면 이는 감히 꿈도 꿀 수 없는 일이다. 하지만 하나님께서는 이 일이 결코 꿈같은 일이 아니라는 것을 다음의 말씀으로 그 경계까지 확실히 그어 말씀하신다.

"곧 겐 족속과 그니스 족속과 갓몬 족속과"(:19)

여기서의 겐 족속은 팔레스틴 남서부의 시내산을 중심으로 한 광야지역에 사는 족속으로 팔레스틴의 남부 네겝 지역에서부터 애굽과의 경계를 이르는 전체 영역에서 살아가는 자들이다. 훗날 모세가 애굽을 도망쳐 나와 40년간 머물며 살아가던 그 미디안 광야 지역이 바로 여기다. 다음으로 그니스 족속의 땅은 훗날 에서의 후손인 에돔 족속이 차지하여 살게 되는 가나안 남쪽 즉 사해 남부의 에돔 광야지역을 말하며 이들의 영역은 앞의 겐 족속의 땅과 서쪽으로 이어져 있는 곳이다. 갓몬 족속은 동방 사람이라는 뜻으로 아라비아 사막 일대를 떠돌던 부족으로 추정되며 이들의 땅은 가나안 남동쪽의 아라비아 사막 일대였다.

19절에서 나타나는 겐 그니스 갓몬 이 세 족속의 살던 지역을 이처럼 고찰해 보면 애굽 강에서부터 아라비아 사막까지 이르는 가나안 남부의 전 지역을 남서부, 남부 그리고 남동부로 나누고 있다. 곧 훗날의 이스라엘 곧 아브람의 후손들이 차지하여 살게 될 그리고 차지해야 하는 가나안의 남쪽 경계를 나타내고 있다는 것을 알게 된다. 즉 시내산을 중심으로 서쪽 홍해를 경계로 하고 있는 시내 광야와 에돔 광야 그리고 동쪽의 아라비아 사막까지 이르는 넓은 지역이다. 지도상으로 이 지역의 특징을 놓고 본다면 이와 같은 영역이 확보될 때 수에즈 만과 아카바 만을 통해 인도양으로 나아가는 해상교통로가 확보되는 중요한 의미가 있다. 이는 솔로몬 왕 때에 아카바 만에 위치한 에시온게벨을 통해 인도양을 이용한 해상교역을 했고 이를 통해 막대한 부를 축적하였다는 사실에서 확인된다. 이 남방 지역의 경계를 머리 속에 그리는 아브람의 심정은 어떠했을까? 꿈에 부풀어 올랐을까 아니면 의심스런 마음이었을까?

"헷 족속과 브리스 족속과 르바 족속과"(:20)

헷 족속. 역사상 나타나는 헷 족속은 두 족속이 있는데 함 족속인 가나안의 아들로서 이 가나안 중부에 살고 있던 헷 족속이 그 하나이다. 또 하나는 기원 전 2000년 경 곧 아브람 때에 가나안의 북쪽 지역에 들어와 자리잡고 살며 훗날 큰 세력을 이루어 가나안 북부 수리아를 점령하고 이어 유브라데로 가서 기원전 1600년 경 바벨론 왕조까지 공략하였던 인도 유럽 계통의 헷 족속 이 두 족속이 있다. 그러면 여기서의 헷 족속은 어느 족속을 의미하는 것일까? 앞서 가나안의 북동쪽 경계로써 **"그 큰 강 유브라데까지"**라는 말씀에 비추어 볼 때 이 헷 족속은 인도 유럽 계통의 헷 족속으로 보는 것이 정확하다고 하겠다. 이들이 유브라데 강의 바벨론까지 그 세력을 확장하였기 때문이다. 오늘날의 시리아 레바논을 포함하여 터키와 이라크의 접경까지 이르는 고대 바벨론 왕조의 영역 상당 부분을 포함하는 대단히 넓은 지역이다. 이 강력한 헷 족속의 영역도 아브람의 자손 이스라엘이 정복하고 점령하게 될 것이라는 말씀이다. 이는 훗날 다윗이 다메섹에 수비대를 주둔시키는 것에서 이 언약이 사실이라는 것을 볼 수 있다.

특별히 우리는 위에서 본 유브라데강에서부터 애굽강까지 이르는 전 지역이 바로 갈대아 우르에서부터 시작되어 오늘에까지 이르는 아브람의 전체 여정 속에서 그가 발로 밟고 지나왔던 지역들과 정확히 일치하고 있다는 사실을 발견하게 된다. 아브람이 직접 눈으로 보아 알고 있는 지역들이요 따라서 아브람은 이 영역의 크기와 이 나라들이 어떠한지에 대해 자세한 정보를 가지고 있는 것이다. 자신이 지금까지 고단하게 걸어온 그 길을 자신의 후손들이 다시 밟아가며 그 모든 땅을 차지하게 될 것이라는 사실 앞에서 그의 감회가 어떠하였을까? 자신의 인생길이 결코 우연이 아니었고 하나님의 정밀하신 인도에 의한 것이라는 사실을 새롭게 인식하게 되지 않았을까? 참으로 오묘한 그 섭리를 말이다.

르바 족속. 가나안을 정복하기 위해 들어가는 이스라엘이 가장 먼저 쳐서 점령하였던 바산 왕 옥이 바로 이 르바 족속이다. 이는 가나안의 북쪽에서부터 동쪽을 따라 내려오는 동쪽 경계 지역에 사는 자들이다. 오늘날의 시리아와 요르단에 이르는 영역을 차지하고 강력한 세력을 지니고 있었다. 브리스 족속은 정확한 위치를 확인하기 어려우나 내용 전개로 보아 가나안의 북동쪽의 산지에 살던 족속인 것으로 추정된다. 따라서 앞의 19절이 가나안의 남쪽 경계를 확정짓고 있다면 20절은 북쪽과 동쪽의 경계를 구분하여 말씀하고 있다.

"아모리 족속과 가나안 족속과 기르가스 족속과 여부스 족속의 땅이니라 하셨더라"(:21)

아모리 족속. 가나안 중앙부를 차지하고 살면서 가나안의 중심 세력으로 성장해 가는 족속이다. 훗날 이스라엘이 가나안을 정복해 들어갈 때 네겝 사막의 북쪽과 가나안 남부의 유다 산지 그리고 에브라임 남부의 모든 지역을 차지하고 살고 있었다. 여리고와 아이성을 정복한 이스라엘을 맞아 가장 치열한 전투를 벌이며 강력하게 맞서 저항하였던 아모리 다섯 왕이 바로 이들이다. 가나안의 중심부 세겜이 바로 아모리 족속의 영토였다. 여부스 족속은 유다 산지 지역에 거주하였고 다윗 시대까지도 예루살렘에 튼튼한 산성 요새를 지어놓고 살며 이스라엘에게 정복되지 않았던 강력한 족속이다. 기르가스 족속과 가나안 족속은 가나안의 서쪽 지중해 연안 지역에 자리하여 살아가고 있던 자들이다. 이들 모두는 가나안의 중심부에 살던 족속들이라는 특징을 가지고 있다.

결국 19절부터 21절까지 나타나는 모든 족속들과 그들의 땅은 애굽강에서 유브라데까지 이르는 전 지역의 경계를 정확히 나타내고 있고 이 영역 내 각 지역의 가장 강력한 세력들을 망라하고 있는 것을 보게 된다. 아브람의 자손들을 통해 하나님께서 하시고자 하는 일이 얼마나 엄청난 일인지 그리고 아브람의 자손들이 수행하게 될 일이 또 얼마나 놀라운 일이 될지 그대로 드러내는 약속의 내용이다.

그런데 우리가 여기서 한 가지 생각하게 되는 사실은 이러한 사건이 역사 속에서 완전히 이루어지는 것이 기원전 1000년경의 이스라엘 왕 다윗의 때라는 점이다. 이로 볼 때 이 약속은 지금 이 말씀을 듣는 아브람의 때로부터 1000년 뒤에 일어날 일을 두고 하시는 말씀이다. 즉 1000년 뒤에나 이루어질 일을 하나님께서는 천년 전의 사람 아브람에게 말씀하고 계신 것이다.

하나님께서는 왜 그 오랜 1000년의 세월 뒤에 이루어질 일을 이렇게 일찍 아브람에게 일러주시는 것일까? 아브람 자신도 안다. 이 일이 이루어지기까지 얼마나 오랜 세월이 걸리리라는 것을. 이 넓은 땅을 차지하고 다스리기 위해 그 자손이 얼마나 많아져야만 하는지, 그렇게 되기까지 얼마나 많은 세월이 필요한지를 말이다. 결코 그 당대에 이루어질 일이 아니라는 것도. 그럼에도 하나님께서 이 일을 지금의 아브람에게 말씀해 주시는 것은 왜일까? 먼저는 아브람에게 새로운 꿈과 새로운 비전을 소유하고 살아가도록 하시는 명확한 의도가 있다는 것을 분명히 보게 된다. 지금 85세 된 시점에서 이미 후사를 걱정하며 자신의 소유를 누구에게 물려주고 자신의 노후를 어떻게 관리해 나갈 것인가 하는 자기 자신의 인생에만 사로잡혀 살아가는 아브람이기에 그 생각과 뜻을 하나님 나라에 초점을 맞추어 살아가도록 인도하시는 것이다. 꿈이 있는 사람이라야 목적의식을 가지고 살아가게 되고 헛된 일들에 마음이 빼앗기지도 아니하며 또 어떤 어려움이 닥쳐올지라도 이겨낼 수 있기 때문이다. 하나님께서 야곱의 아들 요셉에게 꿈을 보여주시고 이를 통해 이루어 나가셨던 그의 인생의 모습들이 바로 이를 나타내 주는 좋은 증거이다.

아버지 집에서 아버지로부터 형제들 중 가장 큰 신뢰와 사랑을 받고 살아가던 요셉이 어느 날 형제들의 시기로 인해 죽음의 위협을 겪고 애굽으로 팔려가 종살이를 하게 된다. 보통의 사람 같으면 극한 분노와 미움을 갖게 되고 좌절하며 또 이방살이 중에 어떻게든 살아남기 위해 비굴한 처세술로 세상을 살아가게 되는 것이 보통이다. 하지만 그 때에도 요셉은 하나님의 사람으로서의 의와 선을 잃지 아니하였고 아버지로부터 그러했던 것처럼 그 주인으로부터 전적인 신뢰와 사랑을 받게 된다. 하지만 그 후에 주인의 아내로부터 못된 간음의 유혹을 받게 되고 이를 끝까지 뿌리쳐 이겨내지만 끝내 그것으로 인하여 모함을 당해 왕의 죄수들이 갇히는 가장 흉악한 감옥에 갇히게 된다.

그럴지라도 그는 인생을 저주하거나 한탄하지 않고 최선을 다해 의와 선을 지켜가며 감옥 안의 모든 죄수를 돌보는 신뢰를 윗사람으로부터 얻게 된다. 사람으로부터 배신 당하고 버림 당한 슬픔과 고통이 없어도 사람이 사람으로부터 신뢰와 사랑을 받는다는 것은 대단히 어려운 일이다. 그런데 이러한 거듭된 배신과 버림당함과 좌절의 고통 속에서도 무엇이 그로 하여금 이러한 놀라운 인내를 갖게 하였으며 이토록 아름다운 신의 성품을 나타내도록 한 것이었을까? 물론 아버지 야곱의 신앙의 교훈 때문이었음은 두 말할 필요가 없다.

아버지 야곱 또한 이러한 고난의 세월을 살았지만 그 속에서도 조상들에게서 전해져온 하나님을 기억하고 그 하나님 신앙을 소유함으로 그 모든 시련들을 잘 이겨내었었다. 이러한 아버지의 신앙을 그 열 두 아들 중 요셉이 그대로 이어받았고 이것이 야곱으로 하여금 요셉을 다른 아들들보다 특별히 사랑하게 만든 요인이었기에 요셉에게 이러한 성품이 형성되어진 것은 바로 하나님 신앙이 그에게 전해준 가장 아름답고 고귀한 은총이었다.

그럴지라도 그 신앙의 성품을 그는 어떻게 그 죽음과도 같은 고통들 속에서도 잃지 않을 수 있었던 것일까? 작은, 아주 작은 어려움 속에서도 너무나 쉽게 신앙의 가치들을 잃어버리고 포기해 버리는 것이 오늘의 우리요 보통의 신앙인들인데 말이다. 바로 여기서 우리는 하나님께서 꿈을 통해 그에게 장차 될 결과를 보여주신 이유를 생각하게 된다. 요셉의 곡식 단을 형들의 곡식 단들이 빙 둘러 절하게 되는 꿈, 나아가 요셉의 별을 가운데 두고 해와 달과 열 한 별이 둘러 절하게 되는 꿈이 그것이었고 이는 요셉의 앞날에 대한 분명한 하나님의 계시였다.

만일 이러한 꿈이 다른 어느 누구에게 보여졌더라면 그들은 십중팔구 교만해지기 십상이다. 그러하기에 하나님께서 누군가를 향해 이러한 꿈을 보여주신 일은 거의 전례가 없는 일이었다. 그럼에도 요셉에게 이러한 꿈을 꾸게 하신 것은 왜였을까? 왜 이러한 꿈을 요셉으로 하여금 소유하도록 하신 것이었을까? 요셉의 이후의 삶에 닥친 극한 고난들 속에 그 답이 담겨져 있다. 만일 그 꿈이 없었더라면 요셉이 그 거친 삶을 이겨낼 수 있었다고 감히 말할 수 없기에 말이다.

아브람에게 오늘 장차 자손들을 통해 하나님께서 하실 그 놀라운 일을 미리 보여주심도 바로 이처럼 어떤 어려움 속에서도 인내하며 의와 선을 행하고 하나님 나라를 세워가도록 하는 섭리가 있는 것이다. 동시에 이는 아브람과 그의 후손들에게 이 약속을 사명으로 주시는 것이기도 하다. 즉 이 약속을 이루어 가야 하는 책임과 의무를 저들에게 사명으로 주시고 이 사명을 감당해 나가기 위한 준비를 하도록 하시는 것이다. 아무 준비도 없이 그냥 기다린다고 해서 하나님의 일이 저절로 되어지는 것이 아니기 때문이다. 그것을 이루어 가기 위한 철저한 내 자신의 준비와 그것이 이루어진 후 그것을 지키고 관리해 가기 위한 능력을 함양하는 것이 하나님께서 미리 그 비전을 보여주신 자들에게 요구하시는 것이기 때문이다. 준비하지 않은 자, 하나님의 은혜를 지켜갈 능력을 갖추지 못한 자에게 주어진 은혜와 복은 오히려 그것을 뜯어먹으려고 덤비는 수많은 노략꾼들에게 좋은 먹이감이 되고 끝내는 저주스런 결과로 끝맺음을 하게 되는 것이 역사의 증거다.

아브람에게 다가올 미래를 먼저 준비하도록 하시는 것, 뒤에 올 후손들에게 이 꿈을 심어주고 이 꿈을 사명으로 소유하여 준비해 가도록 하시는 것이 지금 아브람에게 이 약속을 미리 주시는 이유요 목적이다. 천년 후의 일을 천년 전의 사람 아브람의 인생에 이미 담아가고 있는 하나님이셨다. 꿈이 있는 사람, 하나님의 약속을 나의 사명으로 받아 내 인생에 담고서 준비하며 수고해 가는 사람을 하나님께서는 오늘도 찾고 계시지 아니한가?

아! 아브라함

| 창세기 16장 |

제2부 브엘라해로이의 추억

너무도 아름다운 신앙과 인품의 소유자 사래였다.
그런 그녀가 어느 날 자기 방어능력이 전혀 없는
임신한 여종을 쫓아낸다.
이유가 무엇이든 신앙인에게 허용될 수 있는 행동인가?

사람이 곡절을 겪게 되는 것은 (창 16:1)

　15장 말씀을 통하여 하나님께서는 아브람이 자신의 인생에 한 가지 부족한 어려움으로 인식하고 있었던 후사에 관한 문제를 완전하게 해결해 주셨다. 그리고 이와 관련된 아브람의 삶과 신앙의 사명까지도 새롭게 정립하여 주셨다. 그리고 그 모든 내용을 자손들을 통해 이루실 언약 속에 담아 전해주셨다. **"해가 져서 어둘 때에 연기 나는 풀무가 보이며 타는 횃불이 쪼갠 고기 사이로 지나더라"**(15:17). 언약식이었다. 이 언약식을 끝으로 하나님께서 할 수 있는 일은 다 하셨다. 그러므로 만일 이후로 아브람이 또 다시 이 언약에 어긋나는 삶의 모습을 보인다면 이는 전적으로 아브람의 책임이 될 수밖에 없는 일이었다. 그러한 측면에서 이제 전개되는 16장은 이 하나님과의 만남과 언약 이후의 아브람의 삶을 조명하고 있다는 점에서 대단히 큰 의미와 중요성을 갖게 된다.

"아브람의 아내 사래는 생산치 못하였고 그에게 한 여종이 있으니 애굽 사람이요 이름은 하갈이라"(:1)

　앞의 15장이 아브람에게 초점이 맞추어져 말씀이 진행된 측면을 가지고 있다면 16장은 아브람의 아내 사래에 대해 초점을 맞추고 있다. 아브람의 아내 사래의 지금 나이는 75세다. 가나안에 오기 위해 하란을 떠난 지 10여년의 세월이 흘렀고 부모 형제가 있는 자신의 고향 갈대아 우르를 떠난 것은 그보다 더 오랜 세월이 흘렀다. 그동안 아브람도 엄청난 어려움을 겪었지만 사래가 연약한 여자의 몸으로 겪은 일들과 그로 인한 심적인 어려움은 아브람보다 더 컸으면 컸지 결코 작지는 아니했다. 그 중에서도 애굽 왕의 아내가 되기 위해 아브람을 떠났던 사건과 그 때 자신이 선택하여야 했던 삶은 특히 어려운 것이었다. 하지만 그 모든 어려움들은 아브람과 사래 모두에게 인격과 신앙을 더욱 깊이 성숙시켜 주는 역할을 하였다. 그러한 힘든 순간들을 겪고 난 다음 오늘에 이르러서는 인생의 가장 평안한 때를 보내고 있다고 해도 무방한 그런 때였다.

그런데 "**아브람의 아내 사래는 생산치 못하였고**"라는 본문의 말씀은 이 평안한 중에서도 사래의 마음을 편치 못하게 만드는 한 가지 요인이 있었다는 것을 드러내고 있다. 사래가 아이를 낳지 못한 것은 아브람에게도 그의 뒤를 이을 후사의 문제와 관련하여 대단히 큰 고민거리를 안겨주는 것이었다. 더불어 이는 남편에게 아이를 낳아주지 못하는 사래 자신에게도 대단히 심각한 마음의 고통을 안겨다주는 문제였다는 것을 알게 한다. 아이를 낳고 양육하는 일은 결혼한 여성에게 주어지는 그리고 수행하여야 하는 가장 중요한 역할이라고 할 수 있다. 그런데 그 원인이 어디에 있든 이 부분이 막혀 버릴 때 남편에게는 물론이거니와 여성 자신에게도 대단히 큰 괴로움을 가져다준다.

자녀란 나의 모든 것을 이어받을 미래에 대한 기대요 소망이기도 하지만 또 현실적으로 본다면 보람과 즐거움을 가져다주는 내 삶의 가장 중요한 한 축이기도 하다. 아이를 키우는 즐거움, 커가는 아이를 바라보는 흐뭇함과 보람은 우리 삶을 풍성하게 해주는 가장 근원적인 요인이기도 하기 때문이다. 그런데 아이를 낳지 못하고 키우고 있지 못하다는 것은 모든 것이 완벽하게 갖추어져 있어도 우리 인생을 불안하고 허전하게 만들며 삶의 진정한 기쁨을 누리지 못하게 하는 원인이 되기도 한다.

특히 여자에게 있어서 이는 더욱 그렇다. 여자의 모성 본능은 근본적으로 자기가 낳은 아이를 통해 가장 아름답게 발현될 수 있기 때문이다. 따라서 여자가 아기를 갖지 못한다는 것은 모성 본능이 드러날 길이 막혀 버린 것과 같고 이는 대단히 강한 심리적 압박 요인이 된다. 그리고 이는 가난할 때보다 삶의 여유를 갖추고 있을 때 더욱 강하게 나타난다. **"아브람의 아내 사래는 생산치 못하였고"** 라는 말씀은 바로 이러한 문제가 사래 자신에게 있다는 것을 보여주는 말씀이다. 아브람은 15장에서 하나님과의 만남을 통해 이 부분에서 오는 어려움을 해결 받았다. 어떤 상황에서도 의심할 수 없는 하나님의 약속을 받은 것이었다. 그런데 그 문제가 사래에게는 또 다른 고통으로 여전히 남아 있다. 과연 사래는 이를 어떻게 이겨낼 수 있을 것인가?

문제의 해결은 하나님과의 만남을 통해 아브람이 받은 은혜를 사래와 서로 나누면 되는 일이었다. 아브람에게 주신 자손에 대한 하나님의 약속이 곧 사래에게도 함께 주신 약속이기에 아브람이 이를 사래에게 완전하고도 충분하게 전달하고 함께 공감하였다면 이는 둘 모두에게 함께 내린 하나님의 은혜이다. 그리고 실제로 이렇게 되어야만 했다. 그런데 과연 아브람은 이 은혜를 사래와 함께 하고자 하여 사래에게도 전하였을까? 아브람이 전하였다면 사래는 이를 충분히 하나님의 은혜로 받아들인 것이었을까? 만일 전하지 않았다면 무슨 이유에서였으며 또 아브람이 전하였음에도 사래가 함께 공감하지 못하였다면 또 어떤 연유에서였을까?

부부란 모든 좋은 것을 함께 나누는 사람들이다. 모든 싫은 것도 함께 나눌 수 있어야 하는 사람들이다. 자녀는 성장해 가면서 부모와 공유하는 삶의 접촉 면적이 서서히 줄어들어간다. 자신의 삶의 영역을 스스로 찾아가며 부모로부터 독립해 가는 과정을 겪기 때문이다. 반면 부부의 관계는 함께 살아가는 시간이 늘어가면서 공유하게 되는 삶의 영역이 점차 확대되고 궁극적으로는 하나가 되어야 하는 것이 정상이다. 이 과정에는 서로의 가지고 있는 삶의 방식이나 생각들을 함께 공유하고 인정해 주는 것이 절대적인 역할을 한다. 특히 상대의 소중히 여기는 가치가 있다면 이를 공감하고 함께 이루고자 하는 것이야말로 가장 중요한 요인이라고 할 수 있다. 만일 이것이 이루어지지 않는다면 두 사람 사이의 마음의 상처는 피할 수 없다.

오늘날 많은 부부관계가 곡절을 겪고 있는 이유도 따져보면 여기에서 비롯되는 경우가 많다. 나와 함께 기뻐해 줄 것을 기대하는 일에 대해 배우자가 오히려 무관심할 때 그러면서도 내가 원치 않는 것 싫어하는 것을 그가 고집할 때 둘 사이에는 공유할 수 있는 마음의 면적이 점차 줄어든다. 그리고 서서히 서먹한 관계로 변해가고 그리고 끝내는 보기 싫은 존재로 서로에게서 멀어져 가게 된다. 이는 여러 사회공동체 안에서의 상호관계도 마찬가지이다. 서로에 대해 공감하는 것이 없다면 외면하고 마음을 닫게 되는 것이 일반적이다.

아브람은 오늘 하나님과의 만남에서 얻은 소중한 결과들을 당연히 아내 사래와 더불어 나누어야 했다. 그리고 사래는 아브람을 통해 전해져 오는 하나님의 은혜를 기쁨으로 함께 받아들여야만 했다. 그렇게만 된다면 이 가정의 문제는 완전히 해결될 수 있는 것이다. 그런데 결과는 어떠하였을까? **"아브람의 아내 사래는 생산치 못하였고"**라는 말씀으로 시작되는 이제부터의 사건은 이 부분이 충족되지 못하였다는 것을 나타낸다. 아브람이야 하나님과의 만남을 통해 문제를 해결 받았는지 몰라도 그 은혜가 사래에게로 옮겨오지 아니한 채 사래는 여전히 그 문제를 아픔으로 간직하고 살아가고 있음을 나타내고 있는 것이다. 이유가 무엇일까? 이로 인해 어떤 문제가 파생될 수 있는 것일까?

오늘의 말씀은 사래의 생산치 못하였다는 사실과 더불어 그녀에게 애굽 태생의 하갈이라는 한 여종이 있었다는 사실을 드러내고 있다. **"그에게 한 여종이 있으니 애굽 사람이요 이름은 하갈이라"**. 아마 하갈은 사래가 애굽 왕의 아내로 있을 때 그 왕궁에서부터 데리고 있었던 종으로 보인다. 사래의 필요한 것을 해결해 줄뿐만 아니라 어쩌면 사래가 아끼고 사랑과 관심을 베풀어주던 소녀였을 것이다. 사래의 성품과 삶의 태도로 보아 그리고 그 신앙으로 볼 때 그냥 노예처럼 막 부려먹던 대상만은 아니었다. 남의 하녀 노릇을 할 수밖에 없었던 사정을 알고 불쌍히 여기며 보살펴주는 마음으로 어쩌면 딸처럼 친근하게 대해주었을 수도 있다. 이 하녀가 애굽 사람이면서도 가나안까지 따라와 함께 하는 것도 사래의 이러한 인품과 사랑에 감동되었기 때문이었으리라.

감정의 교류가 없는 기계적인 관계만은 아니었으리라는 것은 사래의 지금까지 보여준 삶을 통해 충분히 이해할 수 있는 일이다. 그리고 무엇보다도 아브람과 사래의 공동체가 가지고 있었던 가장 소중한 덕목인 하나님을 믿고 섬기는 신앙에 대해서도 이 하갈은 충분히 받아들이고 있었을 것이다. 주인 부부의 아름다운 성품과 삶이 신앙에서 나온 것이라는 것을 그녀는 십분 알게 되었고 또 공동체가 추구하는 가치가 오직 신앙이라는 것도 충분히 알 수 있었다. 또 이 신앙에 함께 동참하는 일이 없이는 이들과 삶의 자리를 같이 한다는 것은 실상 어려운 것이기에 그녀는 기꺼이 동참하였으리라.

애굽 사람이면서도 이 신앙공동체에 함께 참여하게 된 하갈이었다. 어찌보면 이 세상에서 가장 불행한 자이나 반대로 가장 축복 받은 사람임에 틀림없다. 그녀가 비록 애굽에서는 천대받는 여종이요 여종의 신분이 되기까지 애굽의 어느 누구보다도 불행한 삶의 환경을 가지고 있었다. 삶의 소망이 있을 수 없는 가련한 여종이지만 사려심 깊은 사래를 만나 그녀의 사랑과 친절한 보살핌을 받으며 살게 되었다는 것은 그러한 중에서도 큰 만남의 축복을 입은 것이었다. 그런데 거기에 더하여 후대 수많은 사람들로부터 믿음의 조상으로 추앙 받으며 당대 하나님의 구원의 은총을 담고 있는 인류 유일의 신앙의 사람 아브람을 만나고 그 공동체에 포함되었다는 것은 그 어떤 것보다도 축복 받은 사실이었다.

하지만 과연 그녀 자신 이러한 사실들을 인식하고 있었을까? 인식할만한 복된 마음이 있었을까? 그녀를 성경이 애굽 사람이라고 굳이 그 출신을 나타낼 때에는 이유가 무엇일까? 과연 그녀에게서 애굽 사람의 우상숭배 신앙에서 나오는 잘못된 관습과 버려야 할 생활방식 그리고 물질중심적인 생각들이 믿음의 가치관으로 온전히 변화되고 대체된 것이었을까? 적어도 표면적으로는 그렇게 보였을 것이다. 삶에 있어서 어떤 문제에 부닥치기 전까지는 말이다.

그런데 말씀은 사래가 가장 평안한 중에 가지고 있었던 한 가지 애로 사항과 하갈이 가지고 있었던 여종이자 애굽 사람이라는 조건이 만나고 있음을 보여주고 있다. **"아브람의 아내 사래는 생산치 못하였고 그에게 한 여종이 있으니 애굽 사람이요 이름은 하갈이라"**. 사래가 가지고 있는 그 많은 좋은 조건들이 있고 하갈이 가지고 있는 또 많은 좋은 조건들이 있었다. 하지만 그 중에서도 유독 나쁜 조건들끼리 결합되어 이제부터 사건을 만들어 가게 되는 것을 성경은 비추고 있다. 좋은 조건들이 만나서 인정 많고 품성 좋은 주인과 성실하고 착한 여종이라는 유대 관계가 지금까지 만들어져 왔지만 이제 이 두 사람에게 전혀 생각지 못했던 관계가 생겨나게 될 것을 성경은 그렇게 암시하고 있는 것이다.

사람이 사람에게 속았다고 느끼게 되는 이유는 어디에 있는 것일까? 적어도 서로에게 함께 할 수 없는 어떤 차이가 있다고 생각되면 속을 이유도 없고 또 혹 어떤 결과를 당하든 인간적으로 속았다고 생각하지 않는다. 하지만 그가 나의 생각과 가치 그리고 함께 속한 공동체의 규범을 따른다고 생각하였고 추구하는 바가 같다고 여겼으나 그것이 아니었다는 것을 알게 될 때 우리는 심한 배신감을 느낀다. 곧 그가 어느 순간 자기의 이익을 위해 그러한 공유된 가치와 규범들을 버리게 될 때 우리는 속았다고 느끼게 되는 것이다. 전혀 보지 못했고 생각지 못했던 서로 안에 있는 약점들이 어떤 상황을 만나 불편하게 엉기게 될 때도 생겨나는 일이다.

과연 사래와 하갈은 어떤 관계를 만들어 나가며 아브람은 또 어떤 곡절을 겪게 될 것인가? 이에 대한 책임은 과연 누구에게 있는 것일까?

사래여! 그대가 어찌하여 (창 16:2)

하나님과의 만남을 통해 주어진 것들은 우리 인생의 가장 소중한 내면적 가치를 형성한다. 꿈과 비전이 되어 인생을 가장 값지고 의미 있게 만들어 가는 요인이다. 그런데 이를 함께 살아가는 부부가 서로 공감하지 못하고 함께 추구하지 못한다면 과연 어떤 일이 생겨나게 되는 것일까?

"사래가 아브람에게 이르되 여호와께서 나의 생산을 허락지 아니하셨으니 원컨대 나의 여종과 동침하라 내가 혹 그로 말미암아 자녀를 얻을까 하노라 하매 아브람이 사래의 말을 들으니라"(:2)

만일 사래가 아브람에게 주신 하나님의 언약을 그로부터 듣고 그것을 그대로 믿었다면 이러한 일이 발생할 수 있는 것일까? 아니 이보다 앞서 과연 아브람은 하나님의 언약을 정말로 믿고 이를 아내 사래에게 분명히 전하였던 것일까? 분명 하나님은 사래가 낳을 아이를 말씀하셨다. 그럼에도 위의 사래의 말은 사래가 아브람으로부터 언약의 말씀을 들었든지 못 들었든지 간에 그 약속에 대한 인식이 전혀 없는 모습이다. 그런데 더욱 놀라운 것은 아브람이 사래의 말을 듣고 그대로 받아들였다고 하는 사실이다.

이는 아브람에게조차 자신이 직접 들은 하나님의 언약을 온전히 신뢰하는 마음이 없다는 것을 나타낸다. 비록 당시에는 믿었을지라도 그 약속에 반하는 사래의 이러한 뜻 앞에서 그 약속을 지켜낼 만큼 믿음이 확고하지 못했다는 것을 보여준다. 결국 하나님의 약속 앞에 선 두 사람이, 분명 하나의 마음을 가지고 인생을 더불어 살아가야 하는 동반자 된 두 사람이 그 소중한 것을 함께 공유하지 못했고 자신들의 내면적 가치로 승화시키지 못했을 때 결국 그들이 선택하여 걸어가는 길은 하나님의 언약을 거스르는 것이었고 명백히 잘못된 결과를 만들어내는 길이었다.

아브람이 무너진 것은 아이가 사래에게서 태어나든 하갈에게서 태어나든 자신의 아이가 될 것이라는 점에서 생각의 혼란을 가졌기 때문일 수도 있다. 꼭 사래에게서 태어나지 않는다고 할지라도 그 아이가 자신의 아이일진대 하나님의 약속이 이것을 의미한다고 생각할 수도 있었다. 더군다나 사래가 먼저 제안하고 동의하였기에 별 거부감이 없었을 것이다. 당시 관습상으로도 후처를 취하여 아이를 낳는 것이 보편적이기 때문이었다. 그러나 과정이야 어찌되었든 결과는 아브람과 사래 공히 하나님의 언약을 불신하고 거스르는 선택을 하게 되었다. 하나님의 언약을 함께 공감하고 믿음으로 공유하지 못한 결과였다.

믿음의 사람이요 오늘까지 순종과 희생과 헌신의 삶을 살아온 사래였다. 그리고 오늘날 믿음의 조상으로 추앙 받는 아브람이었다. 하지만 이 두 사람이 만들어내는 결과는 무엇인가? 하나님의 언약을 어기는 것이었고 그 언약에 대한 확고한 믿음도 또 그것을 지켜낼 수 있는 믿음도 없는 모습이다. 하나님과의 만남과 언약이 오래 전의 일이 아니었다. 불과 얼마 전의 사건이었다. 그럼에도 지금의 사건은 그 만남의 은혜 이후 신앙인이 삶 속에서 보여주는 첫 번째 반응이었다. 아무리 튼튼한 믿음의 집을 지어 놓은 것

같을지라도 이렇게 어이없이 한 순간에 무너질 수도 있다는 사실을 있는 그대로 보여준다.

그러면 사래가 자신의 여종 하갈을 통해서라도 아이를 낳고자 할 때 이 아이를 얻고자 하는 의도는 어디에 있었던 것일까? 과연 아브람에게 대를 이을 후사가 없다는 사실을 염려해서인가? 이렇게 해서라도 자신이 감당하지 못한 아내의 일을 아브람에게 이루어 주고자 하는 것이었을까? 이것이 하나님의 언약을 이루는 길이라고 생각한 때문이었을까? 성경은 이에 대해 사래 자신의 말로 그 대답을 제시한다. **"내가 혹 그로 말미암아 자녀를 얻을까 하노라"**. 이 말은 이 일을 계획하는 사래의 뜻이 어디에 있었는지를 그대로 드러내는 성경의 증거이다. 사래 자신이 아이를 갖고 싶다는 것이었다. 아브람을 생각해서가 아니었다. 아니 아브람을 위하는 마음도 있었겠지만 이 의도의 주된 목적은 자신이 아이를 얻어 기르고 싶다는 것, 곧 자기 자신을 위해서였다. 아이를 기르는 어미로서의 모성본능을 이렇게 해서라도 표현하고 누려보고 싶은 것이었다.

물론 이는 아브람의 아이를 얻는 것이기에 아브람에게도 이것이 그토록 갈망하는 후사를 얻는 길이라고 말하였을 수도 있다. 이것이 하나님께서 아이를 주시겠다는 약속의 방법일 수도 있다고 하면서 말이다. 또 어쩌면 사래 자신 이렇게 자신의 뜻을 내세울 수 있는 것은 그간 이 가나안에서의 자신의 삶이 아브람을 대해 얼마나 희생적이었는지 서로가 알고 있기에 이제 이 정도는 요구하고 보상받을 수 있다고 생각하여 나온 결정일 수도 있었다. 그러나 이유가 무엇이든 이는 자손에 대한 하나님의 언약을 파하는 결과를 가지고 있다.

특히 이 속에서 나타나는 나쁜 결과는 남편 아브람도 여종 하갈도 사래의 욕망을 이루기 위한 도구로 등장하게 된다는 점이다. 즉 사래는 자신의 욕망과 뜻을 이루기 위해 주위의 소중한 사람들을 수단으로 이용하는 실수를 범하게 되는 것이었다. 만일 이것이 아브람의 후사를 이어가기 위한 결정이었다면 사래의 행위는 오히려 아브람을 위한 자기희생의 결단이라고 할 수 있는 것이었다. 하지만 아니었다. 우리는 이를 하갈의 입장을 살펴보면 분명히 알 수 있다.

하갈이 사래의 여종의 신분이기는 하지만 그녀 또한 분명 천하보다 귀한 한 생명을 지닌 자이다. 인간으로서 존중받아야 할 한 인격체였다. 비록 여종이긴 하지만 때가 되면 누군가와 부족하나마 작은 가정을 이루고 행복하게 살아가야 했다. 하지만 아브람의 아이를 낳게 될 때 그녀의 정상적인 결혼과 가정의 소유가 가능하겠는가? 이것이 하갈 본인의 의사요 선택인가? 그러므로 사래의 결정이 어떤 이유에서였든지 간에 이는 하갈이라는 한 사람의 인생을 임의로 왜곡시키는 것이었다. 이는 아브람과 사래가 이 가나안 땅에 온 근본 목적인 하나님 신앙과도 배치되는 것이었다. 비록 사회적으로는 자신의 집 여종에게 이런 것을 요구할 수 있는 정당성이 있다 할지라도 신앙까지도 이를 용납할 수 있는 것은 아니기 때문이다. 결국 이는 한 인격체로서의 하갈에 대한 배려가 전혀 없었다는 것을 드러낸다.

비록 오늘까지 하갈이 사래를 자신의 주인이자 어머니 같은 존재로 따르고 친근하게 대해왔다고 한다면 사래의 이러한 선택과 강요 앞에서 그녀의 감정은 어떠했을까? 그냥 좋아하고 즐겁게 받아들였을까? 아니면 누군가를 좋아하여 가정을 꾸미고 자신의 아이를 낳아 살아갈 꿈을 빼앗겨버린 실망과 분노와 지금까지 자기가 좋아하여 따른 사람으로부터 당한 배신감이었을까? 종으로서의 비애를 느낄 수밖에 없었을 것이다.

하나님과의 만남도 중요하고 그로부터 소중한 언약을 듣는 것도 중요하다. 하지만 더욱 중요한 것은 받은 바 만남의 은혜를 지켜갈 믿음의 능력을 소유하는 것이요 그 언약을 지켜 이루어 가고자 하는 굳은 신앙의 의지를 갖는 일이다. 이것이 없다면 결국의 삶은 하나님의 언약을 어기고 그 은혜를 어그러뜨리며 하나님의 뜻과는 다른 선택을 하게 된다는 것을 오늘의 말씀은 확증하여 전하고 있다. 동시에 하나님의 일은 하나님의 방법대로여야 한다는 것을 교훈하고 있다. 결과가 하나님의 원하는 것을 이루는 것이라면 방법도 하나님의 뜻을 묻고 따르는 것이 되어야 한다는 것을. 시간이 오래 걸릴 것 같을지라도 또 힘들고 어렵게 보인다 할지라도 하나님의 일은 방법과 과정도 철저히 하나님의 원하시는 것이어야 한다는 것을 우리는 인식하고 있어야 하는 것이다. 어느 순간에도 사람이 나의 뜻과 욕심을 이루기 위한 수단이나 방법이 되어서는 안 된다. 생명은 생명으로 보호되어야 하며 인격은 인격으로 존중되어야만 한다는 것을 우리는 우리의 신앙 안에 담고 있어야만 한다.

하나님께서 아브람에게 주신 자손의 언약이 그 언약의 한 축인 사래로 말미암아 어긋나고 있다. 그의 가장 든든한 동역자요 가장 신뢰하고 존중하는 신앙인이었다. 때로 우리 신앙의 도전은 가장 가까운 사람으로부터 그리고 가장 그럴듯한 방법으로 신앙인에 의해 만들어져 온다는 것을 알려준다. 두 눈 부릅뜨고 분별하지 않으면 넘어갈 수밖에 없다.

소용돌이가 휘감아 들고 (창 16:3-5)

사래가 자신의 여종 하갈을 통해 자기의 원하는 바 아기를 얻겠다는 선택을 하게 된 것은 당시 사회가 종이라는 존재를 단지 재산의 일부로 여기고 물건처럼 취급하는 관례를 그대로 따랐기 때문이었다. 당시의 관습으로 본다면 자기 집에 속한 종의 운명은 전적으로 그 주인의 손에 달려있었기에 이러한 결정은 하등 이상할 것이 없었다. 그러므로 사래 또한 별 죄의식 없이 이러한 사회적 관습에 용기를 얻어 이 같은 결정을 내렸을 것이다. 하갈에게 지금까지 잘 대해 주었기에 그리고 이 일에 대한 대가도 어떤 형태로든 지불해주면 되리라고 생각하였을 수도 있다.

"아브람의 아내 사래가 그 여종 애굽 사람 하갈을 가져 그 남편 아브람에게 첩으로 준 때는 아브람이 가나안 땅에 거한 지 십 년 후이었더라"(:3)

그러면 사래는 왜 지금 와서 이런 생각을 하게 된 것이었을까? 지금 현재 나이 아브람 85세요 사래는 75세다. 이들이 결혼한 지 거의 50여 년이 지난 때이다. 왜 지금까지 이런 생각을 전혀 않다가 이제 와서야 이런 생각을 하게 되는 것이었을까? 오늘 성경은 사래가 하갈을 아브람에게 첩으로 준 때는 그들이 가나안 땅에 거한지 십 년 후였다고 전하고 있다.

가나안에 온지 십 년이 지난 오늘의 시점에 이르기까지 이들의 삶은 극히 불안정하였고 긴장의 연속이었다. 가나안의 억센 족속들 속에서 터를 잡고 살아갈 길을 여는 것이 급선무였고 저들에게 하나님 신앙을 전하기 위한 교두보를 확보하는 것이 최우선 과제였다. 그러기에 다른 모든 문제들은 이 속에 묻혀버렸었다. 하지만 사방이 안정되고 모든 것이 풍족하여 염려할 만한 것이 별로 없는 때를 맞이하였다. 그리고 또 물려주어야 할 재산도 많이 가지고 있는 때였다. 그러므로 이 속에서 부족한 것이 있었다면 그것은 오직 자식이 없다고 하는 사실 한가지뿐이었다. 바로 이 한 가지를 해결하고자 사래는 이와 같은 방법을 생각해낸 것이었다.

모든 것이 풍족하여 여유가 있고 부족함이 없다고 느끼는 순간 인간에게 찾아오는 유혹과 시험이 있다. 그것은 인간의 동물적인 본능에 대한 욕망이다. 성에 대한 강한 탐닉, 그리고 오래 살고자 하는 장수에 대한 맹목적 집착, 때로는 쾌락을 추구하는 자기파괴적 본능들이 사회적 일탈행위로 나타나는 것도 대체로 이 때이다. 그러므로 모든 것이 풍족한 것보다는 어느 정도 부족함을 느낄 때의 적절한 긴장이 때로 우리를 대신하여 우리 자신의 욕망을 통제하는 기제로도 작용한다는 사실을 신앙 안에서 긍정적으로 바라볼 수 있어야 할 것이다. 풍족함 속에서도 나의 속에 있는 죄의 욕망을 능히 통제할 수 있는 자기 준비 또한 이 시기에 함께 이루어져야 하는 중요한 과제라는 것은 두말할 필요가 없다.

"아브람이 하갈과 동침하였더니 하갈이 잉태하매 그가 자기의 잉태함을 깨닫고 그 여주인을 멸시한지라"(:4)

하갈이 아브람과 동침하고 아브람의 아이를 잉태하게 되자 자신의 여주인 사래를 멸시한다. 이 때의 멸시함이란 일시적인 것이 아니라 자신의 잉태를 느낀 시점부터 계속되었다는 사실을 나타낸다. 물론 사래는 참고 지나갈 수 있는 것은 그냥 보아 넘기기도 하며 또 때로는 직접적으로 책망을 하기도 하였을 것이다. 하지만 이에 대해 하갈 자신 처음에는 움찔하기도 하였겠지만 시간이 지남에 따라 사래의 책망이나 기분은 아랑곳하지 않고 노골적으로 무시하게 되었다는 것을 내포하고 있다.

하갈이 사래를 무시하고 있었다면 다른 집안사람들에 대해서는 어떻게 대하고 있었을까? 자신의 주인인 사래를 무시하고 있다면 집안의 다른 사람들에게야 더 말할 필요도 없지 않은가? 곧 오만방자한 태도로 얼굴로 쳐들고 거드름을 피우며 온 집안을 휘저으며 다니고 있다는 사실을 이 말씀은 함께 담고 있다. 하갈이 어떻게 이렇게 변화된 것이었을까? 무엇이 그녀로 하여금 이토록 겁없는 여자로 만든 것이었을까? 단지 아브람의 아이를 잉태하였다는 사실 하나 때문인가?

이와 관련하여 보게 되는 중요한 사실은 아브람은 이러한 사태를 어떻게 받아들였는가 하는 것이다. 아브람도 하갈의 이러한 행동에 대해 분명 보고 듣고 있었을텐데 과연 그는 이를 어떻게 보고 있었을까 하는 문제이다. 만일 아브람이 하갈의 이러한 태도를 용납하지 않고자 하였다면 하갈의 이런 모습이 가능한 것이었을까?

여기서 우리는 하갈에 대해 취하였을 그의 입장과 태도와 더불어 더 나아가 이에 대한 아브람의 책임은 과연 없는지를 한번 되짚어본다. **"아브람이 하갈과 동침하였더니"**. 평생 사래 이외는 여자를 알지 못하고 지내온 아브람이었다. 그러던 그가 나이 85세 때에 처음으로 사래 이외의 여인과 동침한다. 그것도 남자를 처음 알게 되는 아주 젊은 여자였다. 그리고 하갈이 잉태하였다. 오늘날처럼 임신에 대한 정확한 생리적 진단이 가능한 때가 아니었다. 아브람이 하갈을 맞아들여 동침하고 함께 하였던 시간들은 얼마나 되었을까? 꽤 상당한 시간 동안 접촉과 관계가 이루어졌을 것이고 그러는 사이 어느덧 주인과 하녀의 신분이 아니라 남자와 여자로서의 만남이 생겨나게 되었을 것이다. 아내 이외에 처음으로 접해보는 젊은 여자의 육체는 어쩌면 이미 노쇠기에 접어든 아브람의 육체적 본능을 일깨웠을 것이고 어느덧 하갈을 종이 아니라 이성으로 대하게 되었을지도 모르는 일이다.

더욱이 하갈이 아이를 잉태하였다. 아브람의 입장에서 본다면 이제 아이를 가졌으니 내 할 일 다 했다고 외면하고 돌아설 수 있는 것이 아니었다. 평생을 기다리던 자신의 아이가 그것도 이 늙은 때에 그녀에게 잉태되었으니 얼마나 사랑스러웠겠는가? 더욱 자주 찾아가며 관심을 표하고 돌보고자 하는 것은 너무도 당연한 일이었다. 아브람의 눈에는 자신의 아이를 잉태한 하갈이라는 이 애굽 여인이 또 한 사람의 아내로 여겨질 수밖에 없음은 피할 수 없는 결과이다. 이러한 사실은 사래의 다음 말에서 분명하게 증거되고 있다.

"사래가 아브람에게 이르되 나의 받는 욕은 당신이 받아야 옳도다 내가 나의 여종을 당신의 품에 두었거늘 그가 자기의 잉태함을 깨닫고 나를 멸시하니 당신과 나 사이에 여호와께서 판단하시기를 원하노라"(:5).

오늘의 상황은 전적으로 사래의 제안으로 시작되었다. 지금 상황도 사래와 하갈 간의 관계에서 일어난 일이요 하갈은 사래 자신의 여종이다. 그런데 사래는 왜 오늘의 사태에 대해 아브람에게 이와 같은 불만을 표시하는 것일까? 이것은 사래 자신 오늘의 결과가 거의 전적으로 아브람의 책임으로 인식하고 있다는 사실을 드러내는 것이요 이는 이 사태의 뒤에 있는 아브람의 역할을 증거하고 있는 것이다.

그러면 이제 이를 하갈의 입장에서 살펴보자. 처음에는 그저 이 집의 종이기에 주인의 뜻에 마지못해 따를 수밖에 없었다. 그녀 또한 한 인격체일진대 정상적인 부부관계로서 남편을 맞이하고 가정을 이루고 싶은 소망이 왜 없었겠는가? 이것이 무시되고 주인 부부의 씨받이로서의 삶을 감당해야 할 때는 삶의 비애감도 느꼈으리라. 하지만 그녀 또한 아브람과의 만남과 접촉을 통해 육체적 본능이 살아나고 이러한 관계가 계속될수록 아브람이 주인이 아니라 한 남자로 느껴지기 시작하였을 것이다. 어렵게 받아들인 주인어른 아브람이었지만 자주 반복되는 만남과 사랑의 행위 속에서 농담도 하고 교태도 부릴 수 있는 관계의 여유가 생겨났다. 그리고 이것이 아브람에게 또 다른 즐거움을 가져다주고 있다는 것을 그녀는 보게 되었으리라.

그리고 아기가 잉태된다. 이 때부터 여성 특유의 모성본능이 작동하기 시작한다. 아이를 가져보지 못한 사래는 미처 생각하지 못했던 심리적 요인이다. 그것은 나의 태 안에 잉태한 아기를 타인에게 빼앗기고 싶지 않은 아기에 대한 보호 본능이다. 그러면서 동시에 이 아기가 아브람의 뒤를 이어 이 집의 후사가 될 수밖에 없다는 상황을 깨닫는다. 그렇게 될 때 자신의 위치는 어떻게 될까 하는 것을 자연히 머리 속에 그려보지 않았겠는가? 이 나이 든 노부부는 언젠가는 죽게 될 것이고 자신의 낳은 아이가 이 집의 대를 잇게 되는 날이 아주 자연스럽게 오게 될 것이었다. 그리고 그들이 살아있는 동안이라도 자신의 낳은 자식이 주인의 자식인 것이 분명하고 그에 걸맞는 집안의 위치를 차지하고 자식으로서의 역할을 수행하게 되는 것도 분명

하였다. 그리고 하갈 자신은 그의 엄마이다.

"그가 자기의 잉태함을 깨닫고 그 여주인을 멸시한지라". 만일 하갈이 아브람과의 잦은 만남과 관계 속에서 그리고 그의 아이까지 잉태하고 이 아이가 이 집의 대를 잇게 될 것이라는 상황에서도 그 이전 사래의 여종으로서의 마음과 태도를 조금도 잃지 않고 있다면 그것이 오히려 이상한 일이 아닌가? 오늘의 우리라도 내가 소속된 집단에서 최고 지도자로부터 전폭적인 신뢰를 받는 위치에 놓이게 된다면 자신도 모르게 어깨에 힘이 들어가고 말이 대담해 지는 것은 어쩔 수 없는 결과이다. 평상심을 유지할 수 있는 고도의 내적 훈련을 쌓은 사람일지라도 이렇게 되지 않는 것이 심히 어려운 일일진대 평생 종으로 살아오며 남의 눈치만 보며 살아온 하갈이었다. 그녀에게서 고도로 성숙한 내면을 기대한다는 것은 거의 불가능한 일이다.

바로 이 점에서 성경이 하갈에 대해 **"그 여종 애굽 사람 하갈"**이라고 거듭 표현하는(1, 3절) 이유를 생각하게 된다. 종이란 자신의 삶에 대해 스스로의 주도적 역량을 가지고 살아가지 못하며 늘 주인과 타인의 눈치를 보며 그 손에서 나올 떡덩이만을 갈망하는 자들이다. 그러면서도 자유에 대한 바람과 물질에 대한 탐욕과 신분변화에 대한 강한 욕구가 동물적 본능처럼 내재되어 있는 것이 종의 근성이다. 비록 하갈이 아브람의 집에 들어온 이후 하나님 신앙을 받아들였다고 할지라도 애굽 사람으로서의 관습과 이러한 종으로서의 본성이 전혀 변하지 않았다는 것을 드러내고 있지 않은가? 겉은 변화된 것처럼 보였을지라도 속은 전혀 변화되지 않고 있었던 것이다. 건기 때면 바짝 말라서 생명체가 전혀 없는 것처럼 보일지라도 비가 오고 물만 흐르면 금방 새파란 초원으로 변하여 모든 동물들을 불러 모으는 아프리카의 마른 강들처럼 죄의 본성과 과거의 잘못된 관습들은 그녀의 피부 밑에서 언제든 밖으로 돋아날 준비를 하고 비를 기다리고 있었던 것이다.

평온하던 아브람의 집에 갈등의 소용돌이가 휘감아 들고 있다. 평온하던 세 사람의 관계가 급격히 균형이 깨어지고 뒤틀리며 요동치기 시작한다. 사래, 아브람, 하갈 모두 전혀 알지 못했던 그들의 속에 있는 것들이 어떤 특별한 상황을 맞아 살아나고 복잡하게 얽혀 전혀 새로운 상황을 만들어 가고 있는 것이었다. 사래는 단지 아이가 생겨나는 상황의 변화만을 원했으나 이것은 전혀 생각지 못했던 인간 관계의 변화를 초래하고 말았다. 사래는 단지 아브람의 씨가 하갈에게 잉태되기를 원하였고 그 하갈을 통해 자신이 아기를 얻고 키우는 즐거움을 누리게 되기를 바랬다. 하지만 이 단순한 상황의 변화는 관련된 사람들의 마음에 전혀 생각지 못한 변화를 만들어 내었으며 이 마음의 변화는 행동의 변화를 일으켰고 이는 오늘과 같은 보다 격렬한 상황의 변화를 초래한 것이었다. 보통의 사람들이 만들어내는 삶의 상황들도 대부분 이와 같다.

사래가 하갈로부터 멸시를 당한다. 하갈이 못된 여종 같지만 살펴보면 이는 사래가 하갈을 먼저 멸시한 것이 아니었던가? 사래가 먼저 하갈의 인생을 자기 욕망의 도구로 사용하고자 하였고 이에 대해 하갈이 취할 수 있는 것은 그녀도 자신의 인생을 위해 자기가 할 수 있는 바의 모든 것을 이용하는 것이 아니겠는가?

떠오르는 태양 지는 달 (창 16:5-6)

"사래가 아브람에게 이르되 나의 받는 욕은 당신이 받아야 옳도다 내가 나의 여종을 당신의 품에 두었거늘 그가 자기의 잉태함을 깨닫고 나를 멸시하니 당신과 나 사이에 여호와께서 판단하시기를 원하노라"(:5)

조용하고 평안한 가정이었다. 서로에 대한 굳은 신뢰와 희생과 섬김으로 만들어낸 사랑이 있던 아브람과 사래의 가정이었다. 그러한 공동체가 갑자기 엄청난 갈등의 소용돌이 속에 휘말리며 모든 관계가 헝클어져 버렸다. **"나의 받는 욕은 당신이 받아야 옳도다"**. 오늘까지 아브람을 거스려 말해본 적이 없는 사래였다. 애굽에서 남의 아내가 되는 고난을 겪으면서도 아브람을 대한 희생의 사랑을 저버리지 않았던 그녀였다. 그런데 그녀의 오늘 이 말은 아브람을 대한 엄청난 비난과 저주가 담겨있는 욕설이다. 내가 당하고 있는 이 수치스런 현실, 여종으로부터 멸시를 받는 참을 수 없는 모욕은 내가 아니라 당신이 당해야 하고 또 그렇게 되기를 원한다는 독설을 남편 아브람을 향해 퍼붓고 있는 것이다.

뿐만 아니라 사래는 **"당신과 나 사이에 여호와께서 판단하시기를 원하노라"** 는 말까지 내뱉는다. 이는 오늘의 결과가 아브람과 사래 둘 사이에 누구에게 책임이 있는지를 하나님께 물어보자고 하는 말이요 당신이 하나님께 판단 받고 죄값을 치르게 되기를 원한다는 뜻이 담겨진 무서운 정죄의 말이다. 더불어 지금의 사태가 전적으로 아브람에게 원인이 있다는 것을 나타내는 사래의 선언이기도 하다.

지금까지 생전 아브람을 거스려 본 적이 없는 사래였다. 그녀의 삶 자체가 아브람이 아닌 그 어느 누구를 대해서도 이런 욕을 발한다는 것은 상상해 볼 수 없었던 사래의 인생이었다. 더군다나 지금의 문제는 하갈이 원인이었다. 사래와 하갈의 문제였지 사래와 아브람의 문제가 아니었다. 그런데 사래는 이 싸움을 남편 아브람에게로 확대해 가고 있는 것이다. 하갈의 뒤에 아브람이 있기 때문이었고 하갈로부터 멸시를 당하고 있다는 것은 집안의 모든 사람들이 이 사태를 보고 있다는 것을 드러내고 있다. 아브람이 노골적으로 하갈을 가까이하기 시작하면서 어느 날부터인가 집안의 중심이 사래로부터 하갈로 이동해 가고 있다는 것이 사람들에게 인식되고 있었다. 그리고 사래 자신 이 젊고 야심찬 하갈에게 밀려 늙고 힘없는 이제는 한물간 불쌍한 사람으로 보여지고 또 스스로에게 느껴지기 시작했던 것이다. 사래가 지금 참지 못하는 것은 바로 이러한 현실 때문이다. 한마디로 하갈은 떠오르는 태양이었고 반면 자신은 지는 달이었던 것이다.

이 세상의 모든 부부가 본으로 삼을 수 있는 참으로 아름다운 부부관계를 지닌 아브람과 사래였다. 남편을 위해 모든 것을 희생할 수 있는 아내였고 비록 자식을 낳지 못하지만 일생 동안 아내 이외 다른 여자를 생각해 본 적이 없던 남편이었다. 신뢰와 희생으로 서로를 내 몸처럼 아끼고 사랑하던 두 사람이었다. 그런데 이 두 사람이 지금 하나님의 신앙을 걸고 저주하며 또 정죄당하는 관계가 되고 말았다. 남편을 향해 저주의 독설과 정죄를 퍼붓는 아내, 아내로부터 이 험한 경우를 당하는 부끄러운 남편, 세상의 평범한 부부 간에도 있어서는 안 되는 사태가 가장 모범적인 신앙의 부부에게서 벌어지고 있는 것이다.

사람의 속에는 언제든 이러한 모습을 나타낼 수 있는 죄의 인자가 있다는 것을 알게 하는 장면이다. 그 아름답던 사래에게서 이런 오늘의 모습을 생각한다는 것은 도저히 상상할 수 없는 일이었다. 사래 자신도 자기의 내면에 이토록 무서운 독기가 숨어있다는 것을 전혀 알지 못하였으리라. 혹 이러한 사람들을 먼발치에서라도 보게 되거나 혹 누군가를 통해 듣게 되면 그것 자체를 부끄럽게 여기는 사래였다. 그런데 그러한 더러운 죄가 그토록 아름다운 성품과 신앙의 소유자인 사래의 속에도 숨어있었던 것이다. 마찬가지로 수백 명의 군사를 거느린 한 공동체의 족장으로서 그리고 신앙의 전도자로서 가장 점잖고 위엄 있어 보이던 아브람의 속에도 꺼지지 않고 있는 죄의 육체적 욕망이 여전히 자리하고 있었다.

여기서 우리는 우리의 신앙을 통해 우리 속에서 이루어져야 하는 가장 중요한 것이 무엇인가 하는 것을 생각해 본다. 그것은 우리의 속에 있는 죄를 찾아 다스리는 것이라는 사실이다. 지금 가장 신앙적인 것처럼 보이는 나의 내면에 여전히 또아리를 튼 듯 자리 잡고 있는 죄의 본체와 그 잔상을 보고 느낄 수 있어야 하는 것이다. 사래와 아브람 모두 인생의 어느 한 순간 자신들의 속에서 들고 일어난 육체적 욕망이라는 죄의 덫에 걸려 오늘과 같은 비극을 겪고 있는 것이었다. 지금까지 공들여 쌓아온 삶의 좋은 결과를 자기들 손으로 모조리 깨버리고 있었다. 하갈을 사이에 두고 사래와 아브람이 벌이고 있는 오늘과 같은 갈등과 다툼을 이 공동체의 모든 사람들은 당혹스런 마음으로 지켜보고 있었으리라.

겉으로는 아브람 공동체의 신앙을 받아들이고 있었는지 몰라도 그 속은 전혀 애굽사람의 의식과 종으로서의 노예근성을 간직한 채 한 공동체를 갈등의 늪으로 몰아가고 있는 하갈이었다. 겉으로는 신앙의 전도자로서 그리고 좋은 신앙인으로서의 삶을 나타내 보이고 있었던 참으로 아름다운 부부였지만 그 속에 아직 남아있는 죄를 보지 못한 채 어느 날 그 죄의 기습을 당해 스스로의 살아온 인생을 허물어뜨리고 있는 아브람과 사래였다. 모두가 자신들의 속에 있는 죄를 보지 못하고 다스리지 못하고 있었기 때문이었다. 공동체의 문제아로 등장하는 자들도 자세히 보면 그 정도는 달라도 거의 언제나 이러한 자들이다. 변한 듯하지만 옛 죄의 관습을 그대로 가지고 있는 어설프게 변한 자들이 끊임없이 크고 작은 갈등을 일으키고 언제든 공동체를 분란으로 몰아넣는다. 그러면서도 거의 항상 자기가 옳다고 고집한다.

나의 욕망을 실현하기 위해 타인을 수단으로 대하게 될 때 생겨나는 사회적 결과이다. 인간을 인간 자체로서의 존엄성을 지닌 존재로 보지 못하고 내 삶의 목적을 위한 수단과 도구로 대하게 될 때 그가 자신의 삶 속에서 겪게 되는 결과이기도 하다. 하나님께서 아브람에게 나타나셔서 그토록 귀한 약속을 주시고 중요한 만남을 가지신 것도 바로 이러한 죄가 이들에게서 나타나게 될 것을 미리 보셨기 때문이었다. 만일 이 두 사람이 하나님께서 아브람에게 주셨던 앞으로의 인생에 대한 교훈과 자손에 대한 약속을 믿고 함께 공유하였더라면 오늘 이와 같은 비극은 피할 수 있었다. 그러기에 오늘의 사태는 궁극적으로 본다면 바로 이 하나님의 약속에 대한 두 사람 모두의 불신앙이 원인이었다. 사래는 아브람을 탓하지만 오늘의 사태는 전적으로 사래에게서 먼저 기인하였다는 것을 사래는 알지 못하고 있다.

오늘날 많은 신앙인들이 신앙을 통해 얻고자 기대하는 것들은 대체로 물질의 형통함과 사람들 사이에서 높아지는 것과 육체적인 질병의 치료와 건강 등 지극히 외적인 것들이다. 하지만 오늘 아브람과 사래의 경우를 보면서 우리가 다시 한번 새겨보아야 하는 것은 내면이 다스림 받을 수 있는 내적 성숙을 이루지 못한 상태에서의 외적인 축복들이 과연 은혜가 될 수 있느냐 하는 문제이다. 아브람과 사래, 이 두 사람은 이러한 점에서 본다면 오늘날 우리가 성공한 인생이라고 할만한 모든 요건을 갖추고 있었다. 수백 명의 군사를 거느린 공동체의 족장, 풍부한 물질, 삶의 평안과 여유 그리고 개인적인 건강 등 이 모든 면에서 남부러운 것이 없었다.

하지만 오늘 이 두 부부 사이에 일진광풍과도 같은 무서운 다툼과 갈등이 일어나는 것은 왜인가? 과연 이러한 일이 생겨나고 지속될 때에도 그러한 외적인 것들이 있으므로 행복하다고 말할 수 있겠는가? 건강과 물질과 권세와 명예 등 이 모든 것을 아름답게 다스려 갈 수 있는 내면을 준비하고 있지 못한 자들에게는 오히려 이러한 것들이 나를 더욱 부끄럽게 만들 수도 있다는 것을 우리는 우리의 신앙 안에서 사고할 수 있어야 한다.

"아브람이 사래에게 이르되 그대의 여종은 그대의 수중에 있으니 그대의 눈에 좋은 대로 그에게 행하라 하매 사래가 하갈을 학대하였더니 하갈이 사래의 앞에서 도망하였더라"(:6)

자신의 아내 사래로부터 들을 수 없는 욕을 듣고 정죄를 당한 아브람이었다. 만일 사래의 독설과 정죄가 근거 없는 것이었고 오늘 하갈이 사래를 멸시하는 것에 대해 아브람이 책임을 져야 하는 것이 없었다면 아브람의 반응은 사래의 이러한 태도를 몰아붙이는 것이 되어야 했다. 당시 사회에서 비록 아내일지라도 가부장을 이처럼 욕하고 덤벼든다는 것은 권위에 대한 도전이요 있을 수 없는 일이었기 때문이다. 그런데 아브람은 사래의 이러한 힐난에 대해 한마디도 꾸짖거나 변명하지 않는다. 다만 **"그대의 여종은 그대의 수중에 있으니 그대의 눈에 좋은 대로 그에게 행하라"**라고 하여 하갈에 대한 일체의 다스림의 권한을 사래에게 위임한다. 나는 하갈에 대해 모든 것을 포기하고 당신에게 맡길 테니 당신 마음대로 행하라고 하는 것이었다. 이는 사래의 말을 그대로 인정하여 받아들이는 아브람의 모습이다.

일부다처제의 사회였고 가부장 중심의 사회였다. 아내를 몇이라도 더 둘 수 있는 아브람이었고 더군다나 사래에게서는 자식을 얻지 못하였기에 하나가 아니라 둘 셋이라도 아내를 더 얻을 수 있는 상황이었다. 이로 인해 아내들 간의 소소한 다툼이 일어나더라도 크게 신경 쓸 일은 아니었다. 그리고 지금 하갈은 자신이 평생 동안 그토록 애타게 기다리던 자기의 아기를 잉태한 상태였다. 상황이 무엇이든 하갈을 용납하도록 사래를 설득하고 나아가 사래를 꾸짖을 수도 있었다. 적어도 가부장의 권위를 무시하는 사래의 이러한 도발적인 행위에 대해서는 응징하는 것이 마땅했다. 하지만 이러한 모든 것을 접어두고 사래에게 하갈에 대한 일체의 권리를 위임하는 것은 아브람 스스로 자신의 하갈에 대한 실수를 솔직히 인정하는 태도이다. 나아가 자식을 얻는 것보다도 사래를 더 소중히 여기는 마음을 드러내는 것이며 가정의 화평을 더 우선시하는 아브람의 관점과 판단을 보여주는 것이다.

누구라도 인생의 어느 한 때에 크든 작든 실수를 할 수 있다. 실수가 없을 수 없는 것이 우리 인간이다. 보다 중요한 것은 잘못을 범한 후에 그 잘못 자체와 결과에 대해 어떻게 대처해 나가느냐 하는 것이다. 현명하고 지혜롭게 자신의 책임을 솔직히 인정하고 사과하며 그 바탕 위에서 수습을 도모하는 유형의 사람이 있는가 하면 애써 자신의 잘못을 가리고 변명으로 일

관하며 얕은 꾀로 사태를 모면하려고 하다가 일을 더욱 그르치는 사람이 있다. 전자의 경우는 큰 실수도 작게 판단 받고 용서받을 수 있으나 후자의 경우는 작은 실수도 더 크게 정죄당한다. 실수 자체보다는 그에 대처하는 태도로 인해 더욱 사람들과의 관계를 악화시키는 우를 범한다. 자신의 자존심과 권위를 내세우는 사람일수록 물질에 대해 집착하는 사람일수록 후자의 편에 속하게 되는 경향이 강하다. 잘못을 인정하고 현실적인 비난을 그대로 받아들인다는 것은 때로 이미 얻은 기득권을 포기해야 하는 경우도 있기 때문에 그것은 대단히 큰 결단과 용기를 필요로 하고 그래서 그만큼 어렵다. 하지만 그럴수록 그의 실수 자체로 인한 손해는 피할 수 없을지 몰라도 사람들이 보는 그의 인격은 오히려 더욱 높아질 수 있다.

하지만 아브람은 사래를 대해 자존심도 권위도 내세우지 않았고 이미 얻은 기득권적인 것도 기꺼이 포기했다. 하갈은 물론이고 그 태 안에 잉태된 자신의 아들도 포기했던 것이다. 지금까지의 사래의 자신을 위한 희생과 헌신을 인정했기 때문이요 바로 여기에서 나온 사래에 대한 사랑이 있었기 때문이며 공동체의 평화를 무엇보다도 소중히 여겼기 때문이었다. 갈대아 우르의 부모 친척 이웃 고향 땅을 떠나 이 험한 가나안 땅으로 온 것과 애굽으로 내려갔을 때 사래가 자신을 위해 어떻게 했는지 잘 알고 있고 이는 그 어떤 것으로라도 상쇄할 수 없는 평생의 빚이었다.

포기해야 할 것을 포기할 줄 아는 것, 진정 소중한 것이 무엇인 줄 알고 그것을 소중히 여기는 것 그것이야말로 진정한 용기요 신앙이 우리에게 더하여 주는 지혜이다. 포기할 것을 포기하지 못하고 인정할 것을 인정하지 못하여 인생의 더욱 소중한 것을 잃어버리는 어리석음이 우리에게는 없어야 하리라.

돌 던질 자 누구랴 (창 16:6-7)

"아브람이 사래에게 이르되 그대의 여종은 그대의 수중에 있으니 그대의 눈에 좋은 대로 그에게 행하라 하매 사래가 하갈을 학대하였더니 하갈이 사래의 앞에서 도망하였더라"(:6)

아브람이 사래에게 하갈에 대한 처분을 일임한 것은 이제부터 자신은 하갈을 가까이 하지 않겠으며 그를 편들지도 않을 것이며 그녀가 잉태한 아이에 대해서도 집착하지 않겠다는 뜻을 전하는 것이었다. 지금까지 하갈이 사래를 멸시할 수 있었던 원인이 바로 아브람이었다는 것을 아브람 스스로 자인하는 태도이다. 이에 대해 오늘 사래는 작심하고 아브람에게 따진 것이며 마침내 항복을 받아낸 것이었다. 그리고 곧바로 하갈이 자신에게 행한 것 이상으로 그녀를 괴롭히고 학대하여 마침내 그녀를 집밖으로 내쫓아 버린다. 태 안에 아기를 가진 임신한 여인이요 이 사건이 있기 전까지는 딸처럼 아끼고 돌보아 주던 여종이었다.

하갈. 그녀는 종의 신분이다. 자기가 속해 있던 주인의 집을 떠나서는 어디 가서도 편히 살 수 없는, 자주적 삶의 능력이 전혀 없는 종의 신분이다. 더군다나 그녀는 애굽인이다. 그러기에 이 가나안 땅에서는 어디 가서라도 삶을 의지할만한 대상을 찾을 수 없다. 거기에 더하여 하갈은 자기를 방어할 능력이 전혀 없는 여자의 몸이요 특히나 지금 배 안에 아이까지 가진 임신한 몸으로 활동이 대단히 부자유스러운 상태다. 이러한 모든 조건은 그녀가 아브람의 집을 떠나서는 어디 가서도 살 수 없다는 것을 그대로 보여주는 것이다. 이 집을 떠나는 것 자체가 곧 죽음일 수도 있는 지극히 위험하다는 것은 누가 보아도 분명하다. 사방이 광야요 죽음이 도처에 깔려있고 어느 누구도 그녀의 외침에 귀 기울여 들어줄 이가 없고 어느 것도 그녀를 보호해 줄 안전장치가 없는 사회 상황이다.

지금 사래는 자신이 무슨 행동을 하고 있는 것인지 알고 있는 것일까? 자신이 멸시받았다는 이 한 가지 사실을 응징하기 위해 지금까지 자기가 정을 주고 아껴 왔던 전혀 방어 능력이 없는 한 여성을 사지로 내몰고 있었다. 더군다나 그 태 안에 있는 아직 싹도 틔우지 못한 한 어린 생명까지 죽게 하고 있다. 더구나 이 어린 생명은 자신이 지금껏 삶을 다 바쳐 사랑하여 온 아브람의 아이였다. 한번도 자기의 아기를 안아보지 못한 85세 된 노년의 아브람이 꿈에도 그리던 2세이다. 그러기에 지금 흥분과 설레임으로 기대하고 있을 어쩌면 현실의 최고 소망일 수도 있는 아이이다. 사래가 하갈을 학대하여 쫓아낸 것은 결과적으로 아브람의 이러한 기대와 소망까지도 잔인하게 꺾어 놓은 셈이 되었다. 무엇을 얻기 위해서인가? 무엇을 얻을 수 있는 것인가? 그것이 평안이고 만족이라면 과연 그것이 이 생명들을 희생시켜야 할 만큼 그렇게 더 소중한 것인가? 이후 찾아올 죄책감은 또 어떻게 할 것인가?

미움과 분노를 품은 인간이 얼마나 잔인해지는지, 미움과 분노가 인간과 인간을 어떻게 연쇄적으로 파멸시켜 가는지를 그대로 보여주는 생생한 현장이다. 하나님께서 왜 미움과 분노 이기심 등을 살인죄로 정죄하는 것인지도 충분히 확인할 수 있는 자리이기도 하다.

이 평온하고 화목하던 집안이 오늘 이렇게 된 것은 어디서부터 비롯된 것일까? 그렇게 금슬 좋던 부부가 이렇게 험악한 분위기를 집안 모든 사람에게 노출시키는 이 부끄러운 상황을 만들어 낸 것은 그 원인이 어디에 있는 것일까? 오늘의 결과를 만들어낸 그 처음 출발점은 사래였다. 하갈도 아브람도 아닌 사래의 의도와 제안에 의해 처음 시작이 이루어졌다. 그렇다면 그 사래의 생각은 무엇이 문제였기에 오늘의 결과가 만들어진 것이었을까? 바로 이 근본적인 원인을 우리는 오늘 사래에게서 쫓겨난 하갈의 태 안에 잉태된 아기를 통해 다시 한번 생각해 본다. 즉 하갈이 사래에 의해 쫓겨날 때 버려진 것은 하갈만이 아니라 그 태 안에 있는 아브람의 아기도 포함되어 있다. 즉 사래는 하갈만을 포기한 것이 아니라 그 아브람의 아기까지도 받아들이기를 거부해 버린 것이었다.

만일 사래가 하갈을 통해 아기를 갖자고 아브람에게 제안한 것이 아브람을 위한 마음에서였더라면 즉 전적으로 자기 때문에 대를 이어갈 아이가 없어 고민하는 남편의 마음을 헤아리는 사려 깊은 마음에서 나온 것이었더라면 오늘 이 태 안의 아이까지 내몰아버리는 이 일이 가능한 것이었을까? 어쩌면 이 아이야말로 늙은 아브람이 기대하는 마지막 희망이고 즐거움일 수도 있었을 텐데 말이다. 그러므로 사래가 하갈을 내쫓아 버리는 오늘의 이 행위를 아브람의 입장에서 본다면 한 젊은 여자를 탐하다가 졸지에 닭 쫓던 개처럼 모양 사나운 꼴을 맞이한 것이었다. 그러므로 모든 사람들의 눈에는 주책맞은 노인으로 비치어질 수 있는 참으로 수치스러운 일이었다. 그리고 이제 내 아이가 태어난다는 기대에 부풀어 있던 그의 꿈도 너무나 허무하게 무너져버렸다.

하갈을 아브람에게 준 사래의 본심이 아브람의 후사를 위한 것이었더라면 사래는 자신이 현재 차지하고 있는 여주인의 자리를 적어도 어느 정도는 양보하고 스스로를 희생시킬 수 있는 마음의 각오와 준비를 했어야만 했다. 그 누군가에게 기쁨과 만족을 주기 위한 뜻이 내게 있다면 그것은 내게 있는 어떤 것들을 희생하고 덜어냄으로써 가능해진다는 것은 당연한 것이기 때문이다. 결국 오늘 사래가 하갈을 내쫓아 버리고 그 잉태된 아브람의 아기까지 버려버리는 것은 사래의 본래 동기가 그것이 아니었음을 증명한다. 비록 동기 자체가 순수하였다 할지라도 그것을 위해 자신의 자리를 조금이라도 양보하고 희생할 수 있는 마음이 그녀에게는 전혀 없었다는 것을 드러내는 증거이다.

결국 오늘의 결과는 사래 자신의 지극히 이기적인 동기에서 비롯된 것이라는 점을 다시 한 번 확인시켜 주고 있다. **"내가 혹 그로 말미암아 자녀를 얻을까 하노라"** 는 그녀의 말에서 살펴보았듯이 자녀를 얻고자 함은 사래 자신이 마치 손주를 안고 즐거워하는 노년들처럼 아이를 키우고 돌보는 즐거움을 늦게나마 누리고자 함이었던 것이다. 물론 아브람의 후사를 얻기 위함이라는 뜻을 빙자하였겠지만 말이다.

내가 나를 위하고자 하는 마음이 있을 때는 그 누군가가 나를 위해 희생하는 일이 요구된다. 반면 내가 누군가를 위해 만족과 기쁨을 주고자 원한다면 나 자신을 희생하는 일이 필요해진다. 오늘 그리스도인으로서의 우리는 어떠한 삶을 살아야 하는 것인가? 사래. 지금까지 희생적이고 헌신적인 삶을 살아왔다. 하지만 모든 것이 평안한 이 때 이제 삶의 부족한 것 하나까지 채워 누려보고자 하였다. 그 부족한 것 하나는 마지막까지 하나님을 바라보도록 하려는 하나님의 섭리와 배려가 담긴 것이었다. 이 두 사람이 인생의 어느 때엔가 맺을 가장 아름다운 신앙의 열매를 담아 후대에 전하기 위한 그릇으로 준비해 놓고 있는 것이었으며 이는 이미 약속으로 주어져 있는 것이기도 하였다. 인생의 어느 시점에서 이삭이라는 가장 아름다운 아들을 스스로 낳아 기르는 기쁨을 누리는 것이 이미 정해져 있었던 것이다.

지금까지 아브람을 위해 그리고 주어진 신앙의 사명을 위해 참으로 아름답게 헌신해 온 귀한 열매가 있었는데 자신을 위하고자 하는 한 가지 마음 때문에 그 모든 것이 다 허물어져 버렸다. 희생적이고 순종적인 아내에서 남편에게 욕하고 덤벼들며 남편의 위신을 추락시킨 사나운 아내로 변해져 버렸다. 자비롭고 친절했던 여주인의 모습에서 남편의 아이를 가진 여인을 무자비하게 학대해서 내쫓아 버리는 잔인한 여주인으로 바뀌어져 버렸다. 공동체의 족장으로서의 권위 있는 존재인 남편을 한 젊은 여자에 매여 분별을 잃어버린 우스꽝스런 노인으로 추하게 만들어 버렸다. 성실히 주인을 잘 섬기고 따르던 한 여종을 교만하게 만들어 광야를 방황하는 신세로 만들어 버렸다. 평온했던 가정에 미움과 다툼의 회리바람을 일으켰고 교만을 떠는 한 여종에 의해 공동체의 질서가 무너지는 혼란을 초래하였다.

이 집안에 있는 모든 식구들에게 오늘의 현실이 어떻게 비춰졌겠는가? 족장으로서 아브람의 권위는 그리고 신앙의 모델이었던 이 두 부부의 믿음은 또 어떻게 여겨졌겠는가? 목자들에 의해 이런 사실이 빅뉴스처럼 광야를 바람같이 떠돌아다니게 되었을 텐데 이를 듣는 자들이 흘끗거리며 건너다보는 이 가정의 현장은 또 어떤 형편이었겠는가? 모든 것이 무너져 내린 것이었다. 단 한 순간의 기이한 이기심이 빚어낸 결과로써 말이다.

"여호와의 사자가 광야의 샘 곁 곧 술 길 샘물 곁에서 그를 만나"(:7)

그러면 이제 쫓겨난 하갈은 어디로 가야 하는 것일까? 집 벗어나면 사방이 생명 자체를 보장받을 수 없는 광야였다. 애굽 사람이었고 종의 신분이었으며 여자의 몸이었고 더군다나 아이를 가져 배가 불러진 임산부였다. 자기를 보호할 수 있는 수단은 전혀 없었고 어디에도 하소연하거나 의지할 곳이 없는 상태였다. 말씀은 하갈이 **"술 길"**의 샘물 곁에 있었다고 전하고 있다. 술(수르, Shur)은 지리적으로 가나안 땅에서 애굽으로 내려가는 길에 위치한 곳이다. 곧 홍해의 동쪽 애굽과 마주하고 있는 곳이 이 술 혹은 수르라고 칭해지는 곳이다. 이는 쫓겨난 하갈이 가나안 땅을 떠나 애굽으로 돌아가고자 하였음을 보여주는 것이요 가나안 땅 어느 곳에도 그녀가 머물 수 있는 곳은 없었다는 것을 나타낸다. 아이 밴 여자의 몸으로 어떤 도움도 없이 이 거칠고 두려운 광야 길을 혼자 걸어 내려가고 있었던 것이다. 이 지울 수 없는 아기를 낳고 천대받으며 살아가야 할 힘겹고 어려운 미래가 하마처럼 입을 벌린 채 기다리고 있는 그 땅으로 말이다.

아브람의 공동체에 있다가 그 주인들로부터 외면당하고 분노와 미움의 대상이 되어 쫓겨나는 하갈이었다. 이 샘물 곁에 앉아 있는 그녀의 얼굴 표정은 어떠하였겠으며 거기에 묻어나는 그녀의 심정은 어떤 것이었을까? 마음 한편으로는 내가 왜 그랬을까 하는 후회도 있었겠지만 또 한편으로는 그 처음 동기에 대해 하갈 자신도 사래를 대한 분노와 미움의 감정이 있지 않았겠는가? 하갈이 아브람의 아기를 갖게 되고 아브람의 사랑을 받게 된 것이 자기가 의도해서 만든 것이 아니었기 때문이다. 전적으로 사래와 아브람의 결정과 선택에 의해 만들어진 것이었고 하갈 자신의 선택의 여지는 전혀 없었다. 그럼에도 불구하고 다만 하갈 자신이 자기의 위치와 본분을 망각하고 망령된 행위를 하였다는 것만이 지금 정죄의 대상이 되고 있는 것이었다. 사래와 아브람의 잘못된 선택과 결정에 대해서는 어느 누구도 그 잘못을 지적하고 책임을 묻지 않았다.

하갈에게도 자신의 인생을 그려보는 꿈이 있었다. 사랑하는 사람을 만나 예쁜 아이를 낳고 아름다운 가정을 일구어 나가는 소망스런 기대가 어찌 없을 수 있었겠는가? 하지만 아브람의 후처도 아닌 씨받이요 대리모와도 같은 운명 속에 들어갈 때에는 이러한 꿈은 산산이 부서져 내린 것이었다. 그럼에도 불구하고 이 소녀의 인생과 꿈을 짓밟아 버린 것에 대해서는 사래나 아브람 어느 누구도 일말의 도의적 책임도 느끼지 못하고 있는 것이다.

하갈의 인생. 지금까지 그녀에게 포근한 안식처가 되어주었던 신앙공동체가 그녀에게 남겨준 결과였고 그곳의 신앙인들이 그녀에게 더해준 현실이었다. 지금까지 하갈 자신도 아브람과 사래의 그 따뜻하고 성숙한 신앙을 그 마음에 받아들이고자 하였다. 하지만 이 순간 하갈에게는 신앙이라고 하는 것도 신앙인이라고 하는 자들도 그 신앙의 주체인 하나님도 그저 환멸의 대상에 지나지 않았다. 신앙도 거짓이었고 신앙인이라고 하는 자들도 늙은 여우 주책맞은 늙은이일 뿐이었고 하나님도 헛것에 불과하다고 느껴졌으리라. 오늘까지 신앙공동체와 함께 하였고 그 삶이 참 아름답다고 보아왔으며 본받고 싶다고 생각했던 신앙인들과 함께 하였던 그 마지막 결과였던 것이다.

하나님의 사자가 그녀에게 찾아온다. 왜일까? 하나님의 약속에 대한 신뢰도 인간의 생명에 대한 근본적인 외경심도 갖지 못한 신앙인들과 그들의 공동체가 저질러놓은 결과를 하나님께서 마주하신다.

얽힌 실타래는 끝에서부터 (창 16:8-9)

평온하고 부족한 것 없던 아브람의 집과 그 공동체가 어느 날 갑자기 혼란에 휩싸인다. 그 결과 아브람과 사래가 갈라져 버렸고 또 사래와 하갈, 아브람과 하갈이 갈라져 버렸다. 이 결과가 가지고 있는 무엇보다도 중요한 것은 인간관계 자체가 파괴되고 단절되었다는 점이었다. 다른 모든 것은 다 그대로 있었지만 이 단절되고 파괴된 관계로 말미암아 그 모든 것조차도 다 본래의 소중한 의미들을 잃어버리게 되었다. 사람과의 관계가 파괴될 때 사람을 둘러싸고 있는 모든 것들도 그 의미와 성격이 변할 수밖에 없기 때문이다. 어디서부터 어떻게 회복해 가야 할 것인가? 사래가 하갈을 쫓아내버렸지만 그것으로 상황은 종료되고 모든 것은 이 일이 있기 전으로 되돌아갈 수 있는 것일까? 아브람과 사래는 다시 이전처럼 서로를 신뢰하며 위하여 희생하고 사랑할 수 있는 것일까?

공동체의 모든 사람들을 대한 아브람의 잃어버린 권위와 자존심은 어떻게 할 것이며 사래로부터 당한 모욕은 어떻게 해소할 수 있었을까? 아이 가진 여자를 광야로 쫓아낸 잔인함을 사래는 스스로 어떻게 감당할 수 있을까? 그 죄책감을 어떻게 할 것이며 남편 아브람에 대한 배신감을 어떻게 다스려야 할까? 비록 실수는 있었지만 가장이요 수백의 군사를 거느리는 공동체의 족장인 남편을 대해 그토록 모욕적인 언사를 가하며 싸우고자 덤벼

들었던 그 도발적인 행동을 사래는 또 어떻게 수습해야만 하는 것일까? 그리고 이들 주인 부부의 일로 말미암아 공동체 사람들이 받은 상처는 또 어떻게 치료해야 할 것인가? 광야에 쫓겨난 하갈은 둘째 치더라도 이 냉랭해진 아브람과 사래의 관계는 그냥 세월이 흐르면 잊혀지고 회복되는 것일까? 무엇보다도 이로 인해 손상된 신앙은 그대로 두어도 되는 것인가?

사람은 타인과의 관계 속에서 갖게 된 위기를 오늘의 사래처럼 그 관계를 단절해 버림으로써 스스로의 마음 속에서 높아진 긴장감과 삶의 부담에서 벗어나려고 한다. 이혼이 그 대표적 사례이며 때로는 속해 있던 공동체로부터의 이탈이 그러하다. 물론 때로는 이러한 방법이 그 순간에는 삶의 위기를 낮추는 효과적인 선택이 될 수도 있겠지만 오랜 세월을 두고 본다면 고통을 보다 길게 하고 문제를 보다 복잡하게 만드는 경향이 있으며 삶의 모든 부분을 왜곡시켜 가게 만드는 요인으로 등장하기도 한다. 특히 신앙인에게는 신앙의 본질과 관련하여 더욱 그러하다. 이미 있었던 행위와 마음들이 시간이 지나고 기억 속에서 사라져 버린다고 해서 없어지는 것은 아니기 때문이요 심판의 날에 심판의 대상으로 반드시 나타날 것이기 때문이다. 신앙인에게 진정 두려운 것은 바로 이 부분이다.

> **"가로되 사래의 여종 하갈아 네가 어디서 왔으며 어디로 가느냐 그가 가로되 나는 나의 여주인 사래를 피하여 도망하나이다"**(:8)

이 헝클어진 관계 속에 하나님께서 개입하신다. 그리고 이 임재는 광야 길에 있는 하갈에게 이루어진다. 왜 아브람이나 사래에게 나타나지 않고 하갈에게 임하신 것이었을까? 하갈에게 임하신 하나님은 그녀를 대해 **"사래의 여종 하갈아"**라고 부르시며 **"네가 어디서 왔으며 어디로 가느냐"**라고 물으신다. 하나님께서는 그녀가 어디서 와서 어디로 가는지 몰라서 이렇게 물으시는가? 사래에게서 쫓겨나 아이 밴 무거운 몸을 이끌고서 정해지지 않은 발걸음을 애굽 땅으로 힘겹게 옮기고 있다는 것을 다 보셨다. 그런데 왜 묻는 것일까? 사건의 단순한 내용이 아닐진대 무엇을 듣기 위해서 이렇게 묻고 계신 것인가?

하나님께서는 그 옛날 아벨을 죽인 아담의 아들 가인을 향해서도 이렇게 물으셨다. **"네 아우 아벨이 어디 있느냐"**라고. 다 알면서도 그렇게 물어보셨다. 아벨을 죽인 것에 대한 가인의 마음을 듣고 싶었던 것이었다. 마치 남의 유리창을 깨뜨리거나 작은 돈을 훔친 아이의 행위를 나무라기 위해 기다리고 있던 엄마가 집에 들어서는 아이를 대해 '너 오늘 어디서 무엇 하다가 오는 거니?' 라고 묻는 것처럼. 그 때처럼 지금도 하갈을 향해 이미 있는 사실을 다 알고 있으면서도 묻는 것은 그 객관적 사실이 아니라 그 사실에 대한 하갈의 마음을 듣고자 하시는 것이다.

하갈을 부르시되 **"사래의 여종 하갈아"**라고 부르신다. 네가 사래의 여종이 아니더냐 하는 내용이 여기에 들어가 있고 그런데 왜 그에게서 나와 여기 있게 되었느냐 하는 질문이다. 지금까지 사래의 여종이었고 그 위치에서 가장 자유로웠으며 평안할 수 있었던 하갈의 삶을 상기시켜 주는 물음이 아니겠는가? 종이라는 본분에 만족해야 했고 그 맡겨진 일에 충실해야 했으며 할 수 있는 역할의 제한된 범위를 지켜야만 했던 하갈이었음을 일깨우는 말씀이라고 하겠다. 그러기에 **"네가 어디서 왔으며 어디로 가느냐"**라는 질문은 왜 오늘 너의 처지가 이렇게 되었으며 네가 사래의 종이라는 신분을 떠나 어디로 가서 무엇을 하겠다는 것이냐 라는 물음이 담겨 있다.

하갈의 오늘 현실을 사래가 그녀를 어떤 마음으로 대하였든지 하갈의 입장에서 그 책임을 찾아본다면 하갈 자신 종이라는 본분과 역할을 망각한 데서 문제가 불거지기 시작했었다. 만일 하갈이 아브람의 아이를 잉태한 이후에도 사래를 대해 순종적이고 겸손하였다면 하갈은 사래와 아브람 모두로부터 더욱 큰 사랑과 보살핌을 받았을 것임에 틀림없었다. 이미 사래의 종이라는 피할 수 없는 신분 아래서 하갈이 얻을 수 있는 가장 큰 복은 바로 이것이었으며 이를 통해 그녀는 또 다른 차원의 삶을 살 수 있게 되는 것이었다.

오늘날처럼 이동이 자유롭고 삶의 기회를 다양하게 찾을 수 있는 사회가 아니었다. 지금으로부터 4000년 전의 사회였으며 모든 것이 제한되어 있었고 특히 여성에게는 더욱 그러한 때였다. 그런 때에 하갈이라는 한 어린 소녀가 아브람의 집에 들어오고 또 사래의 종이 된 것은 그녀의 주어진 삶의 여건 속에서 누릴 수 있는 최고의 은혜였다. 하나님 신앙으로 다스려지는 공동체였고 하나님을 두려워하는 신앙인에게 속하여 그래도 인간적인 대접과 관심을 받으며 살 수 있고 하나님의 구원의 은혜를 누릴 수 있는 기회가 부여된 삶이었기에 더욱 그러했다.

어떤 면에서 이 하갈이 아브람의 아이를 잉태하였다는 것은 비록 자기 개인이 꿈꾸던 삶은 아니었다고 할지라도 이미 그 자체로 하갈의 신분이 달라진 것이나 다름없었다. 하갈 자신이 이 두 주인의 신뢰와 사랑을 계속 받을 수 있는 삶의 태도를 견지하였더라면 이 집안의 모든 것을 소유하게 된 것이나 마찬가지였다. 아브람의 유일한 혈육인 아들의 어머니였기 때문이다. 하지만 하갈은 이러한 모든 가능성과 더불어 그간 누리던 안전하고 편안한 삶까지도 잃어버렸다. 어디로 가서 어떻게 살아야 할지 지극히 불안한 앞날을 맞이하고 있었으며 혹 이 가는 길에서 도적이나 짐승의 습격을 받는 다면 생명까지도 잃어버릴 수 있는 두려운 상황에 처해 있었다.

"나는 나의 여주인 사래를 피하여 도망하나이다". 왜 피하게 되었는지 왜 자신의 여주인이 자기를 내쫓았는지에 대한 설명이 생략되어 있다. 하지만 **"나의 여주인 사래"** 라는 말 속에는 이미 이러한 하갈 자신의 생각이 들어가 있다. 내가 나의 여주인을 멸시하였기 때문이라는 자책감이 충분히 녹아있는 대답이다. 막상 도망나왔지만 갈 곳도 없고 죽음의 두려움이 눈 앞에 닥쳐 있으며 당장의 먹을 것도 잠잘 곳도 없는 현실의 어려움을 절감하는 심정의 말이다. 돌아가고 싶으나 돌아갈 수 없고 사래를 다시 볼 용기도 없으며 내가 왜 그랬는가 하는 후회가 가득한 하갈의 마음이 녹아져 있다. 사래를 대한 분노와 미움의 마음이 가득하다면 **"나의 여주인 사래"** 라는 표현은 나올 수가 없기 때문이다. 때로 어떤 사람을 대한 감정은 그 사람을 대한 호칭을 어떻게 하느냐 하는 것으로 나타나는 것이 보통이기 때문이다. 이는 다음의 말씀에서 확인할 수 있다.

"여호와의 사자가 그에게 이르되 네 여주인에게로 돌아가서 그 수하에 복종하라"(:9)

여주인 사래의 학대를 못 이겨 도망나온 하갈에게 **"네 여주인에게로 돌아가서 그 수하에 복종하라"** 고 하는 여호와의 사자다. 만일 하갈에게 현재의 결과에 대해 후회하는 마음이 없었고 돌아가서 다시 이전처럼 살고 싶어 하는 바람이 없었다면 과연 있을 수 있는 말인가? 뉘우치고 돌이키고자 하는 마음이 없이 그저 오늘의 결과에 대해 분노하고 미워하는 마음뿐이라면 그녀에게 이러한 말을 하는 것 자체가 쓸데없는 일이다. 증오하는 마음으로는 돌아간다는 것도, 가서 그 수하에 복종한다는 것도 있을 수 없는 일이기 때문이다. 무엇보다도 사래 자신이 받아 줄 리가 없다. 따라서 이 말씀은 하갈의 마음 속에 현재의 결과에 대해 자기의 잘못을 깨닫고 스스로 뉘우치는 마음이 더 크다는 것과 돌아가고 싶어 하는 마음이 강하게 자리 잡고 있다는 것을 나타내는 말씀이다. 네가 진정 너의 행위를 뉘우치고 있고 지금의 잘못된 관계와 상황에서 회복되기를 원한다면 사래에게로 돌아가라고 하는 것이요 가서 사래가 너에게 어떻게 하든 네 주인에게 절대 복종하라고 하는 명령이다.

이제 하갈에게 진정 필요한 태도는 어떤 것이겠는가? 돌아가고 싶지만 이것이 하갈에게는 결코 쉬운 일이 아니었다. 그녀 자신은 이를 원할지라도 쉽게 돌아갈 수 없는 것은 여주인 사래의 분노한 마음 때문이다. 다시 돌아가 사래를 대한다는 것은 사래의 용서 없이는 불가능한 일이요 그 용서가 지금 현재로서는 기대하기 어려운 것이다. 하지만 하갈에게는 달리 선택의 여지가 없고 또 **"네 여주인에게로 돌아가서 그 수하에 복종하라"**는 것은 하나님의 명령이요 그리고 이 명령은 사래가 하갈을 받아들여줄 것이라는 약속을 담고 있는 것이기도 하다.

따라서 사래가 하갈을 용납해 들이기 위해서 하갈 자신에게 요구되는 것은 하갈 스스로가 사래의 앞에서 무릎을 꿇고 자신의 지난날의 잘못된 행실에 대해 철저하게 회개하고 용서를 비는 것뿐이다. 이 회개는 사래의 마음이 풀리고 사래가 하갈을 대해 그 뉘우침을 분명히 확인하고 용서해주기까지의 과정과 결과를 내포하는 행위이다. 이러한 회개를 위해서는 그저 다시 이 아브람 집안의 일원이 되어 그 유익을 누리고자 하는 목적에서 나오는 가식적인 것이어서는 되지를 않는다. 정말로 자신의 행위가 있어서는 안

되는 잘못된 것이었고 이전의 은혜를 저버리는 것이었으며 이런 못된 행위가 다시는 없도록 하겠다는 철저한 뉘우침과 다짐이 있어야만 했다.

사래. 비록 온유하고 겸손하며 희생적인 삶의 여인이었지만 산전수전 다 겪은 사람이었다. 사람에 대해서는 알만큼 알고 있었고 서툰 가식에 쉽게 속아 넘어갈 여자가 아니었다. 더군다나 지금까지 오직 사랑과 신뢰로 살아온 아브람과 자신을 이토록 회복하기 어려운 관계로 만들어버린 이 하갈을 그리 쉽게 용서하고 집에 들여놓을 수는 없는 것이었다. 자칫 앞으로도 두고두고 화근이 될 수 있기 때문이다. 따라서 여주인에게 돌아가 그 수하에 복종하라는 하나님의 말씀을 따르기 위해서는 하갈 자신에게 자기의 모든 것을 포기하고 철저히 회개하는 마음이 있어야 했으며 이에 대해 사래가 어떤 벌을 내릴지라도 달게 받겠다는 결심이 요구되었다. 알량한 자존심이 있어서는 되지 않는 일이었고 이 일의 시작에 대해 서로의 잘잘못과 그 경중을 따져보고자 하는 마음도 용납되지를 않는다. 오직 하나 자신의 여주인을 멸시했던 자기 자신의 잘못만을 돌이키고자 하는 것이 이 하나님의 요구를 이루는 것이었다.

관계의 회복. 하나님과의 관계도 오직 한 가지 회개에 의해서만 회복될 수 있는 것처럼 사람과의 헝클어진 관계의 회복도 나의 실수를 인정하고 뉘우치는 마음으로 용서를 구할 때 가능하다. 혹 상대의 실수가 나의 실수보다 더 크다고 할지라도 그리고 그의 뉘우침이 없더라도 내가 무조건 용서하는 차원에서 해결되어져야 한다. 그 때 우리는 하나님 안에서의 자유를 경험하게 되는 것이다. 그 대신 나의 실수와 잘못에 대해서는 진심에서 잘못을 인정하고 사과하는 것이 되어야 한다. 상대가 나의 잘못을 용서하고 없던 것처럼 되돌려 버릴 때까지이다. 인간의 관계에서 생겨난 불화와 반목의

해결은 오직 이와 같은 철저한 자기반성의 회개에 의해서만 근원적인 회복이 가능하다. 하지만 자존심과 포기할 수 없는 욕심 때문에 하고 싶어도 하지 못한 채 결국은 심판을 맞이하게 되는 것이 우리 인간이다.

하갈이 진심으로 자신의 행동을 사래와 집안의 모든 사람 앞에서 뉘우치고 잘못을 빌며 그리고 그것이 진심에서 우러난 것으로 인정될 때 사래 또한 하갈을 용서할 수 있다. 나아가 자신이 하갈을 한 인격체가 아니라 수단으로 대하고 학대하였던 것에 대해 미안해하는 마음을 가지게 될 것이다. 비록 어른이고 주인이기에 직접적으로 표현은 못해도 따뜻한 말과 행동으로써 이를 대신하게 될 것이다.

궁극적으로 더욱 중요한 것은 이렇게 될 때 비로소 아브람과 사래의 관계도 정상적인 관계로 회복될 수 있다는 점이다. 하갈을 용서하고 받아들인 사래는 남편 아브람에게도 자신의 잘못했던 행위에 대해 사과하게 될 것이고 이 때 아브람 또한 자신의 실수에 대해 미안한 감정을 사래에게 표현할 마음의 여유를 갖게 되는 것이 당연한 순리이기 때문이다. 그리고 서로에게 다시는 그러한 실수를 반복하지 않겠다는 다짐을 약속으로 하게 되는 것은 물론이고 말이다. 이 때 뒤로 물러나 숨죽이고 바라보고 있던 공동체의 모든 식구들도 이 아름다운 광경을 보고 그 졸였던 마음을 풀게 되는 것은 정해진 일이 아니겠는가? 온 공동체가 함께 이전보다 더 아름다운 모습으로 거듭나게 되는 것이다.

하나님께서는 왜 아브람이나 사래가 아닌 하갈에게 먼저 임하신 것이었을까? 얽힌 실타래는 머리부터가 아니라 끝에서부터 풀어야 한다는 것을 아는가? 하갈이 쫓겨난 상태에서 여전히 그 남겨진 상처를 안고 아파하는 사래와 아브람과 공동체의 식구들이었다. 어떻게든 이 고통에서 벗어나고 싶었지만 어디서부터 어떻게 해야 할지를 알지 못해 더욱 힘들어하는 이들을 위해 가장 끝에서부터 이 얽힌 실타래를 풀어나오신 것이었다. 사래가 먼저 하갈을 무조건 용서하고 불러들일 수도 있었지만 그럴 경우 하갈의 뼛속 깊은 회개가 생략될 수 있었고 이는 하갈의 또 다른 오만으로 나타날 수도 있었기 때문이었다.

무조건 용서하고 또한 조건 없이 사과할 수 있는 용기를 갖는 것이 참으로 소망스런 삶과 신앙을 만들어 가는 것이 아니겠는가? 나아가 오늘 내 있는 자리에 감사할 수 있고 더 악한 상황에 처하지 않은 것만으로도 고마워할 수 있다면 그것이 우리를 좀더 겸손하고 평안한 자리로 인도해 가지 않겠는가? 오만한 사람보다는, 절망하고 분노하고 미워하는 사람보다는 그래도 감사하고 돌이켜 진심에서 회개할 줄 아는 사람에게 보다 좋은 삶의 기회가 찾아오는 것은 당연한 일일 것이다.

망설임 (창 16:10-11)

여주인 사래에게로 돌아가 그 수하에 복종하라고 하시는 하나님의 말씀에 대해 하갈은 어떻게 반응해야 하는 것일까? 물론 아이를 가진 임신한 몸으로 이 거친 광야의 길을 간다는 것도 심히 두려운 일이지만 또 애굽으로 간다고 해서 삶이 보장되는 것도 아닌 상황이기에 하갈에게는 선택의 여지가 없다고 할 수 있다. 하지만 또 막상 돌아가고자 할 때 그것 또한 그리 쉽지 않다. 사래가 과연 자신을 받아들여줄지 또 받아들여지기까지 하갈 자신 어떤 일들을 겪어야 할지 또 받아들여진다고 할지라도 이후 어떤 대우를 받으며 살아가게 될 것인지 하는 것 등 모든 것이 불확실하고 그러기에 불안해지는 마음은 어쩔 수 없을 것이다.

무엇보다도 지금 이 태 안에 있는 아기가 태어났을 때 장차 어떻게 될지 혹시나 빼앗기게 되지나 않을까 하는 사실이 염려되지 않을 수 없다. 여인의 모정은 늘 자신보다 아기의 삶을 우선하여 생각하고 그 아이로부터 떨어진다고 하는 것은 상상하기 어려운 일이기 때문이다. 어쩌면 아이를 자기의 아기로 자신이 직접 키우지 못하고 빼앗기게 되는 상황이 있다면 돌아가지 않을 수도 있는 마음이 하갈에게 있었을지도 모른다. 여인의 모성애를 생각한다면 충분히 있을 수 있는 일이다.

"여호와의 사자가 또 그에게 이르되 네가 잉태하였은즉 아들을 낳으리니 그 이름을 이스마엘이라 하라 이는 여호와께서 네 고통을 들으셨음이니라"(:11)

이러한 때 하나님께서는 하갈에게 지금 태 안에 있는 아기가 아들이라는 사실을 알려주신다. 하갈에게 이 고통 중에서 참으로 큰 희망과 위로를 전해주는 내용이다. 이 아기가 아들이 아니라 딸이라면 어떻게 할 뻔 했는가? 가부장제의 사회에서 특히 오직 힘이 법인 세상에서 딸은 그냥 자식으로서 좋아할 순 있어도 사회적 관계로 봐서는 아들처럼 좋아할 수 있는 존재는 아니었다. 그렇지 않아도 지금 하갈의 입장은 대단히 어려운 처지이다. 비록 사래가 하갈을 받아들여 준다고 할지라도 그 대하는 태도는 어딘지 모르게 편치 않은 구석이 있을 수밖에 없다. 더구나 지금 아브람에게 필요한 존재는 아들이지 딸이 아니다. 이런 때에 하갈이 딸을 낳는다면 하갈 자신 더 주눅이 들 수도 있는 일이었다.

그런데 태 안의 아이가 아들이라고 하는 것이다. 이 말씀을 듣는 순간 하갈의 마음은 어떠했을까? 어딘지 힘이 생기지 않았겠는가? 조금은 당당해질 수 있는 여지를 마음에 갖게 되지 않았겠는가? 아브람이 이 아이를 좋아하게 될 것이라는 사실을 그녀는 충분히 생각할 수 있었을 것이다. 어쩌면 하갈은 아이가 장차 아브람의 모든 것을 차지하게 될 것이라는 계산으로 그 생각을 넓혀갈 수 있는 여지도 충분히 있다. 얼마든지 가능한 미래이기 때문이다. 그러므로 그를 위해서라면 이까짓 지금 당장의 어려움쯤이야 참지 못하겠느냐 하는 생각이 들게 되는 것도 당연한 결과이리라. 아들을 통해 종으로 살아온 자신의 아픔과 설움을 갚아보겠다는 생각까지도 마음 깊은 곳에 품게 되는 것은 피할 수 없었겠고 말이다. 이러한 생각은 이보다 앞서 들려진 다음의 말씀 속에서 보다 구체적으로 그 근거를 찾아 볼 수 있다.

"여호와의 사자가 또 그에게 이르되 내가 네 자손으로 크게 번성하여 그 수가 많아 셀 수 없게 하리라"(:10)

이 말씀은 그 아들이 물질적으로 크게 번창하여 부유해지고 그 자손의 숫자도 셀 수 없을 만큼 많게 되리라고 하는 뜻이다. 태 안에 있는 아기가 아들이라는 사실만으로도 큰 위로가 되는 것이었다. 그런데 거기에 더하여 그 자손들이 대대손손 이어져 민족을 이루고 또한 대단한 부를 갖게 되리라는 것은 어느 모로 보나 엄청난 축복이다. 세상의 모든 부모가 한결같이 바라고 추구하는 바이다.

그런데 우리가 여기서 한 가지 의문을 품게 되는 것은 과연 이것이 하나님께서 하갈과 그 아들에게 더하여 주시는 축복인 것일까 하는 것이며 진정 축복이라면 이런 은혜를 더하여 주고자 하는 이유는 무엇일까 하는 점이다. 혹 만일 이것이 하나님의 뜻하신 축복이 아니라면 이러한 결과는 하나님의 은혜와는 상관없이 이 아이가 이루어갈 개인적 삶의 결과들을 단지 미리 알려주시는 것이 될 수도 있는 것이다. 우리가 이러한 의문을 갖게 되는 것은 바로 다음의 내용들 때문이다.

"내가 네 자손으로". 여기서의 **"네 자손"**이란 누구의 자손을 말하는 것인가? 여기서의 '네'란 하갈이요 그러므로 이것은 분명 하갈의 자손을 의미한다. 곧 지금 하나님께서는 현재 하갈의 태 안에 있는 아기를 아브람이 아니라 하갈이라는 한 여인의 자손이라고 말씀하고 계신 것이다. 지금 태 안에 있는 아기는 분명 아브람의 자손으로 잉태된 아기이다. 당시 사회의 가부장제 관습으로 본다면 태어난 아기를 그 어미의 자손이라고 인식하는 일은 있을 수 없는 일이었다. 따라서 분명 이 아기는 아브람의 아기요 아브람의 자손이라고 칭해져야만 했다. 그럼에도 하나님께서 이 아이를 하갈의 자손이라고 말씀하시는 것은 이유가 무엇일까?

훗날 실제적으로 하갈에게서 태어난 아들 이스마엘을 하나님도 그리고 아브람과 사래도 아브람의 자손에서 제외시켜 버린다. 사래에게서 태어난 이삭이 자라감과 더불어 이스마엘과 그 어미 하갈은 아브람의 집에서 단돈 일원 한 푼 받지 못한 채 떡과 물 한 부대만을 짊어지고 쫓겨나오는 신세가 된다. 자손이라면 당연히 받아야 할 재산은 일체 없었다. 아브람 스스로도 그를 자신의 자손이라고 인정하지를 않는 행위였다. 따라서 하나님께서 하갈의 태 안에 있는 아이를 **"네 자손"** 곧 하갈의 자손이라고 칭하시는 것은 이미 이러한 결과를 안고서 하시는 말씀인 것이다. 그러므로 우리는 여기서 다음의 사실들을 깨닫게 된다.

첫째. 하나님께서 여기서 말씀하시는 자손이란 혈통의 자손을 의미하는 것이 아니라는 사실이다. 만일 혈통으로 따진다면 분명 아브람의 자손이라는 이 사실을 떠날 수 없다. 그렇다면 어떤 자손일까? 혈통적 차원이 제외될 때 그것은 영적이고 정신적인 차원에서의 자손을 의미하고 무엇보다도 신앙의 자손을 뜻한다. 즉 비록 이 아이가 육체적으로는 아브람의 아이가 분명하나 아브람의 신앙을 이어가는 신앙의 자손은 절대 될 수 없다는 사실을 의미하고 있는 것이다. 신앙을 이어받지 못하였기에 이 아이는 실제로 훗날 아브람의 후손으로서 물려받을 모든 권리에 있어서도 그러했다. 이삭이 태어났을 때 이 아이는 어미와 더불어 아무것도 갖지 못한 채 아브람의 집에서 쫓겨나는 신세가 되고 말았던 것이다.

이렇게 될 수밖에 없는 배경을 우리는 그의 탄생에서부터 확인할 수 있다. 먼저 이 아이가 태어남에 있어서 아브람의 신앙은 전혀 작용되지 않았다. 오히려 하나님의 약속을 무시한 불신앙의 소치로 생겨난 결과였다. 인간의 육체적 욕망이 만들어낸 열매였다. 더군다나 이 아이가 잉태된 후 아이로 인해 생명을 얻게 된 기쁨이 있게 된 것이 아니라 인간의 잠자던 오만과 멸시 그리고 이로 인한 첨예한 갈등과 대립과 불화가 생겨나게 되었다는 사실만 보아도 그러한 사실을 확인할 수 있다. 아브람과 사래가 받아들이기를 거부했던 아기이고 하갈만이 그를 태 안에 품고서 이 광야로 나온 것이기에 하갈의 자손이라고 하는 것은 당연하다고 하겠다.

둘째. 그렇다면 이 아이가 분명 혈통으로는 아브람의 아이임에도 불구하고 정신적으로 아브람의 아이가 될 수 없었던 것은 어떤 이유에서인가? 그것은 아브람과 아이 사이에 있는 어미 하갈의 자기 아이에 대한 집착 때문이다. 만일 하갈이 곧 태어날 아기가 아브람의 인격과 삶과 그 배후에 있는 신앙을 물려받고 배워가는 사람이 되기를 원했다면 문제는 달라질 수도 있었다. 그러기 위해서는 하갈 자신부터 아브람을 통해 제시되는 하나님 신앙을 배우고 실천해 가는 노력이 있어야만 했다. 하지만 하갈에게는 아기의 잉태와 더불어 나타난 것처럼 신앙에 대한 바람은 없었다. 오직 아이를 통해 얻게 될 물질에 대한 탐욕과 사래를 밀어내고 차지하게 될 인간적으로 높아지고자 하는 야욕만이 있었다. 종으로서의 못된 근성만이 있었던 것이다. 그러므로 아이는 아브람의 삶의 가치관이나 신앙의 관습이 아니라 어미 하갈의 여종으로서의 삶의 가치관과 못된 노예근성만을 배우게 되는 것은 당연하다고 하겠다. 신앙의 반열에서 제외되는 것도 물론이다.

"크게 번성하여 그 수가 많아 셀 수 없게 하리라". 이러할 때 이 말씀은 하나님의 은혜를 약속해 주시는 축복의 선언이 아니라 어미 하갈의 탐욕과 야심만을 이어받게 되는 아이가 장차 일궈낼 결과를 말씀하시는 것임을 알 수 있다. 신앙도 없이 쫓겨나 하나님 나라에서 제외되는 자에게 하나님의 은혜가 있게 된다면 그것 자체가 앞뒤가 맞지 않는 말이기 때문이다.

물질적으로 번성하고 수가 셀 수 없이 많게 되는 것, 과연 그것이 무조건 하나님의 은혜라고 여길 수 있는 것인가? 바로 여기에 우리는 심각한 신앙의 오류와 함정이 있다는 것을 알아야 한다. 사람이 늘어나고 돈이 많게 되는 것이 하나님의 은혜가 아니라 인간의 탐욕이 만들어낸 결과일 수도 있다는 사실이다. 그럼에도 오늘 우리들은 이러한 것들을 무조건 하나님의 은혜라고 여기고 있는 것이 실제 현실이다. 이러한 것만을 내 신앙 안에서 얻을 은혜라고 여기고 있기에 그것이 나의 억센 죄의 근성과 육체적 야심에서 나온 결과임에도 불구하고 하나님의 은혜라고 착각하고 있는 것이 오늘 스스로 신앙인이라고 자처하는 많은 자들의 오류인 것이다. 이러하기에 자녀를 낳으나 그에게 하나님의 신앙을 바로 가르쳐 알게 하고자 하는 노력보다는 이러한 것들을 얻을 수 있는 수단과 방법들을 주입시키며 쉴 틈 없이 몰아쳐 가는 것은 당연한 결과이다. 태어날 아이가 아브람의 자녀로서 하나님의 자녀가 되게 하는 것이 아니라 하갈 자신의 가치관을 주입시켜 자기 자신의 자손으로 만들어 가는 하갈처럼 말이다.

그러면 여기서 우리는 보다 근원적인 문제로 들어가 보자. 그것은 왜 하나님께서는 아직 태어나지도 않은 태 안에 있는 아이에 관한 이러한 많은 내용들을 미리 말씀해 주시는 것일까 하는 문제이다. 이 의문은 하갈이 지금 하나님께서 사래에게로 돌아가라고 한대서 그리 쉽게 돌아갈 수 있는 처지가 아니라는 사실에서 답을 찾을 수 있다. 왜냐하면 사래에게로 돌아갔을 때 차라리 가지 않음만도 못한 결과를 얻을 수도 있다는 두려움이 있고 그러므로 돌아가는 것에 대한 망설임이 있을 수밖에 없기 때문이다. 하지만 하갈이 인생을 통해 바라고 원하는 것은 바로 이러한 물질적이고 육체적인 것들이기에 이러한 것들만 있다면 어디든 기꺼이 가려고 할 것이라는 사실을 아셨던 것이다.

오늘 우리들 돈만 있다면 어디든 가고 무슨 일이든 할 수 있는 만반의 태세를 갖추고 있다. 하지만 신앙에 대해서는 언제나 '글쎄…' 요 선택적이다. 바로 이 하갈의 모습이다. 신앙의 요구에 대해서는 '갈까 가지 말까' '할까 하지 말까' 늘 망설이며 고민한다. 하지만 돈이 거기에 있다면 조금도 망설이지 않는다. 해서는 안 될 일도, 해서는 안 된다는 것을 알면서도 하고 싶어서 고민하고 혹 할 수 있는 길이 없을까 찾는다. 하지만 신앙의 길에 대해서는 해야 된다는 것을 알면서도 혹 안 할 수는 없을까 고민을 하고 안 할 수도 있는 길을 찾는다. 신앙의 현장에서 늘 보게 되는 일인 것을 어찌하겠는가?

내가 아브람의 믿음을 통해 하나님의 자손이 될 것인가 아니면 하갈처럼 믿음의 공동체에 속해 있으면서도 단지 사람의 자손으로 그칠 것인가 하는 것은 나에게 달려 있다. 그리고 나에게서 태어난 자녀를 하나님의 말씀으로 가르쳐 하나님의 자녀로 만들어 갈 것인가 아니면 나의 가치관과 세상의 관습으로 교육시켜 나의 육체적 자손으로 만들 것인가 하는 것 또한 전적으로 오늘 우리의 몫이다.

들나귀 같은 자 (창 16:12)

하갈의 태 안에 있는 아기가 아들이라는 사실과 그 아들을 통해 자손이 번성케 되는 것이 과연 하나님의 은혜이겠는가 하는 질문에 대해 말씀은 이 하갈의 아들을 통해 되어질 일은 은혜가 아니라는 사실을 암시하고 있었다. 이제 이러한 내용은 바로 이어지는 다음의 말씀을 통해 확인된다.

"그가 사람 중에 들나귀같이 되리니 그 손이 모든 사람을 치겠고 모든 사람의 손이 그를 칠찌며 그가 모든 형제의 동방에서 살리라 하니라"(:12)

들나귀란 행동이 민첩하고 대단히 빨라서 그 어느 것도 이들을 쉽게 따라 잡을 수가 없다. 무엇보다도 길들이기가 대단히 어려운 동물이다. 그러므로 들판에 있는 이 짐승은 붙잡기도 어렵고 그것을 길들여 사람의 뜻에 맞게 사용하는 것은 더 어렵다. 그러므로 사람을 대해 들나귀 같은 사람이라고 할 때 이는 고집이 세고 사회의 규범을 무시한 채 제 고집대로 행하는 성질을 가진 사람을 일컫는다. "그가 사람 중에 들나귀 같이 되리니". 하갈의 태에 잉태된 아기를 두고 하시는 말씀이다. 그 태 안에 잉태된 아기가 장차 자라나 들나귀처럼 어느 누구에게도 속하지 않고 순종하지도 않고 제 멋대로 날뛰는 인생을 살게 될 것이라고 하시는 말씀이다. 한마디로 법과 관습을 무시하고 살아가는 인생이 될 것이라는 말씀이다.

이 때 중요한 것은 이 아이의 아버지 아브람과 그 신앙에 대해 이 아이가 갖게 될 관계이다. 그가 들나귀처럼 된다는 것은 장차 아브람을 통해 하나님께서 주시는 신앙의 법까지도 무시하게 될 것이라는 내용을 안고 있다. 즉 아버지의 다스림과 가르침에 귀를 기울이지 않고 그 신앙에도 전혀 길들여지지 않은 채 살아갈 삶의 내용이 이 속에 들어가 있는 것이다. 그 아버지가 평생 동안 가장 소중히 여기며 지켜오고 일구어온 신앙 사역에 대해서도 전혀 존중하거나 이어받을 생각이 없는 자가 될 것임을 나타내고 있다.

"그 손이 모든 사람을 치겠고". 들나귀 같이 날뛰며 사방에 있는 모든 사람들을 대적하며 그들을 쳐서 괴롭히리라는 말씀이다. 제 생각과 다르고 제 뜻을 따르지 아니하면 그 누구라도 쳐서 죽이고 스스로 세상의 왕 노릇 하고자 하는 삶을 알려주는 말씀이다. 사람의 생명을 전혀 귀히 여기지 않고 오직 자기 이익을 따라 죽이고 괴롭히는 인생이요 그의 가장 중요한 판단 기준은 오직 자기 유익이 될 것임을 말하고 있다. 재물에 대한 욕심 인간을 지배하고자 하는 지배욕만이 그의 인생을 움직여가는 중요한 가치가 될 것을 드러내고 있다.

"모든 사람의 손이 그를 칠찌며". 당연히 그가 받을 결과다. 그가 타인의 생명과 재산을 소중히 여기지 않고 죽이고 탈취할 때 사람들 또한 그를 대적하게 됨은 피할 수 없는 결과이다. 사람들도 자기 것을 지키기 위해, 빼앗긴 것을 되찾기 위해 그리고 죽은 사람의 원수를 갚기 위해서 그와 싸움을 벌이게 될 것을 의미한다. 세상 어느 누구도 그와 친하고 평화로운 관계를 유지하며 살 수 없을 것이요 세상에 그로 말미암아 전쟁과 갈등이 그치지 않게 될 것이라는 말씀이다.

이 아이로 인해 이 세상에 생겨나는 일은 갈등과 다툼과 분열이었다. 아버지 아브람이 사랑과 화해, 용서와 평화를 전하고 이루고자 오늘까지 전 생을 바쳐 왔다면 이 아들은 그와는 정반대가 될 것이라는 사실을 보게 되는 것이다. 이러할 때 이 아이가 이룰 앞서 보았던 번성하고 수가 많아지게 되는 결과는 신앙의 축복인가 아니면 스스로의 야심으로 갈등과 전쟁을 통해 도적질하여 얻게 될 결과인가? 당연히 탐욕과 전쟁의 결과이다.

왜 이러한 결과가 오게 되는 것일까? 왜 아브람이라는 위대한 신앙의 아버지를 두고서도 축복과 은혜를 유업으로 이어받지 못하고 이러한 더러운 죄악을 행하고 그 악한 결과를 세상에 남겨놓는 사람이 되는 것이었을까? 아버지의 가르침이 어릴 적부터 아이의 마음에 전해지고 아이가 그 교훈을 가슴에 새기며 자랐다면 이렇게 될 수 있을 것인가? 아브람이 이 아이에게 신앙은 전혀 가르치지 않고 이 호전적인 투쟁심과 물질에 대한 맹목적 탐욕만을 주지시켜 놓은 때문일까? 그것은 있을 수 없는 일이다. 분명 아브람에게 이 아이는 유일한 혈육이기에 귀히 여기고 사랑하며 자신의 모든 것을 이어갈만한 그릇으로 만들고자 하였을 것이다. 특히 신앙을 가르치고자 더 큰 애를 썼을 것이 분명하기 때문이다.

앞서 하나님께서 이 아이를 아브람의 자손이라고 하지 않으시고 어미 하갈의 자손이라고 일컬었던 이유에 대한 근거를 바로 여기에서 찾게 된다. 즉 아이의 장래가 아버지 아브람이 아니라 어미 하갈의 정신세계를 유업으로 이어가게 될 것이라는 사실이었다. 주인의 자리를 넘보았고 주인의 재산을 욕심내었고 그로 인해 광야로 쫓겨났던 어미였다. 이런 어미에게서 태어난 아기가 그 어미를 닮아 어미의 모습대로 자라나게 되는 것은 피할 수 없는 당연한 결과라고 하겠다.

여기서 우리가 한 가지 더불어 확인하게 되는 것이 있다. 그것은 하갈이 사래에게로 돌아가 자신의 잘못을 분명 뉘우치며 다시는 그러하지 않겠다고 다짐하고 다시 아브람의 집에서 살게 되었다. 하지만 그 마음 속에는 아브람의 신앙이 아니라 여전히 자신만의 세계를 고집하고 물질에 대한 탐욕과 신분 상승에 대한 욕구를 간직한 종으로서의 죄의 근성을 키우며 살아갔다는 사실이다. 겉으로는 그 정해진 신앙의 질서에 순종하고 사래에게 복종하며 살아가는 듯 하였지만 속으로는 언젠가는 복수하겠다는 일념으로 이 아이가 집안의 모든 것을 차지하게 될 날만을 기다리며 살아갔을지도 모를 일이다. 그리고 이를 위해 어미의 한을 아이에게 들려주며 사래와 아브람의 아들이 아니라 하갈 자신의 아이로 자라주길 당부하며 키워갔을 수도 있다. 이 아이의 결과로 봤을 때 이것은 실제 사실이다.

신앙공동체에 속해있다는 사실이 그를 신앙인으로 만들어주는 것은 아니라는 사실을 다시 한번 확인하게 된다. 겉으로는 신앙의 가르침을 부단히 받고 또 겉으로는 신앙 있는 것처럼 타인에게 나타낼 수도 있으나 속으로는 여전히 죄의 싹을 키워가고 그 죄를 대물림할 수 있다는 사실을 말이다. 한 인간에게 선한 신앙의 가르침과 악한 죄의 가르침이 함께 있을 때에 인간은 필시 신앙의 가르침을 외면하고 죄의 가르침을 따르게 된다는 사실도 우리는 이 하갈과 그의 아들에게서 보게 된다.

어미로부터 공격적이고 탐욕적인 가치관을 주입받으며 자라났고 그리고 14살이 지나 20살 정도 되었을 어느 때에 어미와 함께 아버지와 집안으로부터 버림을 당하고 아무것도 가지지 못 한 채 그 집에서 쫓겨나게 되는 하갈의 아들이었다. 광야에 버려진 자였기에 누군가의 것을 빼앗거나 얻어야만 살아갈 수 있었고 자라나면서 그 쫓겨나게 된 근본적인 이유는 알지 못한 채 그 쫓아냄에 대한 분노와 미움을 키워가게 되지 않았겠는가? 다만 여종의 아이로 태어났기에 쫓겨나게 되었다는 그 설움을 세상에 대한 원망으로 바꿔 살아가게 될 것이었다. 한번 물면 놓지 않는 야수의 근성, 밟히면 밟힐수록 더욱 억세게 일어나고자 하는 투사와도 같은 거친 인생이 그 속에서 만들어지는 것은 시간문제라고 할 수 있다. **"크게 번성하여 그 수가 많아 셀 수 없게 하리라"**고 하시는 것은 바로 이러한 삶의 결과를 말씀하시는 것이다.

그런데 중요한 것은 이러한 결과가 근본적으로는 사래와 아브람으로 인해 생겨나게 되었다는 사실이다. 신앙인의 어이없는 실수요 방심이 빚어낸 결과였다. 이 들나귀 같은 이스마엘이라는 아들의 존재가 명백히 사래와 아브람의 의도로 생겨난 것이기에 말이다. 한 순간의 실수, 신중치 못한 말 한 마디와 행동 하나가 혹 우리는 회개하였다고 할지라도 그 결과까지 영원히 사라지는 것은 아니라는 사실을 명심하여야 한다. 아브람은 이 아들을 쫓아낸 후 이 아들이 만들어내는 삶의 결과들을 가까이서 혹은 조금 멀리 떨어진 곳에서 참으로 고통스럽게 바라보았으리라. 자신의 몸에서 태어난 아들이 자기가 평생을 통해 사람들 속에 뿌려놓은 신앙과 삶의 흔적들을 지우고 있었으니 말이다. 오늘의 이스라엘 그리고 이들과 불구대천의 원수관계에 있는 아랍이 동일하게 아브람이라는 한 사람에게서 시작되어 나왔다는 것은 참으로 큰 아이러니가 아닐 수 없다.

브엘라해로이의 추억 (창 16:13-14)

"하갈이 자기에게 이르신 여호와의 이름을 감찰하시는 하나님이라 하였으니
이는 내가 어떻게 여기서 나를 감찰하시는 하나님을 뵈었는고 함이라"(:13)

사래에게서 쫓겨나 애굽으로 내려가던 하갈에게 있어 이 광야 샘물 곁에서의 하나님과의 만남은 과연 어떤 의미와 느낌으로 기억되어졌을까? 그녀에게 하나님이라고 함은 그저 아브람과 사래를 통해 들어 알고 있을 정도였을 것인데 이 여호와의 사자를 통한 하나님과의 만남으로 하나님의 실존을 경험한 것이었다. 그것도 인생의 가장 어렵고 힘겨운 순간이었다. 어디로 가야할지 어떻게 해야 할지 그저 막막하기만 한 인생 길을 앞에 놓고 있을 때 이 하나님과의 대면을 통해 그 가야할 길과 행하여야 할 일을 제시받게 된 것이었다. 그러므로 이는 가장 극적인 만남이요 경험이며 참으로 놀라운 축복의 사건이 아닐 수 없다. 하갈의 기억 속에 오래도록 가장 강렬한 인상으로 남아있게 되는 사건이었다.

그렇다면 하갈에게 이 하나님과의 만남은 인생 중에 어느 누구도 감히 쉽게 경험해 볼 수 없는 아주 특별한 사건이었을진대 이 만남이 과연 어떤 의미를 그녀에게 가져다주었던 것일까? 하갈은 이 순간의 경험을 통해 알게 된 하나님을 **"감찰하시는 하나님"**이라고 표현하고 있다. 무엇을 감찰하

였다는 것일까? 여기서의 감찰이라고 하는 표현은 살펴보아 낱낱이 다 알고 있다는 것을 뜻한다. 즉 모든 것을 지켜보고 이미 다 아시는 하나님이라는 뜻이다.

무엇을 아셨다는 것인가? 하갈 자신 지금 사래로부터 쫓겨난 채 광야로 도망 나와 있다는 단순한 현실적 상황인가? 이는 그리 중요한 문제가 아니다. 하갈과 관련이 있는 사람들에게는 이미 다 알려진 사실이기 때문이다. 하나님께서 알았다고 해서 그리 신기해 할 일이 못되는 것이다. 그렇다면 하나님께서 알고 계셨던 보다 중요한 내용은 태 안의 아기가 아들이라는 것과 그 아들의 장래가 어떠하리라 하는 사실이었다. 하지만 이것도 장차 되어질 아이의 장래 결과에 관한 것이지 하갈의 속에 현재 존재해 있는 어떤 실제적 내용은 아니었다. 그렇다면 이 두 가지 사실 외에 하나님께서 알고 계셨던 것은 무엇인가?

문제는 왜 지금 이 시점에서 하갈에게 그러한 내용을 말씀해 주셔야만 했는가 하는 것이며 바로 여기서 우리는 보다 근본적인 대답을 찾을 수 있다. 하나님께서 태 안에 잉태된 아기와 관련된 장래의 일을 말씀해 주신 것은 지금 이 광야 우물 곁에 앉아 있는 하갈의 마음 깊은 곳에 있는 감추어진 생각 때문이었다. 곧 사래에게로 돌아가야만 한다는 것 외에 달리 선택의 여지가 없는 때였고 또 사래에게로 돌아가고도 싶었으나 돌아가기를 주저하게 만드는 요인들이 그녀의 마음 속에 있었던 것이다. 그것은 돌아갔을 경우에 생겨나게 되는 자신과 아기의 장래에 관한 문제였다. 특히 중요한 것은 아기의 장래 문제였다.

이에 대해 하갈은 하나님으로부터 아기의 장래에 관한 정확한 내용을 들었고 그러므로 이제 비로소 사래에게로 돌아갈 수 있는 마음의 여유를 얻게 되었던 것이다. 그러므로 **"감찰하시는 하나님"**이라는 말은 자신의 이 마음 속 깊은 곳에 있는 남이 알지 못하는 은밀하고 세밀한 부분까지 미리 알고 계신 하나님에 대한 놀라움을 담고 있는 표현이다. 더군다나 하나님의 그 말씀은 하갈이 원하는 결과요 그녀가 추구하는 인생과도 일치하는 것이었기에 이 속에는 하갈의 기쁨까지 담겨 있는 것이기도 하였다.

"이러므로 그 샘을 브엘라해로이라 불렀으며 그것이 가데스와 베렛 사이에 있더라"(:14)

"브엘라해로이"라는 이름은 '살아계신 감찰하시는 자의 우물'이라는 뜻이다. 여기서 우리는 특히 이 하나님과의 만남이 하갈에게 남겨준 하나님에 관한 신앙적 인식을 두 가지 보게 되는데 그것은 하나님을 살아계신 하나님으로 인정하게 되었다는 사실이다. 즉 지금까지 아브람을 통해 말로만 들어 막연히 알고 있던 아브람의 하나님을 자신이 직접 만나고 경험함으로써 그 실존을 확인하였다는 의미를 담고 있다. 동시에 감찰하시는 하나님이라는 것은 그 하나님은 멀리 떨어져 홀로 거하시는 거룩하고 초월적인 하나님만이 아니라 우리를 대면하여 알듯 우리의 모든 것을 아시며 특히 우리의 마음 중심까지 낱낱이 다 살펴 알고 계신다는 내용을 가지고 있다. 오늘 우리의 신앙 속에 있는 가장 중요한 하나님 인식이다. 하갈의 마음 속에 하나님의 존재가 부인할 수 없는 실존으로 느껴지고 받아들여졌던 것이다. 그렇다면 이 하나님이 그녀의 인생에 어떻게 나타나게 되었던 것일까? 과연 이 실존의 경험으로 그녀의 신앙은 완성된 것이었을까?

여기서 우리가 중요하게 목격하는 사건은 이 우물의 이름이 **"브엘라해**

로이"라고 칭하여 모든 사람에게 알려졌고 그렇게 불려졌다는 사실이다. 이는 하갈의 오늘 경험이 당시 헤브론을 포함한 가나안 남부의 사람들 특히 목동들을 중심으로 많은 사람들에게 들려졌고 그리고 그들이 이 길을 오가며 이 우물을 볼 때마다 하갈의 사건과 하나님을 기억하게 되었다는 것을 보여준다. 이러한 사실로 볼 때 그녀는 아브람의 집으로 돌아갔을 때 이곳에서의 하나님과의 만남에 대해 아브람과 사래와 또 그 집 많은 사람들에게 낱낱이 말하였다는 것을 뜻하고 있다. 그리고 그 말해진 내용은 태 안의 아기가 아들이라는 것과 이 아들을 통해 얼마나 큰 일이 이루어질 것인가 하는 말씀의 부분이었을 것이다.

그녀 자신에게 이 우물가에서의 경험이 얼마나 크게 기억되었는지 또 어떤 면에서는 많은 사람들에게 말할 만큼 대단히 자랑스러운 것이었다는 것을 말해주고 있다. 하나님이 자신을 만나 주셨다는 것 자체가 특별한 선택을 입은 대단한 은혜요 자신이 그러한 사람이라고 사람들에게 말하고 싶었던 것이리라. 오늘날 이 교회 저 교회를 떠돌며 자신의 주관적 경험을 아주 신비하고 대단한 것처럼 떠벌리는 수많은 간증자들이 그러한 것처럼. 이 속에는 하갈이 아들을 낳게 된다는 것과 이 아들을 통해 많은 부를 갖게 되고 큰 세력을 얻게 된다는 것에 대한 하갈 자신의 미래에 대한 기대와 자신감이 담겨져 있는 것이기도 하다.

그런데 과연 하갈은 이 하나님과의 만남이 가지고 있는 문제의 심각성을 인식하고 있는 것이었을까? 하갈이 태 안의 아기가 아들이라는 것과 이 아들을 통해 이루어질 일이 어떤 것인가 하는 것을 사람들에게 얘기할 때에 과연 그녀는 그것이 어떻게 이루어지게 되는 것인지 이 아들이 들나귀같은 자가 되어 그로 말미암아 세상에 분열과 갈등과 재앙이 있게 된다는 것도 말하였을 것인가? 만일 이러한 것들을 그녀가 생각하였더라면 그리고 이것이 얼마나 비참한 파멸적 결과인가 하는 것과 이러한 결과를 야기할 이 아이의 인생이 얼마나 비극적인 인생을 살게 되는 것인가를 볼 수 있었더라면 이처럼 이 내용을 많은 사람들의 귀에 떠벌릴 수 있는 것이었을까? 하나님의 실존을 경험하고 그 만남의 사건으로 진정한 신앙을 소유하고자 하는 사람이라면 오히려 근신해야만 했다. 두려워해야만 했다. 그러한 결과를 기대하기 보다는 차라리 그것이 없는 진실한 신앙을 고집해야만 했다.

하갈의 태에 잉태되어 있는 아이를 대해 하신 하나님의 말씀은 축복이 아니었다. 죄가 아이에게 이어지고 그 죄가 만들어갈 결과를 말씀하시는 것이었다. 그러므로 그것은 저주의 삶이었다. 전쟁과 약탈과 죽음의 고통이 이 아이로 말미암아 생겨난다는 것이 자랑이 되며 소망할만한 것이 될 수는 없는 것이었다. 그러므로 이것 자체가 하갈이 아브람의 신앙을 통해 요구하시는 신앙의 삶은 관심이 없고 오직 하나님을 통해 얻을 물질적 현실적 결과만을 바라보고 있다는 마음의 증거이다.

그저 귀로만 듣던 하나님을 그의 보내신 사자를 통하여 만나고 그 말씀을 듣게 되는 놀라운 사건을 경험하였다. 너무도 귀하고 복된 경험이었다. 그녀 자신도 이 만남을 축복이라고 여기고 일생일대의 자랑할만한 사건으로 기념하며 기억하였다. 하지만 그 말씀의 내용은 축복이 아니었다. 재앙의 선포였다. 개인의 근신과 거듭남이 요구되는 말씀이었다. 그럼에도 이 재앙적인 인생을 축복으로 바라보는 인간이었다.

오늘도 세상은 알렉산더 징기스칸 나폴레옹 등을 역사적 영웅으로 기억하고 흠모한다. 세계의 위인으로 분류하고 그들의 영웅담을 위인전에 담아 전하고 가르친다. 하지만 그들이 만들어내었던 그 파괴적인 결과들은 주목하지 않는다. 얼마나 많은 사람들이 그들 군대의 칼에 의해 무고하게 죽어갔는지 정말 남아있어야 할 너무도 많은 역사적 결과물들이 얼마나 처참하게 파괴되었는지 그 결과가 얼마나 큰 재앙이었는지를 보지 못하는 것이다. 여전히 그러한 인물이 역사에 출현하기를 기다리고 있고 내가 혹은 나의 아이가 그렇게만 될 수 있다면 얼마나 좋을까 하며 꿈결처럼 기대하기도 하는 것이다. 이 시대 우리 모두가 오늘날의 하갈이라는 사실을 보여주는 증거이다.

내가 하나님을 안다는 것 그리고 나아가 하나님과의 만남을 직접 경험하였다고 하는 것은 엄청난 축복이다. 하지만 그 만남이 나를 부유하게 하고 큰 힘을 갖게 하는 소망으로만 귀결되어진다면 그것은 축복이 아니라 재앙이라는 것을 알아야만 한다. 하나님은 언제나 우리에게 복을 주기 위해 우리를 찾아오신다. 하지만 그 찾아오심은 나의 원하는 것을 얻고 이루는 것이 아니라 나의 원하는 것을 버리고 나의 서 있는 곳을 떠나라는 것으로도 나타난다는 것을 우리는 알아야 한다. 내 현재의 삶의 결과가 재앙임을 보시고 그것을 버리고 떠나는 것이 복이라는 것을 알려주기 위해 찾아오기도 한다는 것을 말이다.

"버가모 교회의 사자에게 편지하기를…네가 어디 사는 것을 내가 아노니 거기는 사단의 위가 있는 데라…그러므로 회개하라 그리하지 아니하면 내가 네게 속히 임하여 내 입의 검으로 그들과 싸우리라"(계 2:12-16). 교회가 앉아 있는 곳은 사단의 위가 있는 곳이었다. 그러면서도 저들은 하나님의 은혜 위에 앉아 있다고 여긴다. 이것이 종말 때의 교회의 모습이 될 것이라고 가르치신다. 저들 교회는 주님의 은혜를 기다리고 주님을 위해 산다고 하며 주님이 자신들을 지켜주고 있다고 믿고 있지만 주님은 저들과 싸우려고 임재하실 것이라고 말씀하신다. 바로 오늘 이 땅의 교회들을 대해서 말이다.

오늘도 우리의 하나님은 살아계셔서 감찰하시는 하나님이시다. 그 하나님께서 살펴보시는 오늘 나의 중심은 어떠한가? 그 감찰하신 결과 나에게 무엇을 말씀하고 계시는가?

멀리서 들려오는 소리에 (창 16:15)

하갈이 광야 술길의 샘물 곁에서 하나님을 만난 이후 아브람의 집으로 돌아온다. 그녀가 돌아올 때 아브람과 사래 이 두 사람은 어떤 상태에 있었을까? 그리고 그들은 그녀가 다시 돌아온 것을 어떤 마음과 태도로 맞이하였을까? 하갈이 떠나간 후 적어도 겉으로는 갈등의 근원이 제거되었기에 갈등도 사라진 듯 하였겠지만 이들 두 사람 모두 상당히 힘든 시간들을 보내고 있었으리라. 아이 가진 연약한 여자를 광야로 쫓아낸 이후의 생활이 만일 만족하고 평안하였다면 그것이야말로 더 큰 문제라고 할 수 있고 아브람과 사래의 신앙을 생각한다면 상상하기 어려운 내용이다. 하갈로 인한 결과에 대해 서로 힘들어하고 고통스러워하며 서로에 대해 서먹한 마음을 지울 수 없었을 것이고 큰 짐을 진 것 같은 대단히 불편한 상태가 지속되고 있었을 것임에 틀림없다. 그런데 그 때에 하갈이 돌아왔다. 홀로 광야의 길을 방황하다가 돌아온 것이었기에 무척 지치고 초췌해진 불쌍한 모습이었으리라.

이들의 대면은 어떠했을까? 물론 당연히 하갈은 용서를 빌었겠고 다시는 그러한 잘못을 저지르지 않겠다고 다짐을 하였으리라. 이전에 오만을 떨던 것과는 전혀 달라진 모습이었고 특히 사래의 노여움을 풀기 위해 노력하였으리라. 하지만 그녀와의 대면에서 정작 사래와 아브람을 놀라게 한 것은 그녀의 변화된 태도가 아니라 그녀가 술길 샘물 곁에서 경험하였던 하나님과의 만남의 사건이었다. 하갈은 자신이 어떻게 다시 돌아올 수 있었는지를 말하면서 그 하나님과의 만남의 사건을 얘기하였을 것이 분명하기 때문이다. 다시 돌아가라는 것과 사래에게 복종하라는 것과 더불어 태 안의 아기가 아들이라는 것과 그 아들의 이름을 이스마엘로 지으라고 하신 것 그리고 그 아들이 장차 어떻게 될 것인가에 대해 하나님으로부터 들은 말씀의 내용을 하갈은 그대로 전할 수밖에 없는 것이다. 물론 들나귀 같은 자가 되어 사람들과 싸우게 될 것이라는 내용은 생략하였겠지만 말이다.

아브람과 사래 공히 큰 충격을 받지 않았겠는가? 먼저는 하나님께서 자신들이 버린 이 보잘 것 없는 한 계집종에게 나타나셨다는 것에 놀랐을 것이다. 어쩌면 아브람과 사래는 자신들도 모르는 사이에 하나님을 자신들의 전유물인 것처럼 여기고 있었을지도 모른다. 하나님께서는 자신들만을 사랑하고 계시며 자신들을 통해서만 당신 자신을 이 세상에 계시하신다고 생각하고 있었을지도 모르는 일이다. 그런데 하나님께서 자신들 아닌 다른 사람에게 나타나시고 그 나타나신 사실을 역으로 자기들에게 알려주시는 것이었다. 더더군다나 자신들은 이 계집종을 별 소중하게 생각지 않고 내쫓아 버렸지만 하나님께서는 그 하갈을 살피고 계셨다는 사실이 이 속에 들어가 있다. 자신들이 버린 아이를 하나님께서는 버리지 않고 계셨던 것이다. 특별히 이 속에는 소위 신앙의 사람이라고 자처하는 너희가 한 생명을 대해 어떤 짓을 하였는지 태 안의 아기에 대해서까지 얼마나 잔인한 짓을 행하였는지 내가 다 알고 있다는 메시지가 담겨 있는 것이었다.

더욱 심각한 사실은 하나님께서 하갈에게 나타나신 반면 이 일과 관련하여 자신들에게는 전혀 나타나지 않으셨다는 사실이다. 당연히 이들에게 먼저 나타나셔서서 하갈을 용서하고 불러들이라고 하실 수도 있는 일이었기 때문이다. 사래와 아브람의 입장에서 본다면 이것이 더 자연스러울 수도 있는 순서였다. 체면도 살리고 이만큼 너그러운 마음을 소유하고 있다는 것을 모든 사람들에게 알릴 수도 있는 기회가 되기 때문이었다. 하지만 하나님께서는 사래와 아브람에게는 전혀 일언반구도 하지 않으셨고 하갈에게만 나타나신 것이었다. 그러므로 이것은 '내가 너희에게 나타나지 않고 이 하갈에게 나타난 것이 무엇을 의미하는지 생각하라. 내가 너희를 외면하고 버릴 수도 있다는 것을 알라' 라는 메시지를 전해주기에 충분한 것이었다.

그러므로 이 사건은 사래와 아브람이 죽음으로 몰아낸 생명을 하나님께서 살려 그들에게 되돌려 보내신 것이요 그리고 이 아이를 어떻게 대하는지 내가 지켜보겠다고 하는 하나님의 의도를 나타내는 것이기도 하였다. 그렇기에 앞서의 내용들과 더불어 이것은 '이 아이를 용서하라 이 아이를 받아들이라' 하는 최종적인 명령을 담고 있는 것이요 만일 그렇지 않을 것 같으면 나도 너희를 버리겠다는 엄중한 경고를 발하는 것과도 같다. 그런데 문제는 아브람과 사래가 하갈의 이 말을 어떻게 받아들였는가 하는 것이 문제다. 하갈의 이러한 말을 거짓이라고 생각할 수도 있었기 때문이다.

"하갈이 아브람의 아들을 낳으매 아브람이 하갈의 낳은 그 아들을 이름하여 이스마엘이라 하였더라"(:15)

하갈이 아브람의 집으로 돌아온 이후 시간이 지나 하갈은 이 집에서 아들을 낳는다. 아들을 낳으리라는 하나님의 말씀 그대로였다. 그녀가 이 집에서 아이를 낳았다는 것은 아브람과 사래가 이 하갈을 용서하였다는 것과 자신들의 삶 속에 다시 받아들였다는 것을 보여주고 있다. 그런데 중요한 것은 아브람이 그 아들의 이름을 이스마엘이라고 지었다는 점이다. 이 이름은 하나님께서 광야에 있던 하갈에게 말씀해 주신 것이지 아브람에게 일러주신 것이 아니었다. 그리고 이 아들은 하갈이 낳은 아들이지만 아들의 이름을 지을 권리는 아버지인 아브람에게 있었다. 그럼에도 하갈이 낳은 아들의 이름을 아브람 자신의 뜻대로 짓지 않고 하갈이 전해준 이름 그대로 불렀다. 이는 하갈이 광야에서 하나님을 만났다는 것과 그녀가 전하는 하나님의 말씀을 다 사실로 인정하여 받아들였다고 하는 것을 보여주는 증거이다. 하갈을 돌려보내신 하나님의 뜻과 그 신앙의 교훈을 겸손하게 받아들이고 있다는 표시인 것이다.

어떻게 이럴 수 있는 것이었을까? 그녀의 말을 거짓이라고 여길 수도 있지 않았겠는가? 어떻게 자신들에게 그러한 괴로움을 끼치고 쫓겨난 여자의 전하는 말을 하나님의 말씀이라고 그대로 믿을 수 있는 것이었을까? 어떻게 이런 자에게 하나님께서 나타나실 수 있으리라고 생각할 수 있는 것이었을까? 그럼에도 불구하고 아브람과 사래가 하갈의 말을 그대로 인정하여 받아들였다는 것은 이들이 하갈을 내쫓은 후 자신들의 행위에 대해 몹시 괴로워하고 뉘우치고 있었다는 것을 보여준다. 만일 분노하고 미워하는 마음을 품고 있었더라면 하갈의 이 말을 있는 그대로 받아들이기는 어렵고 그녀의 이 말을 당장의 어려움을 모면하려는 술수로 여길 수도 있었기 때문이다. 마음에 죄의식과 이로 인한 괴로움이 있었기에 하나님 앞에 선다는 것이 심히 부끄러웠고 그러던 차에 이 하갈을 통해 들려오는 하나님의 음성을 듣자 그 속에 내포된 책망 앞에 그대로 엎드릴 수밖에 없었던 것이다.

사래와 아브람이 하갈에게 행하였던 이러한 악한 행위들에도 불구하고 그들이 신앙의 사람들이 될 수 있었던 요인은 바로 여기에 있었다는 것을 발견하게 된다. 그것은 그들의 행위가 완전하고 의로웠기 때문이 아니라 바로 자신들의 행위를 돌아보고 잘못을 깨달을 수 있으며 괴로워할 수 있었다는 것과 그것을 책망하는 하나님의 말씀이 들려올 때 그대로 회개하고 돌아서는 바로 이것이었다. 사실 이들이 아이 밴 여인을 그 이유가 어떠하였든지 죽음으로 내몰았다고 하는 것은 어떤 것으로도 용서될 수 없는 일이었고 그간의 신앙도 전부 위선이었다고 정죄할 수도 있는 것이었다. 하지만 그들은 자신의 잘못을 합리화하지도 숨기거나 부인하지도 않았으며 멀리서 들려오는 하나님의 음성일지라도 외면하거나 무시하지 않고 겸손히 그 죄를 인정하고 회개하였던 것이다.

하나님께서는 왜 하갈의 낳은 아들의 이름을 '하나님께서 들으심(이스마엘)'이라고 짓게 하고 이렇게 부르도록 하신 것이었을까? 아브람은 이 아들의 이름을 '하나님께서 들으심'이라고 부를 때마다 어떤 기억을 떠올릴 수 있었던 것일까? '하나님께서 들으심.' 하나님께서는 이 세상 그 어느 누구의 외침도 다 듣고 계시며 알고 계신다는 사실을 가르치고 있지 않은가? 누가 누구에게 무슨 짓을 하였는지 세상이 어떤 일들을 저지르고 있는지 낱낱이 다 살펴 알고 있다는 것이다. 그 어떤 사소한 자요 세상으로부터 버림받은 채 사람 없는 광야에서 울고 있는 자 그 누구의 소리라도 다 듣고 계시다는 사실이 이 속에 담겨 있다. 그러므로 아브람이 이 아이의 이름을 부를 때마다 아브람은 이러한 가르침을 이 이름 속에서 되새길 수 있었다. 그 때 하갈에게 어떻게 행하였는지를 또렷이 떠올리며 부끄러움을 느낄 수 있었으리라.

전혀 새로운 경험이었다. 세상은 종이라는 존재에 대해서 별로 소중하지 않게 마치 물건처럼 여기고 쓰다가 버릴 수도 있고 죽일 수도 있다고 생각하고 있었다. 하지만 그 누구라도 하나님께서는 소중히 여기시며 똑같이 생명의 존귀함을 지닌 자로 대하신다는 것을 알게 하신 사건이었다.

　이 사건의 결과는 무엇이었을까? 이 사건 이후에도 사래와 아브람이 서로를 용서하지 못하고 무언가 마음에 불편함을 지닌 채 서로를 서먹하게 대하고 있었을까? 하갈을 용서하고 받아들였다면 이 두 사람 또한 서로를 용납하여 받아들임이 당연하였다. 나아가 이 집안 모든 사람들을 부려먹는 일꾼이 아니요 한 사람 한 사람을 생명의 가치를 지닌 자로 볼 수 있었을 것이다. 아무리 사소하게 보여지는 자라고 할지라도 그를 대한 말 한마디 행동 하나까지도 하나님께서 낱낱이 살피신다는 것을 알고 서로를 대해 더욱 신중한 마음으로 대할 수 있었을 것이다.

영혼은 파수꾼 되어 (창 16:16)

"하갈이 아브람에게 이스마엘을 낳을 때에 아브람이 팔십륙 세이었더라"(:16)

86세의 나이. 이는 성숙을 나타내는 나이이다. 사물을 안에서부터 조용히 관조할 수 있는 능력이 있고 사람과 사건을 대하는 시각이 조금은 순하고 포용력이 있는 나이이다. 그러기에 사람들은 그 나이 앞에 머리를 숙인다. 살아온 세월의 수고를 인정하고 그 속에 깃들여져 있을 이러한 성숙함을 존경하는 것이다. 86세 된 아브람, 성숙한 사람이었다. 강력한 군사력을 지닌 족장이요 경제적 여유를 가지고 살아가는 사람이었다. 위엄과 권위가 있었고 그 말과 행동은 신중하였고 점잖았다.

사려 깊은 신앙인이기도 하였기에 그는 어느 누구보다도 실수가 없는 존경받는 삶을 살아 왔으리라. 세상을 살만큼 살았고 경험할 만큼 경험하였으며 사람과 세상에 대해 알만큼 안다고 자부할 수도 있는 때였다. 86세의 나이와 지나온 치열했던 삶은 그가 지혜롭고 성숙하며 실수가 없는 사람일 것이라고 생각하게 하는 충분한 조건들이다. 그래서 사람들은 그의 앞에서 고개를 숙일 수밖에 없고 그의 말과 가르침을 기꺼이 존중하고자 하였으리라. 쉽게 함부로 대할 수 없는 권위를 느끼는 것도 당연하였다.

하지만 오늘 하갈과 관련하여 일어난 사건은 이러한 점에 대해서 무엇을 말해주고 있는가? 그것이 전혀 아님을 보여주고 있다. 겉으로는 그렇게 보일 수 있을지 몰라도 속으로는 여전히 많은 부족함을 안고 있는 불완전한 사람이요 한 사람의 죄인이라는 것을 입증하는 사건이었다. 한 순간에 사람이 어떻게 망가질 수 있는지 여실히 드러내었다. 많은 사람들에게 혼돈과 실망을 안겨주는 아브람이었다. 지혜롭고 현숙한 아내 사래도 마찬가지였다. 그렇기에 스스로는 많은 것을 알고 있고 모든 것을 실수 없이 잘 할 수 있다고 자신하였을지 모르지만 정말 알아야 할 가장 중요한 내용들을 알고 있지 못하였다는 것을 새롭게 깨닫게 된 때이기도 하였다.

이스마엘. 그토록 바라던 아들이었다. 하지만 기쁨보다는 자신의 실수로 그리고 하나님의 약속을 어긴 결과로 원하지 않게 만들어진 죄의 고통과 아픔을 전해주는 열매였다. 이제는 다 되었다고 할 때의 안도감이 또 지금까지 할 만큼 했다고 할 때의 자만심이 일을 결정적으로 그르치는 결과를 가져온다는 것을 교훈하는 존재이기도 하였다.

이러한 점에서 우리는 또 한 사람의 너무도 대조되는 인물을 다음의 말씀을 통해 보게 된다. "다윗 왕이 나이 많아 늙으니 이불을 덮어도 따뜻하지 아니한지라 그 신복들이 왕께 고하되 우리 주 왕을 위하여 젊은 처녀 하나를 구하여 저로 왕을 모셔 봉양하고 왕의 품에 누워 우리 주 왕으로 따뜻하시게 하리이다 하고 이스라엘 사방 경내에 아리따운 동녀를 구하다가 수넴 여자 아비삭을 얻어 왕께 데려왔으니 이 동녀는 심히 아리따운 자라 저가 왕을 봉양하며 수종하였으나 왕이 더불어 동침하지 아니하였더라"(왕상 1:1-4). 다윗의 나이 70세 된 때였고 그가 이스라엘 왕으로 나라를 다스린 지 40년이 지난 때였다. 나라는 평안하였고 역사상 가장 강력한 제국을 이루어 그 경계가 애굽과의 경계에서부터 유브라데강까지 이른 번영의 때였다. 86세의 아브람처럼 모든 면에서 부족한 것이 없는 때였다.

하지만 그도 나이는 이기지 못하여 이불을 덮어도 따뜻하지 아니할 만큼 쇠하여 있었다. 그토록 강하고 용맹하였던 이 위대한 하나님의 사람도 육체의 쇠잔함을 이기지 못하였고 뼛속까지 울려오는 추위를 온 몸으로 느끼고 있었던 것이다. 이를 심히 안타까이 여긴 신하들이 왕을 위해 젊은 여인을 한 사람 구하여 왕의 옆에 눕도록 함으로써 이 늙은 왕을 돕고자 한다. 우리는 여기서 늙어가는 군왕 다윗이 어떻게 이 늙음을 맞이하고 있는지 두 가지 사실을 발견하게 된다. 첫째는 그가 얼마나 스스로를 근신하고 있느냐 하는 점이다. 거대한 제국을 다스리는 왕이요 이미 부유한 나라 이스라엘의 왕이다. 그가 만일 자기를 위하여 호사를 누리고자 한다면 하지 못할 일이 없다. 그러한 그가 하고자 한다면 자기의 늙어가는 몸 하나 따뜻하게 하지 못하겠는가? 누울 자리 하나 편안하고 포근하게 할 수 없었겠는가? 따뜻할 뿐만 아니라 얼마든지 화려하고 멋지고 편안하게 만들 수도 있는 일이었다.

그러므로 그가 지금 이불을 덮어도 따뜻하지 않은 삶을 살고 있다는 것은 그의 몸이 몰려오는 추위를 이기지 못할 만큼 심히 쇠약해져 있음에도 불구하고 다윗 스스로 자기를 위하여 자신의 자리를 따뜻하게 만드는 것을 거절하고 있다는 것을 보여준다. 스스로 자기를 채찍질하며 따뜻함에 길들여지지 않도록 경계하고 있는 것이었다. 평생을 나라를 위해 헌신하였고 이제 늙어 그 크고 좋은 수고의 결과를 조금은 누려도 괜찮을 것 같았지만 그러한 편안함에 안주하고자 하지 않았던 것이다. 오히려 근신하는 삶을 살며 지도자가 어떠해야 하는지 하나님의 사람이 어떻게 살아야 하는지 본이 되고자 하며 그 풍요와 평안함 속에서 자기의 정신이 나태해지지 않도록 굳게 지키고자 하였다.

이러한 내용은 다음의 두 번째 사실에서 더욱 놀라움을 더해준다. 그것은 신하들이 구한 동녀 아비삭이 다윗을 봉양한다고 할 때 여기서도 드러나는 특이한 사실은 이 때까지 다윗의 곁에서 다윗을 봉양할 만한 사람 특히 여인이 없었다고 하는 점이다. 그런데 실제를 살펴보면 다윗 왕에게 그를 봉양할만한 밧세바를 비롯한 여러 명의 아내가 있었다. 그럼에도 신하들이 수넴 여자 아비삭으로 하여금 다윗을 봉양케 하고 그의 곁에 눕도록 하고자 하는 것은 이 아내들 중 어느 누구도 다윗의 곁에 있지 않았다고 하는 것을 말하고 있기 때문이다. 다윗이 이불에 들어도 추웠고 이를 신하들이 여자를 구하여 함께 눕게 함으로 그의 몸을 따뜻하게 하고자 하는 것은 다윗이 그 아내들도 자신의 곁에 가까이 오지 못하게 하였다는 것을 보여주고 있는 것이다. 물론 신하들이 여자를 구하여 왕과 함께 있도록 하고자 한 것도 다윗의 뜻을 묻거나 허락을 얻고 한 일은 아니었다. 그것은 다윗이 아비삭으로 봉양케는 할지언정 함께 동침하지 않은 것을 보면 안다.

왜 그랬을까? 다윗은 왜 자신의 아내들을 자기에게 가까이 하지 못하도록 하였고 이 수넴 여자 아비삭마저도 함께 동침하지 않는 것이었을까? 일반적으로 왕의 노년 혹은 어떤 한 세력자의 말년이 되면 자연 권력의 누수 현상이 생기고 그 곁에 가까이 있는 자들의 발호가 시작된다. 왕이 정사를 충분히 돌보지 못하게 되고 자연 가까이 있는 그 누군가에게 의지할 수밖에 없으며 그럼으로써 그 왕의 의사를 대신하는 사람을 중심으로 건강치 못한 세력이 형성되는 것이 보통이다.

왕이 자신의 아내들마저도 곁에 가까이 오지 못하도록 한 것은 그 외 그의 신하들일지라도 함부로 왕의 이름을 사칭하고 그의 힘을 대신하지 못하도록 그가 얼마나 경계하였는가 하는 것을 드러내고 있다. 이러한 사실은 솔로몬을 후계자로 세우게 되는 과정의 사건들을 자세히 살펴보면 충분히 알 수 있다. 권력에 욕심을 두고 발호할 수 있는 자들이 출현하는 것을 그는 철저히 막고 있었던 것이다.

늙어서 더 이상 몸을 지탱하기 어려운 때일지라도 그의 정신만은 살아있는 것을 보게 된다. 그의 의지와 분별력만큼은 잠시도 긴장의 끈이 늦추어지지 않은 상태에 있다는 것을 보여주고 있다. 86세의 족장 아브람과 70세의 군왕 다윗, 그리고 그들의 곁에 왔던 하갈이라는 여인과 이스라엘 최고의 미녀 아비삭, 상황은 비슷하였지만 그 결과는 판이하게 달랐다. 86세의 아브람이 잠시의 방종으로 인해 초래한 그 고통스런 혼란과 70세의 군왕 다윗이 보여주는 의연한 모습은 너무도 깊은 대조를 이루고 있다. 만일 무너졌다면 다윗이 더욱 크게 무너졌어야 했었는데도 말이다.

하루의 마지막에 한해의 마지막에 그리고 인생의 고비 고비 마다 한번쯤 깊이 생각해 보아야 하는 두 사람의 삶의 모습이 아니겠는가? 인생의 마지막 순간까지 비록 육체는 쇠하여 갈지라도 우리의 정신은 살아있어야 한다는 것, 깊은 밤중일지라도 우리의 영혼은 깨어 파수꾼의 사명을 감당하여야 한다는 것을 말이다.

아! 아브라함

| 창세기 17장 |

제3부 할례의 언약

쪼갠 고기 사이를 지나가며 아브람과 언약을 맺으셨던 하나님은
이번에는 할례를 통해 또 언약을 맺으신다.
왜 하나님은 동일한 언약의 내용임에도 형식을 바꿔가며
자꾸만 아브람에게 이런 언약의 말씀을 전하고자 하시는 것일까?

전능하심을 누가 모르는가? (창 17:1)

86세 때의 아브람은 모든 것이 구비되어 조금도 부족함이 없는 상태였다. 큰 군대를 거느린 강한 세력을 지니고 있었다. 사회적으로는 권위와 위엄이 인정된 신망 받는 사람이었으며 대단한 경제력을 갖춘 부자였다. 그리고 하나님께서 택하신 신앙인이었다. 모든 사람이 부러워할 만한 위치에 있었다. 하지만 그런 중에서도 한 가지 그에게 아들이 없다는 사실은 이 모든 좋은 것이 있어도 이를 물려줄 후사가 없는 것이라는 점에서 그를 대단히 허전하고 슬프게 하는 사실이었다. 그런 면에서 이스마엘의 탄생은 아브람이 간절히 기다리고 기대하던 아들의 출생이었다. 그의 삶의 가장 부족한 하나를 채워주는 것임과 동시에 후사로서 그의 삶에 가장 귀한 존재로 등장하게 됨을 의미하는 것이었다.

86세에 단 한명의 자녀도 없는 상태에서 더구나 후사가 없는 상황에서 생겨난 아들이었으니 그 탄생의 연유가 어떠하였든 귀하고 사랑스러울 수밖에 없음은 너무도 당연하였다. 그리고 이로써 아브람은 삶의 모든 요소를 조금도 부족함 없이 가장 만족스럽게 갖추게 되었다. 가장 완전한 삶의 조건을 구비하게 된 것이었다. 그러면 이후의 아브람의 삶은 어떠했을까? 아들 이스마엘이 그의 삶에 미친 영향은 어떠하였으며 이제 부족한 것 하나 없이 가장 풍족한 상태에서 그는 어떤 것을 경험할 수 있었을까?

"아브람의 구십구 세 때에 여호와께서 아브람에게 나타나서 그에게 이르시되 나는 전능한 하나님이라 너는 내 앞에서 행하여 완전하라"(:1)

16장 마지막 절이 **"하갈이 아브람에게 이스마엘을 낳을 때에 아브람이 팔십륙 세이었더라"**고 끝을 맺었고 바로 이어 17장은 99세 때의 상황으로 장면을 전환시키고 있다. 86세에서 99세까지의 기간을 그냥 건너 뛰어버린 것이었고 그 13년의 세월을 완전히 생략해 버린 것이기도 하였다. 그리고 99세 때에 하나님이 다시 나타나신 것은 하갈의 사건 이후 지난 13년 동안 하나님은 그에게 당신 자신을 전혀 나타내지 않은 채 그냥 지켜보고 계셨다는 것을 의미하기도 했다.

이 기간 동안의 아브람의 삶은 어떠했길래 성경은 그 어떤 한 가지 사실도 기록하고 있지 않은 것일까? 성경이 이 13년 동안의 그의 삶을 생략해 버린 것은 그간의 그의 삶이 특별히 언급할만한 의미 있는 일이 없었다는 것을 설명하는 단서이다. 특별히 의미 있는 신앙의 사건도 혹은 또 어떤 급박한 위기 상황도 없이 그저 평범하게 지내온 보통의 세월이었다는 것을 암시한다. 이것은 아브람을 둘러싸고 있는 모든 것이 만족스럽게 흘러갔음을 드러내는 것이라고 할 수 있다. 어쩌면 우리 모두가 꿈꾸고 바라는 삶이 바로 이러한 삶이라고 할 수도 있다. 물 흐르듯 그저 순탄하게 흘러가는 그러한 삶의 세월을 우리 모두가 소원하고 있고 그러할 때라야 우리는 또 (적어도 오늘 우리들의 신앙으로는) 하나님의 은혜를 가장 쉽게 느낄 수 있기 때문이다. 아브람 자신도 오늘의 이 평안이 그동안 고생하며 지내온 자신의 수고로운 삶에 대한 하나님의 은혜라고 느끼며 편안하게 지내어 왔을지도 모를 일이다. 그런데 이 기간 하나님의 눈에는 아브람의 신앙과 삶이 어떻게 비춰졌을까? 하나님도 편안하고 흡족하게 보고 계셨을까? 바로 이에 대해 성경은 다음과 같은 하나님의 말씀을 기록하고 있다.

"**나는 전능한 하나님이라 너는 내 앞에서 행하여 완전하라**". "**전능한 하나님**". 13년 만에 다시 나타나신 하나님은 아브람을 향해 당신 자신을 "**전능한 하나님**"이라고 지칭하신다. 모든 것을 다 알고 계시며 그 어떤 조그마한 불가능도 없이 모든 것을 가능케 하시는 하나님의 능력을 설명하시는 표현이다. 이러한 내용은 하나님을 믿는 자라면 그 신앙의 바탕에 누구나 가지고 있어야 하는 하나님에 대한 가장 기본적이면서도 가장 핵심적인 믿음의 요소이다. 인간 스스로 어떤 불가능을 인식하거나 이미 늦었다고 생각하게 되는 그래서 좌절하거나 포기해야 한다고 느끼게 될 때 그 때 다시 한번 힘을 얻게 되고 신앙의 길을 굽히지 않고 걸어가게 만드는 믿음의 요소이다. 그러므로 만일 하나님의 이 전능하심이 우리의 믿음 속에 확고하게 자리 잡고 있지 않으면 우리는 조그마한 어려움 속에서도 쉽게 자기의 뜻과 소망을 접게 된다. 또 나아가 아예 실현불가능해 보이거나 예측불가능해 보이는 상황을 만나게 되면 신앙까지도 포기할 수 있게 된다. 이를 우리는 다음의 말씀에서 살펴볼 수 있다.

"**내 앞에서 행하여 완전하라**". 이 말씀은 인간의 걸어가는 길이 하나님 앞에서 벗어나게 된 것과 그러므로 온전한 신앙의 모습을 갖지 못하게 된 것을 전제하는 말씀이다. 즉 인간이 하나님 앞에서 그의 원하시는 길을 걸어가는 것이 아니라 그의 뜻과는 상관없이 인간 스스로 다른 어떤 길을 찾고 걸어가게 될 때 그것을 두고 하는 말씀이다. 만일 그 행사가 하나님 앞에서 온전하다면 이런 말씀을 하실 필요가 없기 때문이다. 왜 이러한 결과가 사람에게 오는 것인가? "**나는 전능한 하나님이라**"고 앞서 말씀하신 것은 바로 이 부분과 관련하여 '내가 전능한 하나님이거늘 어찌하여 그 길과 행사가 내 앞에서 완전하지 못 한가' 하는 의미를 가지고 있다. 곧 신앙의 삶이 바르지 못하고 굽게 되는 그 가장 중요한 이유는 하나님의 전능하심을 전적으로 믿지 못한 까닭이라는 것을 드러내는 말씀이다.

13년 만에 다시 나타나신 하나님께서 아브람을 대해 **"나는 전능한 하나님"**이라고 하시며 이어서 **"너는 내 앞에서 행하여 완전하라"**고 하신다. 내가 전능하거늘 어찌하여 너는 온전치 못한가 하는 책망의 말씀이다. 하나님 앞에서 벗어나지 말라는 것과 스스로 하나님의 전능하심을 부정하는 삶을 살지 말라고 하는 의미를 담고 있다. 왜 이런 말씀을 하시는 것일까? 만일 아브람이 책망 받을 만한 일이 없이 진정 온전한 모습으로 지금까지 살아왔고 지금도 하나님 앞에서 하나님의 전능하심을 인식하며 그렇게 살아가고 있다면 굳이 이런 말씀을 하실 필요가 있는 것일까?

이 말씀은 하나님께서 13년 만에 처음으로 아브람에게 나타나셨다는 시간적 상황을 포함하고 있고 그간의 그의 삶을 전제하고 있는 말씀이다. 그러므로 이 말씀 속에는 그 동안 아브람의 삶을 대해 하나님께서 보고 느끼신 내용이 함축되어 있다. 곧 하나님의 전능하심이 아브람에게 망각되고 있었으며 그리고 이것 때문에 아브람의 삶의 걸음이 하나님 앞을 벗어나고 있었으며 어딘가 온전치 못한 흠 있는 모습을 지니고 있었던 것이다. 이러한 내용은 이 세월 동안 아브람 자신이 하나님을 간절히 찾지 않았다고 하는 사실 속에서도 확인된다. 상당히 느슨한 신앙생활이 이루어져 왔던 것이다.

그렇다면 이 기간동안 무엇이 아브람으로 하여금 스스로 평안하게 느끼도록 만들었으며 무엇이 그의 삶을 하나님의 원하시는 자리로부터 벗어나게 만든 것이었을까? 우리는 무엇보다도 이 13년의 기간이 하갈에게서 태어난 아들 이스마엘과 함께 하는 기간이었다는 것을 안다. 이스마엘이 태어나고 성장하는 기간이었으며 그 아이가 이제 열세 살이 되어 어느 정도 자기의 의지로 판단할 수 있는 성숙한 모습을 지니게 되는 기간이었다. 이스마엘이 태어나기 전까지 아브람에게 있었던 가장 큰 근심이자 유일한 문제는 자신의 뒤를 이을 후사로서의 아들이 없다는 것이었고 그렇기 때문에 이스마엘이 태어났다는 것은 적어도 이 염려를 해소해 주는 것이었다. 그의 삶이 부족한 것 하나 없이 완전하게 채워진 때였다.

그러했기에 이 13년은 이스마엘과 함께 하는 시간이었고 이 아들은 아브람의 관심의 초점이었으며 또 자기의 아들이 자라나는 것을 보는 즐거움이 있는 기간이기도 하였다. 그런데 과연 이 아이는 완전했던 것일까? 아브람의 후사로서 아브람의 유업을 계승해 갈만한 하나님 보시기에 흠 없는 아들이었는가?

하나님의 약속을 어기고 인간의 이기심과 정욕과 야심이 서로 복잡하게 결합되어 만들어진 아이였다. 잉태와 더불어 인간의 갈등과 다툼을 야기하였고 하나님의 책망을 초래한 아들이었다. 이 아이가 계속해서 아브람의 삶의 영역 속에 있게 될 때에 그리고 아브람의 품 안에서 계속 자라나게 될 때에 과연 어떤 결과들이 생겨나게 되는 것일까? 비록 시작은 그러하였지만 아브람과 사래가 회개하였기에 그러한 사실들은 다 사라지고 그 속에 순전한 신앙의 내용들이 새롭게 담길 수 있는 것이었을까? 만일 어떤 사람이 부정한 방법으로 어떤 결과를 취하였다고 할 때 후에 그 행위는 회개하였지만 그 속여 취한 결과는 그대로 갖고 있다면 그래도 괜찮은 것일까?

이스마엘의 탄생 이후 아브람도 하나님을 찾지 아니하였고 하나님도 그를 만나지 않았다. 그리고 13년이 지난 오늘 아브람의 삶이 하나님의 보시기에 온전치 못하고 하나님 앞에서 벗어나 있으며 하나님의 전능하심이 그에게 망각되고 있다. 무엇 때문이었을까? 그리고 하나님의 전능하심이 망각된 구체적인 내용은 무엇이었을까?

오늘 우리들에게도 하나님의 전능하심이 간과된 생각과 삶이 있지 않은가? 혹시 하나님께서 다 보고 알고 계시며 무엇이든 할 수 있는 분이라는 사실이 내 믿음 속에서 약화되거나 사라진 상태는 아닌지 이 말씀 앞에서 생각해 보아야 할 것이다. 하나님의 전적인 도우심 보다는 내 성급한 마음으로 스스로 계획하고 결정하고 때로는 좌절하고 포기한 채 적당히 타협하며 요령껏 걸어가는 길은 아닌지를 말이다.

아브람의 13년 삶은 모든 것이 완전하게 채워진 부족함 없는 기간이었다. 하지만 하나님의 전능하심이 간과된 시간이었고 그 결과 하나님의 말씀이 책망으로 들려지고 있다. 바람같이 지나간 그 세월이 그래도 의미 있는 시간이었고 오늘의 이 책망과 바꿀만한 것이었을까? 누리고 나면 허망할 뿐인 것을 오늘 우리는 삶의 목표처럼 추구하고 신앙의 목적인 것처럼 소망하며 살아간다.

내가 신(神)이라고? (창 17:2)

아브람을 향해 **"나는 전능한 하나님이라 너는 내 앞에서 행하여 완전하라"**고 하신 하나님의 말씀은 가나안 땅에 들어온 지 24년 이스마엘을 낳은 지 13년이 지난 시점에서의 아브람의 삶을 두고 하시는 말씀이었다. 13년 전 그렇게 선명하게 당신의 언약과 축복을 주셨지만 그와는 어긋나게 진행되고 있는 아브람의 삶, 하나님 보시기에 온전치 못하고 이지러지고 부족한 모습을 갖게 된 그의 신앙을 드러내심이었다. 이러한 결과는 이스마엘의 탄생과 또 그가 아브람의 품에서 자라나게 된 것과 관련된 것이라는 사실을 우리는 앞뒤 말씀의 연관성 속에서 찾아볼 수 있다. 한 생명의 탄생 곧 그가 원하던 한 가지를 얻음이 그에게 복이 되지 못하고 그를 하나님 앞에서 멀어지게 하는 요인이 되어 왔다는 것을 보게 된다.

이스마엘에 대한 아브람의 집착이 있을 수밖에 없었고 이스마엘이 아브람의 유일한 혈육으로 그의 후사가 될 것도 분명한 상태였다. 이로 인해 자연발생적으로 생겨난 그 어미 하갈의 지위 상승과 그녀에게 잘 보이고자 하며 친근하게 접근해가는 자들의 존재가 있지 않았겠는가? 반면 상대적으로 아브람의 관심에서 멀어지고 그 입지와 역할이 축소되어져 가는 사래의 소외감과 삶에 대한 회의가 그 반대편에 있지 않았겠는가? 이러한 것들이 이면에서 전개되어져 온 아브람 공동체의 주요 등장인물들 간의 상호관계였다는 것을 우리는 볼 수 있다. 이러한 아브람을 향해 스스로를 불가능이 없는 전능한 하나님으로 새롭게 알리시며 하나님의 길에서 벗어나지 말 것과 온전한 신앙의 삶을 회복할 것을 요구하시며 이어서 다음의 말씀을 들려주신다.

"**내가 내 언약을 나와 너 사이에 세워 너로 심히 번성케 하리라 하시니**"(:2)

아브람과 언약을 세우겠다고 하시는 것과 심히 번성케 하라는 축복을 담고 있는 말씀이다. 우리가 여기서 생각하게 되는 것은 이 언약과 축복의 말씀이 현재의 아브람과 어떤 관계를 가지고 있느냐 하는 사실이다. 즉 현재 아브람은 하나님의 전능하심이 결여된 삶을 살고 있고 온전한 신앙에서 벗어나 있다. 그럼에도 불구하고 하나님만의 계획으로 이러한 복을 그에게 일방적으로 이루어 가겠다는 것인지 아니면 **"나는 전능한 하나님이라 너는 내 앞에서 행하여 완전하라"**는 앞의 말씀을 전제로 하고 있는 것인지 하는 문제이다.

이에 대해 우리는 다음의 두 가지를 생각해 보게 된다. 먼저 보는 것은 이 약속과 축복의 선포가 오늘이 처음이 아니라는 점이다. 즉 이는 아브람이 하란을 떠나 처음 가나안으로 들어올 때와 롯이 그를 떠나갔을 때 그리고 가나안 전쟁 이후에 이미 하나님께서 그에게 들려주신 약속이다. 특히 13년 전 하나님은 밤 하늘의 별과 언약식을 통해 다시는 잊을 수 없는 방법으로 기억하게 해주셨다. 그런 점에서 오늘의 말씀은 그 약속을 다시 상기시키는 결과를 가지고 있다. 그러므로 오늘의 말씀은 왜 지난 13년의 시간 후 지금의 시점에서 이 약속을 다시 상기시켜야만 하는가 하는 것과 과연 이 약속을 지금의 아브람이 아직도 기억하고 있는가 하는 것에 초점을 맞추어야 하는 문제를 가지고 있다. 일방적이고 단순한 약속과 축복의 선포가 아닌 것이다.

그리고 두 번째는 다음의 부분에 있다. 즉 하나님께서는 지금 아브람과의 이 만남과 대화를 끝내면서 다음과 같은 말씀을 남기고 떠나가신다. **"내 언약은 내가 명년 이 기한에 사라가 네게 낳을 이삭과 세우리라"**(창 17:21). 분명히 **"내가 내 언약을 나와 너 사이에 세우겠다"**고 하신 하나님께서 이 언약을 아브람이 아닌 이삭과 세우겠다고 바꾸어 말씀하시는 것이었다. 즉 지금의 아브람과의 만남 속에서 만족할만한 결과를 얻지 못한 하나님께서 그와 맺겠다고 하신 약속을 취소하고 그에게서 태어날 이삭과 맺겠다고 선포하시고 그 만남과 대화를 종결하는 것이었다. 화난 사람처럼 심히 불쾌한 반응을 남기고 떠나는 하나님의 뒷모습이었다.

결국 우리는 이 속에서 2절의 축복의 말씀이 앞의 1절을 전제로 한 것이라는 사실을 알게 되고 그러므로 이 1절의 말씀과 2절의 말씀은 '그리하면'이라는 접속사로 연결되는 관계를 가지고 있다는 것을 파악할 수 있다. 즉 **"내가 내 언약을 나와 너 사이에 세워 너로 심히 번성케 하리라"**는 2절의 언약과 축복은 **"나는 전능한 하나님이라 너는 내 앞에서 행하여 완전하라"**라는 1절의 요구가 반드시 이루어져야 한다는 당위성을 주지시키는 것이요 동시에 왜 이러한 요구를 하는 것인지에 대한 이유를 설명하는 것이기도 하다. 곧 네가 하나님의 전능하심을 믿고 그 벗어난 길을 바르게 하며 너의 삶을 온전케 하면 내가 너에게 이 약속과 축복을 이루겠다는 것이다. 따라서 너는 이 약속과 축복을 받을 자이기에 그것을 위해 스스로 준비하라고 하는 권면이 담겨 있다. 그리고 만일 네가 그리하지 아니하면 이 축복이 네게 이루어질 수 없다는 강한 경고를 담고 있는 것이기도 하다.

실제로 아브람이 그 벗어난 길에서 돌아오며 삶을 바르게 하는 것은 좀 더 훗날 이스마엘과 그 어미 하갈을 자신의 공동체에서 내보내는 것으로 나타난다. 즉 이 부분이 잘못된 것을 아브람 스스로 인정하고 그 잘못된 부분을 제거하여 온전한 삶으로의 회복을 시도하는 행위였다. 그리고 하나님의 전능하심에 대한 신앙은 보다 훗날 이삭을 하나님께 번제로 드리는 모습으로 실현된다. 이러한 삶과 신앙 위에 오늘의 이 축복과 언약이 실현되어져 가는 것을 성경은 증거하고 있다.

그러므로 오늘의 1절과 2절의 말씀은 분명 하나님으로부터 큰 축복과 언약을 받은 자요 이를 세상에 전할 자로 선택받았음에도 불구하고 이러한 은혜를 망각한 채 그저 하루하루 눈 앞에 있는 것들로 만족하고 거기에 붙잡혀 살아가고 있는 한 신앙인에 대한 질책과 하나님의 안타까움이 담겨 있는 말씀이며 그를 깨우치고자 하는 강한 권면의 말씀인 것이다.

"내가 말하기를 너희는 신들이며 다 지존자의 아들들이라 하였으나 너희는 범인같이 죽으며 방백의 하나같이 엎더지리로다"(시 82:6-7)

하나님 백성으로서의 이스라엘. 이 세상이 알지 못하는 생명과 창조와 천국의 비밀을 알고 있고 신적 능력을 은혜로 받아 살아가는 자들이었다. 비록 몸은 이 땅에 살고 있으나 이미 이 땅의 썩어질 가치를 벗어나 천국 백성으로의 삶을 사는 자들이었다. 이 세상에서의 속된 삶을 초월하여 사는 지극히 존귀하신 자의 존귀한 아들들이었으며 그렇기에 신과 같은 존재들이었다. 하나님께서 주신 은혜에 의해 우리가 갖고 있어야 하는 우리의 정체성이요 또 우리에게 요구하시는 우리의 신앙의식이기도 하다. 그러므로 우리는 이에 걸맞는 삶을 살아야 할 것이었다. 이 세상의 것에 매이지 않는 삶, 아버지를 대신하여 선과 공의가 이 땅에 베풀어지기를 위한 삶을 살아야만 했다. 그것이 저들의 관심사여야 했다. 하지만 그런데도 그들은 전혀 다르지 아니했다.

"범인같이 죽으며". 그저 한 평생 눈 앞의 것만 위해 아동바동 살다가 그렇게 허무하게 죽어가는 자들과 똑같았다. **"방백의 하나같이 엎더지리로다"**. 먹고살 염려는 벗어났으나 땅을 넓히며 세력을 얻고 확장하는 것을 인생의 최고의 가치로 삼고 그것을 위해서라면 무슨 짓이든 할 수 있는 자들이었다. 어느 한 순간 자기보다 강한 자가 나타나면 또 그렇게 물거품처럼 스러져가야 하는 방백들과 똑같은 삶을 사는 것이었다. 아버지가 모든 것을 가진 부자요 그것이 다 자기 것이며 이것을 어떻게 아버지의 뜻을 따라 가장 유익하게 사용해야 할까 하는 것이 아들에게 부여된 책임이요 임무였다. 하지만 그런 것은 전혀 생각도 못한 채 오히려 먹을 것을 위해 온갖 더러운 짓을 다하며 살아가는 아들처럼 그렇게 살고 있었던 하나님의 백성들을 시인은 이렇게 고발하고 있다.

'내가 너를 심히 번성케 할 것인데 너는 이 약속에 대한 기대를 가지고 있느냐? 너는 왜 이 약속을 잊어버린 채 눈에 보이는 조건들에 속박당하여 그렇게 좁은 삶을 살고 있느냐? 왜 이 부유한 하나님의 사람으로서 그렇게 보잘 것 없는 것에 만족하는 삶을 살아가고 있느냐? 네가 그것 얻었다고 그렇게 좋아할 때 겨우 그것이 너의 전부더냐? 네가 그런 사람밖에 되지 않았더냐?'. 이것이 지금 가나안에 온지 24년 된 아브람을 향해 하나님께서 던지는 말씀이다. **"내가 내 언약을 나와 너 사이에 세워 너로 심히 번성케 하리라"**. 참으로 귀하고 소망스러운 축복의 선포 같지만 바로 이것을 잊어버리고 살아가는 자에 대한 책망이 오늘의 말씀 속에 들어가 있다. 언약에서 벗어난 자 번성케 될 축복에서 이탈 된 길을 걸어가는 자의 삶을 지적하시는 것이다.

하나님께서 누구와 언약을 세우시는가? 그리고 하나님의 번성케 하실 은혜를 누릴 자는 어떤 자인가? 오늘 내가 신과 같은 자요 지존자의 아들이라는 것을 알고 있는가? 그렇다면 오늘 나의 삶이 이래도 괜찮은 것인가?

꿇어 엎드려서 (창 17:3-4)

13년 이상의 세월이 지난 다음에 처음 나타나신 하나님께서 **"나는 전능한 하나님이라 너는 내 앞에서 행하여 완전하라 내가 내 언약을 나와 너 사이에 세워 너로 심히 번성케 하리라"**고 하실 때 이에 대해 아브람은 어떤 마음으로 이를 받아들였을까? 이 말씀을 하시는 하나님은 어떤 감정을 이 속에 담으셨고 또 아브람은 어떤 감정을 느끼게 되었을까? 우리는 이에 대한 아브람의 반응 속에서 아브람을 대해 하나님께서 나타내 보이시는 감정의 요소들을 보다 정확히 읽을 수 있을 것이다.

"아브람이 엎드린대 하나님이 또 그에게 일러 가라사대"(:3)

아브람이 하란을 떠난 이후로 하나님께서 그에게 나타나신 성경에 기록된 사건은 총 다섯 번이었고 이번이 여섯 번째였다. 그런데 이전까지와는 달리 오늘 여섯 번째 하나님의 임재 앞에 아브람이 보이고 있는 전과 다른 모습이 있다. **"아브람이 엎드린대"**. 아브람은 왜 엎드린 것이었을까? 아브람의 이러한 행동이 하나님의 임재 앞에서 언제나 인간이 나타내 보이는 보편적인 태도였고 아브람 자신의 일반적인 모습이었던 것일까? 아브람의 지금 행동이 그가 하나님 앞에서 보편적으로 보이는 모습이 아니라는 것을 우리는 앞서 있었던 하나님과의 모든 만남 속에서 확인하게 된다. 그 중에서도 이스마엘이 탄생하기 직전에 있었던 15장에서의 언약 사건은 그 대표적이라고 할 수 있다.

그 때 그 자리는 지금 이 곳에서 말씀되어지는 하나님의 약속이 훨씬 더 진지하게 말씀되어지던 자리였다. 하지만 그 때에도 아브람이 하나님께 엎드리는 이와 같은 행위는 보이지를 않았다. 오히려 후사를 주지 않는 하나님에게 마치 불평하듯 퉁명스럽게까지 느껴지는 말투로 자기의 생각과 뜻을 말할 뿐이었다(15:1-4). 하나님은 이러한 아브람을 자상하게 감싸 안듯 다독이시며 당신 자신의 뜻을 자세히 알려주셨다. 아주 자연스러운 아버지와 아들의 만남 혹은 마치 친구와도 같은 친근한 만남이었다. 이 외에 가나안에 들어오던 때에나 롯이 떠나갔을 때에도 하나님과의 만남과 그 분의 임재 앞에 그가 꿇어 엎드리는 오늘과 같은 이러한 태도를 보인 적은 없었다. 따라서 **"아브람이 엎드린대"** 라는 말씀의 묘사는 오늘의 이 언약 말씀 앞에서 아브람이 받아들이고 느끼는 하나님의 말씀 속에 담겨진 하나님의 감정이 사뭇 달랐다고 하는 것을 알려준다.

보통 꿇어 엎드리는 행위가 가지고 있는 의미는 두 가지로 살펴볼 수 있다. 그 첫째는 상대의 권위와 위엄에 압도되어 혹시 죽을지도 모르는 심히 두려운 마음에서 상대에게 나를 완전히 낮추어 복종하겠다는 의지를 드러내는 행위로서의 의미가 있다. 그리고 두 번째는 상대에 대한 순전한 존경과 사랑에서 우러나오는 자발적이고 기꺼운 순종의 표시로서 나타나는 행위가 있다. 그러면 아브람은 어떤 의도로 이렇게 꿇어 엎드리는 행위를 나타내는 것일까?

앞의 1절과 2절이 가지고 있는 말씀의 내용과 지금까지 아브람이 하나님과의 만남에서 보여 온 태도 등을 종합하여 볼 때 아브람의 지금 태도는 심히 두려운 마음에서 나타나는 행동이라는 것을 충분히 알 수 있다. 즉 아브람은 지금 하나님의 말씀 앞에서 감히 입을 열어 한 마디도 대꾸할 수 없고 그냥 선 채로 들을 수도 없는 엄청난 위엄과 권위를 느끼고 있었다. 하나님은 아브람을 대해 꿇어 엎드릴 것을 요구하는 엄한 모습으로 그에게 다가와 서 계신 것을 우리는 이 속에서 느낄 수 있는 것이다.

하나님의 임재와 하나님의 말씀. 때로는 한없이 자비롭고 은혜롭게 들려오기도 하지만 또 때로는 온 심장이 덜덜 떨리게 하는 두려움으로 다가오기도 한다. 언제나 자비롭기만 한 하나님이 아니요 항상 무섭고 엄한 하나님도 아니다. 사랑과 자애가 넘쳐나는 하나님이시지만 하나님의 뜻을 알지 못하고 그릇 갈 때나 죄의 현장에 내 자리를 펼 때는 숨이 멎을 것 같은 위엄으로 우리를 압도하여 오기도 하신다. 오늘 내가 참된 신앙인이라고 한다면 하나님의 사랑에 감사하고 즐거워하는 마음도 있어야 하지만 엄위한 하나님에 대한 두려움도 함께 가지고 있어야 한다. 그러할 때 나의 이름을 만홀히 여기지 말라는 하나님의 계명도 지켜나갈 수 있게 된다. 많은 사람들이 사랑의 하나님, 은혜의 하나님은 인식하지만 이 두려운 하나님은 깊이 생각지 못하기에 그 신앙이 방종으로 나아가도 깨닫지 못한다. 또 때로는 심판하시는 무서운 하나님만 알고 사랑의 하나님을 경험하지 못해 자유함이 없기도 하다.

지금 아브람에게 임하셔서 그에게 말씀하시는 하나님은 아브람에게 꿇어 엎드릴 것을 요구하고 있다. 심히 두려운 모습으로 임하셔서 아브람을 아주 낮은 목소리로 크게 꾸짖고 책망하고 계신다. 지난 13년간의 아브람의 삶이 하나님 보시기에 흡족하지 않았기 때문이다. 가나안 땅에 대한 본래의 사명과는 거리가 먼 삶이었으며 이는 이스마엘의 탄생 이후 생겨난 결과였다. 늙어서 얻은 아들에 푹 빠져 살았고 이 아이를 다른 모든 것보다 우선하였으며 신앙의 분별력 보다는 인간적 정과 사랑으로 대했다. 신앙의 유산을 이어받을 후사가 아니라 재산과 사회적 소유를 물려줄 상속자로서 기대하였다. 사람들은 하갈이 이스마엘을 앞세워 이 집의 모든 것을 차지하리라는 것을 의심하지 않았기에 사래는 소외되었고 하갈은 높아졌다. 모든 사람들의 관심은 물질과 인간이었지 신앙과 신앙의 가치들은 저 한쪽으로 비켜져 있는 상태였다. 만일 이러한 삶이 아니라 신앙이 그 중심에 흔들림 없이 흘러가고 있었다면 이런 결과가 아니라 아브람은 이전처럼 하나님의 나타나심에 대해 감사함으로 응답하였을 것이다.

하나님의 임재 앞에 꿇어 엎드린 아브람, 그는 지난 13년간의 살아온 세월에 대한 책망을 듣는다. 하나님께서 어떻게 보고 계실까 하는 것에 대한 생각을 하지 않고 살아온 시간이었고 하나님을 두려워하지도 기대하지도 않은 세월이었다. 그냥 있는 그대로의 주어진 현실이 만족스러웠다. 그 시간들이 오늘의 이런 책망을 불러올지는 전혀 몰랐다. 그리고 오늘 조용하지만 위엄 있는 하나님의 목소리 앞에 그는 두려움을 느끼며 꿇어 엎드린다. 그리고 이 상태에서 하나님의 언약 말씀이 들려온다.

"내가 너와 내 언약을 세우니 너는 열국의 아비가 될찌라"(:4)

지금처럼 꿇어 엎드린 상태에서 두려운 마음으로 하나님의 말씀을 듣는 것은 그냥 평상심으로 들을 때와 어떤 차이가 있을까? 그것은 결코 쉽게 잊혀질 수 없고 또 그 의미를 마음 깊이 새기게 하는 분명한 차이가 있다. 하나님 자신 이 말씀을 하시기에 앞서 아브람을 꿇어 엎드리게 하신 것도 바로 이것을 위해서였다. 다시는 잊어버려서는 안 되며 잊어버리지 말고 이 언약에 충실한 삶을 살라고 하는 요구를 담고 있는 것이다. 앞서도 있었던 똑같은 내용의 말씀을 언약으로 주실 때는 내가 지나간 날의 삶을 용서하고 너에게 다시 한번 새로운 기회를 주겠노라는 의미도 함께 들어있다.

하나님의 말씀을 듣는 것은 이러한 마음을 요구하는 것이 아니겠는가? 지나온 날의 잘못에 대한 용서와 앞으로의 새로운 날들에 대한 언약이 우리의 귀에 들려지는 말씀의 본질일진대 이 본질이 가감 없이 본래 그대로 전해져 오기 위해서는 어떤 마음이 필요한 것이겠는가? 오늘 아브람을 통해 하나님께서 요구하시는 말씀을 듣는 자의 태도는 훗날 바벨론 포로기 이후 귀환한 이스라엘에게서 그대로 잘 드러나고 있다(느8:1-12). 에스라에 의해 말씀이 펼쳐지고 선포 될 때 온 이스라엘은 기립하였고 또 땅에 꿇어 엎드려 '아멘 아멘' 하며 말씀에 응답하였다. 온 몸과 마음을 다해 하나님의 임재를 받아들였던 것이다. 그 예배의 자리에서 회개의 눈물과 용서의 감격이 있었고 앞날에 대한 믿음으로 소망의 즐거움이 흘러넘쳤다. 하나님의 언약 말씀이 진실하게 선포되고 듣는 자의 꿇어 엎드리는 마음이 합해질 때 그 예배는 가장 아름다운 예배가 되어졌던 것이다.

"너는 열국의 아비가 될찌라". 아비라는 단어 속에는 육체적 생물학적인 관점에서의 아비의 개념이 있고 그 후손에게 어떻게 살아가며 무엇을 위해 살아가야 할지를 알려주는 스승과도 같은 정신적인 아비의 개념이 있다. 여기서의 열국의 아비란 어떤 관점에서의 아비를 의미하는 것일까? 이미 본대로 열국은 아브람의 신앙을 이어받게 될 나라와 족속들을 의미하고 그러므로 열국의 아비란 아브람이 얼마나 크고도 깊은 영향력을 인류 전체에 남길 것인가 하는 것을 알려주는 사실이 된다.

하나님께서 이처럼 인류의 정신적 스승으로서의 아비가 될 아브람의 존재를 언약의 형태로 인식시키시는 것은 왜일까? 굳이 그에게 그의 생전에 자신의 눈으로 확인할 수 없는 먼 훗날 전개되어져 갈 역사적 사실을 이렇게 미리 말해주심은 어떤 이유에서일까? 그것은 열국의 아비가 될 자 인류 역사에 끊어지지 않고 영원히 계속될 고귀한 정신적 유산을 남길 위대한 인생의 소유자로서 자신의 삶을 인식하라고 하심이 아니겠는가? 지금 당대 내 앞의 세계에 사로잡혀 사는 인생이 아니라 인류의 마지막 순간까지 저들의 정신 세계를 이끌어갈 위대한 지도자로서의 삶의 품격을 갖추라고 하는 권고이다. 정신적 스승으로서의 길을 걸으라고 하시는 것이다.

이미 들려주셨던 말씀이요 약속이다. 이는 그렇게 말씀해 주셨건만 지금 아브람의 삶이 이러한 삶이 아니라 이스마엘이라는 한 아들에 만족하는 삶, 자신의 소유를 이어갈 후계자가 생겼다는 것에 자족하는 삶을 살고 있었기에 다시 들려주시는 말씀이다. 그 먼 훗날에 대한 사명감을 상실한 채 지금 내 당대에만 시선을 고정시키고 사는 것이 아브람의 신앙세계이기도 했기 때문이다. 아브람을 향한 하나님의 계획은 저 인류의 마지막 시간까지 바라보는 것이었는데 아브람은 이를 들었음에도 또 망각했고 자신만의 세계를 걷고 있었던 것이다. 열국 곧 이 땅의 많은 민족들을 바라보아야 할 자였다. 하지만 하나님의 약속을 어기고 태어난 아들, 장차 모든 사람을 치고 갈등과 전쟁을 일으킬 들나귀 같은 자를 품에 안고 그 하나만으로 위로와 소망을 삼고 살아가는 그의 삶이 잘못되어도 한참 잘못되었기 때문이었다.

열국의 아비. 한 사람의 신앙인에게 보다 먼 훗날, 보다 많은 사람들에게 끼칠 정신적 영향력을 생각하게 하는 말씀이다. 지금 내 눈에 보이지는 않지만 내 뒤에 올 수많은 사람들이 나로 인해 올바른 생명의 길을 발견하게 되고 진정한 삶의 가치에 눈 뜨게 될 것을 생각한다면 지금 나는 나의 삶의 옷깃을 다시 한 번 여미게 된다. 내 삶의 사명을 새롭게 인식하고 그들을 위해 길을 예비하는 인생을 살 수 있게 되기 때문이다. 알지만 또 그렇게 되기를 소망하지만 너무도 쉽게 범인 같이 죽으며 방백처럼 엎드러지는 길을 선택하고 마는 우리이기에 거듭 거듭 이렇게 들려주시는 것이다.

엄청난 재산을 모아 편안한 삶을 누리고 그것을 후대에 넘겨주며 또 혹은 많은 사람들에게 경제적 유익을 주는 것과 단 한 사람에게라도 정신적으로 영적으로 바른 길을 가르쳐 주고 제시하여 주는 것 이 둘 중에 진정으로 귀하고 가치 있는 것은 무엇일까? 한 사람의 신앙인으로서 우리는 무엇을 내 인생의 성공의 기준으로 삼고 살아가야 하는 것일까? 이 시대에 사람들이 숨 쉴 겨를을 얻지 못하고 저렇듯 힘겨워하는 것은 단지 돈이 없고 먹을 것이 없어서일까? 아니면 진정으로 소중한 내면의 가치를 찾지 못하고 영혼의 빛을 잃어버려서일까? 내 가족 내 자녀에게만이라도 스스로 정신적 아비가 되고자 노력하고 정신적 아비로서의 책임감을 의식하는 것, 그리고 내 친한 이웃 단 한 사람에게라도 생명의 빛을 비추고자 하는 것 그것이야말로 내 삶에 주어진 소중한 의무를 다하는 것이요 하나님 앞에서 가장 후회 없는 삶을 사는 것이 아니겠는가?

이제 후로는 (창 17:5)

"이제 후로는 네 이름을 아브람이라 하지 아니하고 아브라함이라 하리니 이는 내가 너로 열국의 아비가 되게 함이니라"(:5)

보통 부모가 자녀의 이름을 지을 때는 어떤 생각을 하며 이름을 지을까? 조상의 이름 중에서 따오든 전혀 새로운 이름을 짓든 그 속에는 자녀를 향한 부모로서의 기대와 소망이 있다. 조상의 이름 중에서 따올 때에도 그 이름은 특히 자손의 삶에 깊은 영향을 끼쳤고 또 후손의 입장에서 닮고 싶은 인물에게서 가져오는 것이 보통이다. 즉 그 속에는 자녀를 위해 이름을 짓는 자 자신의 삶에 대한 철학이 깊이 내재되어 있는 것이다. 물질적인 가치를 중요시하는 사람은 물질적인 가치가 담긴 이름을 지어줄 것이요 정신적인 가치를 중요시하는 사람은 또 그러한 요소가 담긴 이름을 선택할 것이다. 때로 어떤 사람은 부모가 지어준 이름 대신에 스스로 다른 이름을 지어 자신에 대한 호칭을 삼기도 한다. 자기 자신만의 자기 인생을 대한 꿈과 철학을 그 속에 담고자 하는 것이다.

이처럼 그것이 건물이든 사람이든 동물이든 혹은 자연계의 어떤 대상이든 거기에 이름을 붙일 때는 그 이름을 붙인 자의 이유와 생각이 들어가 있다. 그런데 이름을 짓는 것보다 더욱 중요한 것은 과연 그 이름에 담긴 철학을 그 자녀가 실제로 이루어갈 수 있도록 하기 위해 그들의 성장과정 속에서 그 부모가 얼마나 실질적인 노력을 기울이느냐 하는 것에 있다. 만일 좋은 이름만을 지어준 것으로 부모로서의 역할을 끝낸다면 그 이름에 담긴 기대와 소망은 신기루에 불과할 뿐인 것이다. 자녀가 사기꾼, 강도, 살인자 등 범죄자가 되고 사회적으로 비난받는 이웃이 되는 것은 부모가 이름을 잘못 지어주어서 그렇게 되는 것은 아니기 때문이다.

아브람. 이 이름은 아브람의 아버지 데라나 혹은 그 이상의 생존한 조상 중 한 사람이 지어준 이름이었다. 그 의미는 '고귀한 아버지'라는 뜻이었다. 특히 아들에게 '아버지'라고 이름을 붙일 때는 장차 뒤에 올 후손들로부터 칭찬받고 존경받는 사람이 되라는 뜻을 담아 놓았다는 것을 알게 된다. 그러면 당시 세계에서 후손들로부터 존경받고 사랑을 받기 위해서 가지고 있어야 하는 최고의 가치는 무엇이었을까? 돈이나 권력 명예 등이었을까 아니면 정신적인 가치 요소들이었을까? '고귀한 아버지'라는 이름을 이제 막 태어난 아기에게 지어줄 때는 어떤 생각과 기대를 가지고 있었던 것일까?

여기서의 '고귀한 아버지'라는 이름은 외적 물질적이라기보다는 내적이고 정신적인 속성을 가지고 있는 이름이다. 이러할 때 당시 노아 때의 홍수 이후 노아가 아직 생존해 있는 상황에서 그 사회 최고의 중심 가치를 생각해 본다면 그것은 당연히 하나님을 향한 온전한 신앙이다. 허울뿐인 신앙이 아니라 하나님에 대한 믿음이 실제 삶 속에서 그대로 나타나는 순종적인 신앙이다. 전혀 비가 없는 상황 속에서 비로 인해 세상이 멸망당할 것이라는 하나님의 말씀 한 마디만을 믿고 오랜 기간 세상의 조롱 속에서도 배를 만들며 의를 선포하였던 노아였다. 그가 후손들에게 강조하는 오직 한 가지는 어떤 상황에서도 하나님만을 믿고 그 신앙의 가르침에 순종할 수 있는 믿음이라는 것은 두말할 필요가 없다.

그러므로 '고귀한 아버지'라는 이름 속에는 너만은 이 신앙을 잘 간직하여 자손들에게 성공적으로 이어주는 사람이 되라는 소망이 담겨 있는 것이다. 홍수 이후 또다시 죄악이 범람하는 세상 속에서 너만은 이 못되고 악한 시류에 휩쓸리지 말고 신앙의 법도를 지켜 살라는 바램과 이 신앙이 꺼지지 않고 이어져 갈 수 있도록 최선의 노력을 기울여 살라는 뜻을 전하는 것이기도 하다. 어쩌면 이 이름은 홍수 후의 첫 조상 노아가 직접 지어준 것일 수도 있다. 왜냐하면 그의 둘째 아들 함에 의해 또 다시 세상이 홍수 전의 때처럼 어지럽혀진 것을 목격하고 살아온 노아의 탄식하는 마음이 있었기 때문이다. 자손 중 누군가가 일어나 홍수 전 자신이 그러했던 것처럼 신앙의 의를 지킬 뿐만 아니라 이 세상을 하나님께로 돌아오도록 깨우치는 일을 할 수 있게 되기를 원해서 데라에게서 태어난 맏아들에게 '고귀한 아버지'라고 이름하여 그 뜻을 남겼을 수도 있기 때문이다.

후손에게 장차 태어날 자손들을 대해 고귀한 아버지가 되라는 꿈을 심어주고 뜻을 남길만한 아버지 혹은 선조라면 그의 삶과 신앙 또한 그와 같은 것이어야 했다. 또 그 아들이 그렇게 되기를 위해 아들의 성장과정 속에 그에 합당한 교육을 시켜야만 했다. 아브람이 노아의 직접적인 계보를 잇는 자로 성경이 증거하고 있고 또 아브람 58세 때까지 노아가 생존하였다는 것과 그 후 어느 땐가 갈대아 우르를 떠나 17년 뒤 가나안에 들어갔다는 사실들은 이러한 해석에 대해 객관적인 증거를 더해주는 요인들이다. 가나안을 향한 아브람의 꿈과 도전 그리고 그 일이 노아의 사망 직후에 이루어졌다는 것은 아브람과 노아의 이와 같은 관련성을 높여주는 사실들이다.

그의 이름에 깃들여진 조상의 꿈과 기대가 그의 성장 과정을 통해 지속적으로 교육되지 아니했더라면 있을 수 없는 일이었다. 아브람 자신 누군가로부터 끊임없이 그 내용을 들었고 그것을 자신의 인생에 숙명처럼 받아들이지 않았더라면 있을 수 없는 일이었다. 그 직접적인 교육의 주체가 노아였는지 혹은 노아의 후손 중 아브람의 조상인 어느 누구였든지 그 근본적인 뜻은 노아의 것일 수밖에 없다.

따라서 아브람이라는 그의 이름 자체는 이미 아브람 자신에게 충분한 삶의 동력을 제공하여 왔다고 할 수 있다. 아브람 자신 그러한 이름을 붙여준 조상의 뜻과 기대를 안고 그에 합당한 사람이 되고자 최선을 다해 살아왔던 것이다. 그런데 오늘 이 시점에서 하나님께서는 아브람의 이름을 더 이상 아브람이라 부르지 못하게 하시고 **"아브라함"**이라고 고쳐 부르게 하신다. 아브람이 '고귀한 아버지'라는 뜻을 가지고 있다면 아브라함이라는 이름은 '많은 무리의 아버지' 곧 '열국의 아버지'라는 의미를 지니고 있다. 이는 **"내가 너와 내 언약을 세우니 너는 열국의 아비가 될지라"**라는 4절의 언약의 내용을 그의 이름 속에 심어놓고자 하시는 하나님의 의도를 나타내고 있다.

'고귀한 아버지'라는 뜻의 아브람이라는 이름이 후손들과 관련된 아버지로서의 역할을 강조하는 것이라면 '열국의 아버지'라는 의미의 아브라함이라는 호칭은 그 대상이 후손의 범위를 지나 온 세계 모든 족속들로 확대되는 그러한 내용을 가지고 있다. 즉 나와 나의 후손이라는 좁은 세계로부터 보다 넓은 보편적이고 인류적인 차원의 세계로 그의 삶을 끌어올리는 의미가 이 속에 있는 것이다. 즉 이제부터 너의 삶은 너와 너의 자손이라는 테두리를 벗어나 이 세상에 있고 또 앞으로 올 수많은 사람들을 위해 사는 인생이요 그들이 바라보고 흠모하여 닮고자 하는 대상으로서의 본이 되어야 한다는 요구를 담고 있다.

그 누군가가 아브람을 향해 이제부터 새로 고쳐진 이름으로 **"아브라함"** 곧 '열국의 아버지' 라고 부른다면 그 부름을 듣는 그의 느낌은 어떠했을까? 아브람 자신 집안 사람들을 모아놓고 또 집 밖의 사람들에게도 '지금부터 나를 고귀한 아버지라고 부르지 말고 열국의 아버지라고 불러 달라' 라고 말할 때 그는 어떤 감정과 기분이 들었을까? 사람들은 이를 어떻게 해석하여 받아들이게 되었을까? 아브람 자신 이제부터는 열국의 아버지로 살아야 한다는 각오가 없이는 있을 수 없는 일이었고 사람들 또한 아브람 속에서 이러한 의지를 읽을 때 이 이름을 바꾸는 그의 의도를 충분히 읽을 수 있는 일이었다. 그저 한 집안의 고귀한 아버지가 아니라 모든 사람들의 아버지로서의 삶을 살겠다는 선포이기 때문이다.

오늘 '고귀한 아버지' 라는 뜻의 아브람이라는 이름이 '열국의 아버지' 라는 아브라함으로 고쳐진 이 날은 그의 인생의 새로운 전환점이 되어야 했다. 나의 남은 인생을 무엇을 위하여 살아야 하는가에 대한 새로운 인식을 해야만 하는 날이었다. 이 이름의 변경은 지나온 날 이미 이와 같은 하나님의 약속이 있었지만 그 약속을 너무나도 쉽게 잊고 살아온 그의 불신앙적인 허물을 담고 있는 것이기에 반드시 그러해야만 했다. 열국의 아버지로서의 삶이어야 했으나 내 아들의 아버지로서만 만족하고자 했던 그였다. 그렇기 때문에 이제부터는 '네가 이름은 그렇게 고쳐 놓고서도 너의 삶은 여전히 그러하냐?' '진정 너의 삶은 열국의 아비로서의 삶이냐?' 하는 도전적 질문이 그의 이름을 부르는 사람들로부터 그에게 들려지는 것이었다. 오늘은 그 이름에 대한 책임을 느끼며 살아가게 되는 날들의 시작점이었다. 그의 삶에 대한 감시가 그의 이웃들의 눈을 통해 이루어지는 것이었고 이를 통해 이 이름 속에 깃들여진 하나님의 언약을 기억하며 그 언약이 요구하는 바 자신의 인생에 주어진 사명을 뼛속 깊이 새기게 되는 것이었다.

하나님께 부름 받은 우리의 신앙 인생을 돌아보자. 이 부르심은 신과 같은 자로의 부르심이자 지존자의 아들로서의 부르심이다. 왕 같은 제사장으로의 부르심이다. 이 부르심에 따라 우리가 우리를 그리스도인이라고 칭할 때 '그리스도의 사람'이라는 그 호칭 속에는 이러한 의미들이 들어있다. 예수 그리스도의 가르침에 따라 나도 그의 삶을 따르겠다는 표현이요 하나님과 세상을 향한 약속인 것이다. 과연 그러한가? 과연 그에 합당한 삶을 살고 있는가? 아니 이러한 내용을 인식이라도 하고 있는 것일까? "…**아무든지 나를 따라오려거든 자기를 부인하고 자기 십자가를 지고 나를 좇을 것이니라 누구든지 제 목숨을 구원코자 하면 잃을 것이요 누구든지 나를 위하여 제 목숨을 잃으면 찾으리라**"(마 16:24-25). 이 말씀이 가지고 있는 의미를 분명히 가슴에 새기고 오늘 이 신앙의 길을 가는 자는 얼마나 될까?

너만이라도 (창 17:6)

하나님께서 아브람의 이름을 '고귀한 아버지' 라는 이름에서 '열국의 아버지' 라는 이름으로 바꾸신다. 이는 이 이름 속에 하나님의 언약을 담아 그가 이제부터 어떤 경우에도 이 약속을 잊어버리지 않고 이 언약에 합당한 삶을 살도록 하는 의도였다. 하지만 동시에 아브람의 입장에서 본다면 이제부터는 그 이름에 책임을 지는 삶을 살아야 한다는 심히 큰 부담을 안게 되는 것이었다. 또 그렇게 자주 오랜 세월 동안 하나님의 언약을 잊어버리고 엉뚱한 길을 달려온 실수를 기억하게 만드는 것이기도 하였다. 그리고 오늘 내가 과연 그 언약에 합당하게 살아가고 있는가 하는 것을 스스로 점검해 볼 수 있는 평가의 기준이기도 하였다. 오늘 우리 자신들도 한 사람의 신앙인으로서 나는 과연 하나님의 그 부르심에 합당한 삶을 살고 있는지 내 이름에 대해서 만이라도 책임 있는 태도로 삶에 임하고 있는지를 돌아보게 되는 부분이다.

"내가 너로 심히 번성케 하리니 나라들이 네게로 좇아 일어나며 열왕이 네게로 좇아 나리라"(:6)

"내가 너로 심히 번성케 하리라"고 하실 때 이 번성함의 주체는 하나님 이시다. 곧 하나님께서 아브라함으로 하여금 번성하게 해 주시겠다는 당신의 의지를 나타내시는 것이다. 그렇다면 이 번성함의 내용은 어떤 것인가? 이 말씀을 들을 때 우리는 먼저 아브라함이라는 개인이 물질적으로 융성해지는 것을 생각한다. 그런데 하나님께서 이 말씀에 담고 있는 내용은 아브라함이 물질적으로 부유해지리라는 것을 뜻하는 것이 아니라 많은 나라들과 왕들이 아브라함으로 말미암아 생겨나게 되리라 하는 것이었다.

이 때의 나라들과 왕들은 훗날 야곱의 열두 아들의 후손들로 구성된 이스라엘 나라와 이스라엘 민족만을 일컫는 것이 아니다. 분명 하나님 신앙에 의해 공의와 선으로 다스려지는 나라 하나님의 말씀으로 나라를 다스리는 왕들을 의미한다. 하나님께서 아브라함을 번성케 하리라고 하시고 이 번성케 됨이 열국과 열왕들이 일어나게 되는 것이라면 이 열국과 열왕의 일어남도 결국은 하나님께서 하시는 일이다. 즉 하나님으로 말미암아 되어지는 일인 것이다. 그런데 하나님은 이 열국과 열왕의 일어남이 아브라함으로 말미암을 것이라고 말씀하신다.

"나라들이 네게로 좇아 일어나며 열왕이 네게로 좇아 나리라". 여기서 **"네게로 좇아"**라는 것은 '너로 말미암아' '너로 인해' 라는 의미요 그 열국과 열왕의 일어남이 아브라함 때문에 가능해질 것임을 뜻하는 말씀이다. 하나님께서 당신의 주권적 섭리로 열국과 열왕을 일어나게 하시면서도 어째서 이것이 아브라함으로 말미암을 것이라고 하시는 것일까? 이를 역으로 살펴보면 하나님께서 열국과 열왕을 일어나게 하시지만 아브라함이라는 존재가 없이는 이 일이 불가능할 것이라는 의미를 내포하고 있다. 곧 이 땅에서의 하나님의 일이 아브라함에게 달려있다는 것이요 이는 마치 천지창조의 전능한 하나님께서 아브라함이라는 한 인간에게 당신의 나라를 전적으로 의지하고 있는 것과도 같은 상황을 느끼게 해주는 말씀이다.

그렇다면 우리는 여기서 이 시기 하나님 나라의 관점에서 아브라함이 역사적으로 차지하고 있는 자리는 어떤 자리인가 하는 것을 좀더 구체적으로 살펴볼 필요가 있다. 왜 그가 하나님 나라의 역사에서 이처럼 비중 있는 인물이 되어졌는지 왜 다른 많은 사람들이 있음에도 불구하고 유독 그에게만 하나님은 이와 같이 깊은 관심과 사랑을 기울이는지 그 객관적 이유를 알기 위해서이다. 하나님은 보고 계셨다. 노아 이후 다시 새롭게 시작된 구원의 신앙이 그 본질이 퇴색되어지고 죄에 의해 무너져 이 땅위에서 사라지고 있는 것을. 쾌락과 편함을 추구하는 인간의 육체적 본능과 타인의 희생을 통해서라도 나만의 높고 튼튼한 성을 쌓고자 하는 죄의 본성이 이 땅을 넓게 지배해 가고 있는 것이 당시의 현실이었다.

아담으로부터 전해져 내려온 홍수 이전의 하나님 신앙이 가인과 그의 자손들에 의해서 거의 완전히 이지러지고 노아 때에 이르러는 오직 단 한 사람 노아만이 그 신앙을 계승하고 있었다. 그리고 이 신앙은 노아를 통해 홍수를 건너 홍수 이후의 세계로 전해져 왔다. 그렇게 전혀 새롭게 시작된 구원 신앙이 아담의 시대에 가인 때문에 그러했던 것처럼 노아의 아들 함과 그의 자손들에 의해 또 다시 허물어져 왔다. 그리고 마침내 아브라함 때에 이르러는 이 신앙이 홍수 때에 노아에게서만 살아있었던 것처럼 이제 아브라함이라는 단 한 사람에게만 살아있게 된 것이었다. 그런데 오늘에 이르러는 아브라함마저도 그 잘못된 신앙 세계 속으로 서서히 빠져 들어가며 그 신앙의 명맥이 끊어질 듯 위태하게 이어져 가고 있는 것이었다.

열국과 열왕이란 아브라함과 전혀 세대와 역사를 달리하는 세계다. 아브라함이 살아서 자신의 손으로 직접 만들고 세울 나라와 인물들이 아니다. 그럼에도 이 일이 아브라함으로 인해 생겨난다는 것은 바로 이 아브라함의 신앙이 가지고 있는 능력이요 신비이며 이 신앙이 계속 이어져 갈 때 가능해지는 결과이기 때문이다. 그러므로 만일 이 아브라함마저도 여기서 그 신앙이 파선되어진다면 하나님 나라의 역사는 끝이 나게 된다. 그리고 뒤에 올 모든 사람들이 구원의 은혜를 얻게 되는 것은 불가능해지며 오직 죄로 인해 고통 받는 처참한 삶과 영원한 지옥의 형벌만이 그들 모두를 기다리게 되는 것이다.

'너의 가진 신앙은 열국과 열왕을 일어나게 할 너무도 놀라운 신비를 간직하고 있는 신앙이야. 장차 너의 뒤에 올 세계에 전해줄 너무도 귀하고 큰 은혜를 담고 있는 보물이야. 그런데 너마저 무너지고 포기하면 너의 뒤에 올 사람들은 누구도 이 은혜를 받을 수가 없어. 그 때 그들은 어떻게 해야 하겠는가?' 이것이 하나님께서 마음에 담아두고 있는 아브라함에게 알려주고 싶은 심정이 아니겠는가?

우리는 여기서 하나님께서 보시는 아브라함과 아브라함이 가지고 있는 자기 자신에 대한 인식과는 너무나도 현격한 괴리감이 있다는 것을 발견하게 된다. 아브라함 때에 하나님에 대한 신앙이 흔적 없이 사라진 것은 아니었다. 저 갈대아 우르를 중심한 메소포타미아 지역에 여전히 하나님 신앙은 어떤 형태로 존재하고 있었다. 하지만 진정한 신앙의 본질을 지닌 의미 있는 신앙인은 여기 이 아브라함 밖에는 없었다. 그러기에 이 아브라함은 이 땅 위의 하나님 나라에서 그 정통성을 이어가는 마지막 남은 유일한 희망이자 불씨였고 지극히 보배로운 존재였다.

그리고 그에게 있는 신앙은 열국과 열왕을 가능케 하는 놀라운 신비를 간직하고 있는 너무도 귀하고 소중한 가치였다. 하지만 지금 아브라함은 이 시점에 와서 자신을 너무도 대수롭지 않게 여기고 있었다. 불법의 자식 이 스마엘에게 자신의 모든 것을 물려주고 자신의 노년을 그에게 의탁하고자 하는 평범한 노인으로 다시 전락하고 말았다. 자신이 하나님 앞에서 얼마나 소중한지 그리고 이 시대가 얼마나 중요한 때인지를 미처 깨닫지를 못하고 있었다.

"나라들이 네게로 좇아 일어나며 열왕이 네게로 좇아 나리라"는 말씀은 아브라함의 신앙이 장차 인류 역사에 어떤 결과를 만들어 놓을지에 대한 예언적 말씀이었고 아브라함의 신앙에 더하여 주는 축복의 선포였다. 이것이 아브라함으로 말미암아 생겨날 결과였다. 한 사람의 가장이 되어 한 가정을 바로 세우고 올바로 인도하여 간다는 것도 결코 쉬운 일이 아니다. 나아가 한 개인으로 인해 그가 속한 사회공동체가 건강해질 수 있다면 더욱 더 귀한 일이다. 하물며 한 사람으로 인해 수많은 나라들이 변화되고 새롭게 건설되며 셀 수 없는 훌륭한 지도자들이 생겨나 나라와 백성을 자유롭고 평안하게 인도해 가는 일이 생겨난다면 이 얼마나 놀라운 일인가?

한 개인이 한 세대 자신의 몸담고 있는 국가만 변화시켜도 높이 추앙받거늘 그 한 사람이 인류 역사의 전체 시대를 통해 수많은 나라를 변화시키고 훌륭한 지도자들을 무수히 만들어 낸다면 그것은 감히 말로 표현하기 어려울 만큼 놀라운 일이다. 그렇기에 아브라함의 신앙으로 인해 많은 나라들이 세워지고 왕들이 생겨나게 되는 이 일이야 말로 그 한 개인이 부귀와 영화를 누리게 되는 것과는 비교도 할 수 없이 더 가치 있고 의미 깊은 일이다. 왜냐하면 지옥의 형벌을 받아야 할 셀 수도 없이 많은 자들이 나로 인해 천국으로의 구원의 축복을 받게 된다고 할 때 그 가치는 계산할 수 없는 것이기 때문이다. 그런데 아브라함은 자신이 이 땅에서 이와 같이 귀한 존재라는 것을 알지 못하고 있는 것이다.

그런데 오늘 이 시대 우리도 이와 같지 않은가? 내게 전해진 신앙의 가치가 열국과 열왕을 가능케 하는 놀라운 신비를 가지고 있지만 우리는 이를 알지 못한 채 그저 나 개인의 운수나 좋게 할 뿐인 것으로 여긴다. 이 신앙을 전해 받고 또 전하여 줄 '나'라는 존재가 하나님의 나라에서 너무도 귀하고 소중하건만 이를 알지 못한 채 그저 이 세상의 천하고 천한 것들 중 하나처럼 하찮게 굴려버린다. 한 그릇 식물을 위하여 장자의 권을 팔아버렸던 에서와 같은 자들이 이 시대 신앙인이 아니겠는가?

아브라함을 대하는 하나님의 얼굴에서 의인을 찾으시는 하나님의 안타까움이 인간의 심정처럼 절절히 느껴져 오지 않는가? 이 세상을 향한 하나님의 관심과 사랑과 계획하심은 너무도 크고 귀한데 이를 알고 이 땅에서 수고해줄 사람이 단 한 사람만이라도 있기를 원하시는 하나님의 간절한 바람이 말이다. 사람은 많은데 하나님의 약속을 가슴 깊이 받아들이고 오직 이 약속을 이루어 가는 것만을 기쁨으로 여기고 이 약속에만 의지하여 살아갈 수 있는 신실한 일꾼을 단 한 사람만이라도 찾고 붙잡아두기가 너무도 어려운 현실에 대한 하나님의 탄식이 들려오는 것 같은 상황이다.

오늘 이 시대도 이 한 사람이 필요하지 않은가? 하나님의 심장을 갖고 이 세상을 바라보며 그 최후의 마지막 순간까지도 하나님의 사람으로 남아 있고자 하는 그 한 사람, 유혹에 흔들리지 않고 고난과 시련 앞에 무너지지 않으며 언제나 하나님을 향한 신실한 믿음으로 그 분만 의지하고 꿋꿋이 살아갈 수 있는 그런 사람이 말이다.

몸의 표피를 잘라내서라도 (창 17:7-10)

"내가 내 언약을 나와 너와 네 대대 후손의 사이에 세워서 영원한 언약을 삼고 너와 네 후손의 하나님이 되리라"(:7)

하나님께서 아브라함에게 하신 언약의 성취는 아브라함 당대에 완성되어지는 것이 아니었다. 많은 시간이 흐른 뒤 그 후손들에게서 이루어질 내용이었으며 아브라함은 다만 그 시작하는 사람이었다. 그러므로 7절 말씀은 아브라함에게 주신 이 언약이 그에게만 주신 것이 아니라 그의 후손들을 통해서도 계속적으로 이루어 가야할 것이라는 사실을 알리시는 말씀이다. 그렇기 때문에 이 언약은 아브라함이 그의 뒤에 올 후손들에게 계속 전해야 하는 책임을 지는 것이었다. 이 언약의 전제이자 이 언약을 담고 있는 그릇과도 같은 신앙 역시 중단 없이 계속 흘러가야 되는 것이었다.

"너와 네 후손의 하나님이 되리라"는 말씀은 이와 같이 언약의 수행자로서의 역할을 감당하는 자들 곧 아브라함과 그의 후손들에게 하나님은 그들의 하나님이 되어 주시는 은혜를 베풀겠다고 약속하시는 말씀이다. 너와 네 후손의 하나님이 되리라는 이 말씀 속에는 하나님께서 우리에게 주실 수 있는 모든 은혜가 포함되어 있다. 하나님의 언약을 기억하고 그 언약을 지키고자 하는 신앙의 삶을 살게 될 때 하나님은 바로 나의 하나님이 되어주시는 것을 우리는 알아야 한다.

"내가 너와 네 후손에게 너의 우거하는 이 땅 곧 가나안 일경으로 주어 영원한 기업이 되게 하고 나는 그들의 하나님이 되리라"(:8)

가나안. 이는 메소포타미아와 애굽 사이에 있는 영토다. 이미 12장에서 충분히 살펴보았듯이 이 땅의 지정학적 위치는 당시 문명 세계의 교차로에 놓여있는 중심 지역이었고 오늘날도 동일하다. 아시아, 아프리카, 유럽을 잇는 한 가운데 위치하고 있는 것이다. 신앙의 역사를 볼 때 이 가나안 땅은 하나님의 신앙을 온 땅에 전달하는 전진기지로서의 역할을 감당하여 왔다. 다윗과 솔로몬의 시대에 그러했으며 특히 예수 그리스도 이후 사도들에 의해 이 땅은 아시아 아프리카 유럽 모든 지역으로 믿음을 흘려보내는 중심 기지로서의 사명을 분명히 감당하였던 것을 우리는 볼 수 있다. 아브라함과 후손들에게 이 땅을 주시겠다는 것은 삶의 수단으로서가 아니라 이러한 신앙의 역사를 이루기 위함인 것이다.

그런데 훗날 이 가나안 정복 이후 이 땅에 살게 된 이스라엘은 그 대부분의 역사 속에서 이러한 사명보다는 자신들의 재산적 가치로만 이 땅을 바라보았다. 누가 더 많이 차지할 것이냐 누가 더 좋은 곳을 얻을 것이냐 하는 것 때문에 그들은 갈등하였고 그 결과 땅도 신앙도 다 잃어버리고 만 것이 역사의 최종 결과였다. 물질 속에 진리를 전파하고 선과 의를 실행하고자 하는 신앙의 의미를 담지 못한다면 추악한 다툼만을 일으킬 뿐이요 끝내는 물질과 함께 생명까지도 잃게 된다는 것을 우리 앞에 증언하고 있다.

"하나님이 또 아브라함에게 이르시되 그런즉 너는 내 언약을 지키고 네 후손

도 대대로 지키라"(:9)

"내가 너로 심히 번성케 하리니 나라들이 네게로 좇아 일어나며 열왕이 네게로 좇아 나리라"는 것이 하나님의 언약이었다. 그런데 아브라함에게 이 언약을 지키라고 할 때 어떻게 해야 이것을 지키게 되는 것일까? 그리고 언약을 지킴으로써 아브라함에게 생겨날 결과는 어떤 것일까? 약속의 내용을 생각해 본다면 아브라함이 이 언약에 대해 직접적으로 기여해야 하는 부분이 무엇일지 감이 잘 잡히지 않는다. 왜냐하면 이 언약은 먼 훗날에 하나님 자신의 주권적 섭리로 이루어 가실 일이었지 지금 이에 대해 아브라함이 취할 수 있는 어떤 구체적 내용을 가지고 있는 것이 아니기 때문이다. 하지만 이 말씀을 곰곰이 생각해 보면 언약을 지킨다는 것은 참으로 깊은 의미를 가지고 있고 중요한 결과를 가지고 온다는 것을 알 수 있다.

먼저 언약을 지키라는 말씀에 대해 아브라함이나 그의 후손들이 할 수 있는 일은 이 언약을 마음 속에서 늘 잊지 않고 기억하는 일이다. 곧 아브라함 자신 이 언약을 평생 잊지 않고 늘 마음에 깊이 간직하고 있어야 했으며 그리고 이 언약을 후손들에게도 절대 잊지 않도록 가장 귀한 교훈으로 가르쳐 전하는 것이었다. 그럴 때 생겨나는 중요한 결과는 이 언약을 통해 우리는 내가 누구이며 왜 이 땅에 살아야 하는지 무엇을 위해 어떻게 살아야 하는지에 대해 분명한 자의식을 지닐 수 있고 이 언약을 지닌 자로서의 합당한 삶의 태도를 유지할 수 있다는 사실이다. 하나님께서 우리를 특별히 기억하시고 선택하여 주셨으며 역사에 이루어질 이 놀라운 결과를 나와 우리의 자손들을 통해 이루실 것이라는 기대와 믿음을 가지고 있을 때 내가 바라보는 나와 나의 자손들의 삶과 인생의 가치는 분명히 달라지기 때문이다.

실제로 우리의 인생에 있어서 내가 지금 몸으로 행하고 있는 그 어떤 일보다도 더욱 중요한 것은 내 자신의 삶의 목적과 사명을 기억하고 인식하는 일이다. 왜냐하면 이것이야말로 나의 삶 전체에 깊은 영향을 미치고 이것이 있을 때 무엇을 위해 어떻게 살아야 하겠는가 하는 삶의 목적의식이 생겨나기 때문이다. 목적의식이 있는 사람은 어떤 고난이 덮쳐 와도 참고 이겨낼 힘을 얻으며 그리고 어떤 유혹과 시험 앞에서도 흔들림 없이 진리와 믿음을 지키고 의와 선을 행하여 갈 능력을 소유할 수 있다. 쓸데없는 일에 나의 힘과 시간을 쏟지 않으며 작은 일에 일희일비하지 않는다. 중심 있고 무게 있는 삶으로 다른 사람들에게도 깊은 인상을 심어주고 함부로 취급당하지 않게 해준다.

하나님께서 아브라함에게 이 언약을 주시고 기억하도록 하신 것도 바로 이를 위해서이다. 후손들에게 이를 기억하고 지키도록 하는 것도 바로 이와 같은 삶의 정체성을 심어주어 구별된 삶을 살 수 있도록 하기 위해서이다. 이것이야말로 신앙의 본질을 지키게 하며 인생의 질을 결정짓는 가장 중요한 요소이기 때문이다.

우리는 이러한 것들을 앞서 아브라함이 범하였던 실수를 통해 확인할 수 있다. 약 십 삼년 전 하나님께서 아브라함에게 자손에 대한 언약을 주셨을 때 아브라함은 그 언약을 깊이 신뢰하지 않았다. 그 결과 하갈을 통해서라도 아들을 얻고자 하는 사래의 제안을 쉽게 받아들이고 그렇게 얻은 이스마엘이라는 아들 때문에 심각한 갈등을 겪었고 나아가 하나님으로부터 책망을 당하는 오늘의 결과를 맞이한 것이었다. 언약을 기억하고 지켰더라면 그래서 분명한 자의식과 목적의식을 지니게 되었더라면 생겨날 수 없는 결과였다.

"너희 중 남자는 다 할례를 받으라 이것이 나와 너희와 너희 후손 사이에 지킬 내 언약이니라"(:10)

언약의 말씀 끝에 할례를 받으라고 하신다. 그리고 이것이 하나님의 언약이라고 말씀하신다. 왜 갑자기 할례를 받으라고 하시는 것일까? 할례만 받으면 거기에 저절로 언약이 새겨지게 되는 것인가? 이와 관련하여 우리가 생각하게 되는 것은 어떤 한 시점에서 일어난 사건에 대한 인간의 기억은 한계가 있다는 점이다. 아무리 강한 충격에 의해 그 내용이 기억된다고 해도 시간이 지나면 점점 희미해지고 잊혀지게 될 수밖에 없다. 기억된다고 해도 그 현실감이 현저히 저하되고 신뢰성도 떨어지게 되는 것이 인간의 한계이다.

이것은 이미 지금의 아브라함에게서 충분히 증거되고 있다. 오늘의 언약이 이미 이전에 헤브론의 까만 밤하늘과 언약식을 통해 절대 잊어버릴 수 없도록 강하게 주어졌지만 다시 반복해 들려주어야 하는 것이 이를 드러내고 있는 것이다. 더군다나 아브라함 당시 이 언약의 내용을 남길 수 있는 문자나 이 문자를 기록할 수 있는 펜이나 종이 같은 기록 도구들이 없는 때였다. 인간의 부족한 기억의 한계를 극복할 수 있게 해 주는 보조 수단이 없었다. 할례는 바로 이러한 상황을 담고 있는 것이다.

오늘날 수술실에서 쓰는 것처럼 피부를 쉽게 절개할만한 예리한 칼날이 있을 수 없는 때였다. 고통을 줄이거나 상처가 속히 낫도록 하는 치료제도 없었다. 할례가 대단히 고통스럽고 힘든 작업이 될 수밖에 없었다. 더군다나 아브라함뿐 아니라 **"너희 중 남자는 다 할례를 받으라"**고 하실 때는 이 아브라함 공동체의 모든 남자들까지 이 할례의 고통을 겪어야 했다. 그렇기 때문에 그들은 이 할례에 앞서 왜 할례를 받아야 하는지 그 이유를 알아야 했고 아브라함은 이를 설명하여야 했다. 그러므로 이 할례는 바로 하나님의 언약을 기억케 하는 효과를 가져오게 되는 것이다.

이 때 이 할례를 통해 설명되는 언약은 아브라함만의 언약이 아니라 아브라함 공동체의 모든 사람들에게 공통적으로 주어지는 언약이 되고 이들 모두가 언약을 수행해야 하는 의무에 동참하게 된다. 공동체 모두가 이 언약을 이해하고 기억하며 또 이를 이루어가기 위한 책임과 의무를 함께 지게 되는 것이다. 결국 하나님께서는 이 할례를 통해서라도 언약을 기억하기를 원하시는 것이다. 이 언약은 이러한 고통을 통해서라도 반드시 기억되어져야 하는 너무도 소중한 것이기 때문에 이를 요구하시는 것이다.

특히 이 할례는 13년 전 아브람에게 이 언약을 주셨을 때의 사건을 반영하고 있다. 그 때 하나님께서 아브람에게 주신 후사에 대한 언약은 누구보다도 사래와 공유되어져야 하는 것이었다. 그런데 사래는 이를 받아들이지를 못하였다. 그것이 아브람이 전하지 않았기 때문인지 혹은 사래 자신이 이를 믿지 못해서였기 때문인지 그것은 그리 중요하지 않았다. 결과적으로 사래가 이 언약에 동참하지 못함으로 그로 인해 하갈에게서 이스마엘이 생겨나게 되었고 아브라함의 삶을 결정적으로 어긋나게 하는 요인이 되었었다. 그러므로 모든 집안의 사람들이 함께 할례를 받게 하는 것은 이 언약을 모든 사람에게 공표하는 효과가 있게 한다. 그리고 이를 통해 이 공동체 전체의 정체성을 만들어내며 아브라함으로 하여금 더욱 더 이 언약을 잘 기억할 수 있게 해 주는 장치가 되는 것이다.

언약이 할례라는 매개를 통해 마음에 새겨질 때 이 언약은 생리현상을 해결하는 순간마다 마음에 떠오르게 되고 이는 결코 잊혀질 수 없는 반복 학습의 효과를 만들어낸다. 이로써 하나님의 언약은 결코 잊을래야 잊을 수 없는 사실로 가장 분명하게 마음에 새겨지게 된다. 이는 마치 종이에 글로써 약속의 내용을 쓰고 도장을 찍어 그 약속을 확증하는 것처럼 우리 몸에 그 언약을 새겨넣는 것과 같다고 하겠다. 언약을 기억함이 얼마나 중요한지 내가 어떤 사람이고 무엇을 해야 하는 사람인지 그 본분을 인식하는 것이 얼마나 중요한지 이를 통해 새롭게 확인할 수 있는 것이다.

4000년 전 아브라함과 그에게 속하였던 모든 사람들이 할례를 통해 매일 자신들에게 주어진 언약을 기억하고 삶의 정체성을 확보하였다면 오늘의 우리 또한 이러한 작업이 있어야 함은 의심할 필요가 없다. 매일 매일 내가 누구인지 무엇을 해야 하는지 확인할 수 있어야 한다. 나에 대한 분명한 자의식과 내가 내 인생을 통해서 해야만 하는 가장 중요한 일이 무엇인가 하는 확고한 목적의식과 사명감을 가져야만 한다. 이것이 신앙인의 삶이기 때문이다. 아브라함 때에는 기록의 수단이 없어서 할례를 통해 몸에 그 언약을 새겼다면 오늘 우리는 이 언약을 기록된 책으로 가지고 있다. 이 속에서 우리는 매일 매 순간 내가 누구며 무엇을 해야 하는가에 대한 가르침을 받을 수 있어야 한다. 하지만 과연 우리는 어떠한지. 내가 과연 언약에 합당한 사람인가 과연 지금 나의 삶은 언약을 가진 사람으로서 의식이 있는 삶인가 하는 돌아봄이 우리에게 있어야 하는 교훈일 것이다.

이 어린 아기에게 왜 (창 17:11-12)

"너희는 양피를 베어라 이것이 나와 너희 사이의 언약의 표징이니라"(:11)

하나님께서는 아브라함과 그의 집 식구들 중 남자는 모두 다 할례를 받을 것을 명하시고 이를 언약의 표징이라고 설명하신다. 여기서 우리는 이 언약의 표징이라는 말씀에 대해 좀더 생각해 볼 필요가 있다. 왜냐하면 훗날 이 할례 자체가 이스라엘이 하나님의 구별된 자손이라고 하는 그들의 신앙을 나타내는 상징으로 인식되어지기 때문이다. 과연 오늘 하나님께서 이 할례와 관련하여 언약의 표징이라고 할 때 할례만 받는다면 그에게 하나님의 언약은 자동으로 지켜지고 또 시행되어지는 것인가? 그리고 만일 할례를 받지 않는다면 그가 하나님의 언약에 대해 어떤 태도를 견지하든 무조건 그 자체가 하나님의 언약을 무효로 만드는 것인가?

이와 관련하여 우리가 먼저 확인해야 하는 것은 만일 아브라함이 이전에 하나님께서 그에게 주셨던 언약을 기억하고 그 언약에 구속받는 삶을 살아왔다면 이 언약의 표징으로서 할례가 굳이 필요하였겠느냐 하는 사실이다. 만약 그러하였다면 이 할례는 필요한 것이 아니었다. 즉 하나님께서는 이전에 이 동일한 언약을 아브라함에게 주실 때에도 할례를 요구하신 것은 아니었다. 그럼에도 오늘 할례를 특별히 명하신 것은 아브라함이 그 언약을 너무 쉽게 잊어왔기 때문이었다. 그러므로 이 할례는 하나님의 언약이 사람에게 기억되고 그에 맞는 어떤 삶의 결과를 맺도록 하기 위해 만들어놓으신 일종의 장치인 셈이다.

이러한 점에서 만일 이 언약과 언약의 삶이 사람에게서 사라진다면 비록 그에게 할례가 시행된다 할지라도 그 할례는 본래 의미와 목적이 상실된 것이 되고 만다는 것을 우리는 알 수 있다. 곧 할례를 통해 하나님의 언약이 기억되고 언약의 사람으로서의 삶이 나타날 때 그 할례는 본질적 효용성을 갖게 된다. 할례 자체에 의해 그 언약이 기계적으로 유지되고 유효해지는 것은 아니다. 하나님께서 아브라함에게 할례를 언약의 표징이라고 설명하시는 것은 나의 언약이 너와 너의 사람들에게 있다는 것을 알라고 하시는 것이다. 너는 이 언약에 따른 삶을 살며 그 정확한 내용을 너의 후손들에게 전해야 할 책임이 있는 자라고 하는 것을 이 할례를 통해 주지시키고자 하는 것이다. 이러한 내용을 하나님께서는 사도 바울의 입을 통해 증거하신다.

> "대저 표면적 유대인이 유대인이 아니요 표면적 육신의 할례가 할례가 아니라 오직 이면적 유대인이 유대인이며 할례는 마음에 할찌니 신령에 있고 의문(문자)에 있지 아니한 것이라…"(롬 2:28-29)

사도 바울이 표현하고 있는 표면적 유대인이란 혈통에 있어 유대인으로 태어난 자를 말한다. 그리고 **"표면적 유대인이 유대인이 아니요"**라고 하는 표현은 단지 유대인 부모의 혈통을 받고 태어났다고 해서 진정한 유대인이 되는 것은 아니라는 의미다. 여기서의 진정한 유대인이란 하나님의 언약의 후손으로서의 유대인 곧 하나님의 백성으로서 구원받은 은혜가 있는 유대인을 뜻한다. 이러한 표현은 이스라엘이 유대인의 혈통을 받아 태어난 자면 무조건 하나님의 백성이요 언약의 자손이라고 여기는 당시 유대 신앙의 오류를 지적하기 위해 사용된 표현이다. 즉 유대인으로 태어났다고 할지라도 진정한 유대인이 되기 위해서는 혈통의 조건이 아닌 다른 어떤 신앙의 조건을 충족시켜야만 한다는 것을 가르치고 있는 것이다.

"오직 이면적 유대인이 유대인이며"라는 표현에서 **"이면적 유대인"**이란 '내면적 유대인' 곧 그 내면이 하나님의 사람으로서의 조건을 갖춘 자를 뜻한다. 즉 그 마음에 구원받은 백성으로서 요구되는 특별한 증거를 가진 자를 의미하며 그 삶 또한 구원받은 하나님 백성으로서의 삶의 결과를 지닌 자여야 한다는 것을 말하고 있다.

"표면적 육신의 할례가 할례가 아니라"는 말씀도 동일한 의미를 지니고 있다. **"표면적 육신의 할례"**란 남성의 성기 끝 부분의 표피를 잘라내는 외과적 수술 결과를 뜻한다. 그런데 이러한 할례가 할례가 아니라는 것은 그저 피부만 잘라내었다고 해서 하나님이 원하시는 진정한 할례는 아니라고 하는 설명이다. 즉 할례만 받았다고 해서 하나님의 언약을 이어받고 또 이어가는 언약수행자로서의 참된 신앙인이 되는 것은 아니라는 의미이다. **"할례는 마음에 할지니"**라는 표현은 이 육체적 할례의 본질이 그 마음에 하나님의 언약을 담아 기억하고 그 언약을 수행하여 나갈 준비와 능력을 갖추게 하려는 것임을 드러낸다. **"신령에 있고 의문(儀文, 문자)에 있지 아니한 것이라"**. 그런데 이 마음에 할례를 받는다는 것은 당시 이스라엘이 신앙의 중심으로 견지하고 있었던 율법에 대한 문자적 이해가 아니라 그 속에 담겨진 영적 의미를 깨달아야 한다는 것을 설명하고자 하는 말이다.

사도 바울의 이러한 가르침은 하나님께서 아브라함에게 할례를 명하시며 이를 **"언약의 표징"**이라고 말씀하신 것이 이 할례 자체에 언약의 본질이 담긴 것이 아니라는 것을 증언한다. 다만 언약을 기억하여 후손에게 이어주며 또 이 언약을 지닌 사람으로서 언약에 합당한 삶을 살도록 하기 위한 신앙의 장치라는 것을 설명하여 주고 있다. 할례 받았다고 해서 혹은 겉으로 하나님의 사람이라고 해서 저절로 하나님의 언약 신앙인이 되는 것은 아니라는 사실을 말이다.

오늘날 우리가 그리스도인이라고 칭해지는 것도 우리가 그리스도의 요구하신 삶, 그가 우리에게 보이고 가르쳐주신 신앙의 삶을 살겠다는 약속이 들어있는 표징과도 같은 말이다. 그것은 내가 내 스스로를 단지 예수를 믿고 따르는 그리스도인이라고 칭한다고 해서 저절로 그리스도인이 되는 것은 아니라는 것을 뜻한다. 내가 비록 나 자신을 그렇게 인식하고 사람들에게 말한다고 할지라도 그리스도의 사람으로서의 삶의 내용이 신앙을 통해 배워지고 실행되는 것이 없다면 겉만 그리스도인일 뿐이지 실질적 그리스도인이 될 수는 없다.

"대대로 남자는 집에서 난 자나 혹 너희 자손이 아니요 이방 사람에게서 돈으로 산 자를 무론하고 난 지 팔 일 만에 할례를 받을 것이라"(:12)

그런데 특히 왜 이러한 할례를 난지 팔일 된 아기에게 시행하라고 하시는 것일까? 아직 배꼽에 탯줄도 채 마르지 아니한 연약한 아기의 피부이기에 그 양피를 잘라내는 것은 가혹하리만치 잔인한 고통을 주는 것이라고도 할 수 있을진대 왜 이러한 고통을 가하라고 하시는 것인가? 할례를 행한다고 해서 난 지 팔일 밖에 지나지 않은 아기가 무엇을 알겠는가? 할례를 받앗다고 해서 또 무엇이 달라질 수 있는 것인가? 그 부모 된 자들은 또 아기의 양피를 잘라낼 때 그 자지러지는 울음소리를 과연 어떻게 들을 수 있는 것이었을까? 더군다나 아기에게는 이 할례가 직접적으로 영향을 미치는 것은 없다. 아기가 하나님의 언약을 이해하게 되는 것도 아니며 그 삶을 변화시킬 수 있는 것도 아니기 때문이다.

그럼에도 불구하고 이러한 고통을 통해서라도 하나님께서 특별히 요구하시는 것이 있다면 그것은 그 아이의 부모들에 대해서이다. 이 할례를 부모가 자기의 뜻에 따라서가 아니라 온전히 하나님의 뜻에 따라서 행한다고 할 때 먼저 인식해야 하는 것은 이 아기가 비록 내 몸에서 태어났지만 나의 소유된 아이가 아니라 하나님의 소유된 생명체라는 것이다. 그러기에 이 아이가 하나님의 소유가 되도록 하기 위해서는 아주 어려서부터 그에게 하나님과 그 신앙의 가르침을 이 할례에 담겨 있는 언약의 내용을 통해 가르쳐야만 했다. 그래야만 그가 진정으로 하나님의 사람이 될 수 있는 것이었기 때문이다.

사람이 이미 자아가 형성되고 자기주장을 하게 될 만큼 커서 그 신앙을 접하게 될 때 왜 신앙을 그 내면 깊숙한 곳까지 받아들이는 것이 어려운 것이며 왜 어려서부터의 집중적인 교육이 필요한 것일까? 실제로 이미 의식이 어느 정도 형성된 학생들을 예로 들어본다면 아무리 한 주간의 예배를 통해 열심히 신앙을 가르쳐 놓아도 그 다음 예배 때가 되면 이전의 가르침에 대해서는 거의 까맣게 잊고서 나오는 것이 사실이라는 것을 확인할 수 있다. 왜일까? 그것은 이들을 둘러싸고 있는 보다 자극적인 환경 요소들이 이 말씀에서 나오는 신앙의 자극을 무디게 만들어서 쉽게 잊어버리게 만들기 때문이다. 그리고 이미 형성된 합리적인 사고들이 신앙이 우리에게 약속하는 초월적인 은혜들을 거부하고 부정하게 되도록 만들기 때문이다. 마음으로는 인정하고 받아들이고자 할지라도 현실적 환경 요소들이 그러한 신앙의 마음을 눌러 이겨버리기 때문이다.

하지만 아주 어린 아이들에게 신앙의 내용들을 가르쳐보면 이들은 절대 부정하지 않는다. 들려진 그대로 믿고 받아들인다. 왜냐하면 그 아이들에게는 부모가 절대적인 존재이고 부모의 말과 행위를 의심하지 않고 따르기 때문이다. 그러므로 어릴 때 무엇을 보고 듣고 자라느냐 하는 것이 장성한 이후에도 그 의식을 지배하게 되는 것은 분명한 사실이다.

하나님께서 아브라함과 아브라함 집 모든 남자들에게 할례의 의무를 부과하시면서 동시에 이를 이제부터 태어나는 아기들에게도 요구하신다. 하나님의 언약은 적어도 이제부터는 한 아이가 태어나 그가 사람의 말소리를 듣기 시작하는 때부터 들려지고 가르쳐져야 하는 것으로 만드는 것이었다. 이는 이제부터 아브라함과 그 공동체를 대해 전혀 다른 차원에서 이 언약을 이어가도록 의도하고 있다는 것을 보여준다. 즉 이 공동체의 부모들은 이제부터 결혼을 하게 되면 그 무엇보다도 아이에게 아주 갓난아기 때부터 언약을 전하고 교육시켜야 하는 의무를 지게 되는 것을 의미한다. 하나님의 언약 말씀을 그의 골수에 사무칠 만큼 마음에 새기고 그의 피와 살이 되도록 해야 하는 것이었다.

그렇지 않고서 이 신앙을 후대에 물려줄 만큼 사명감 있는 신앙인이 된다는 것은 거의 불가능하기 때문이었다. 그러므로 이 의무를 수행하기 위해서는 무엇보다도 부모 자신부터 언약과 언약이 담고 있는 신앙의 내용에 대해 충분히 이해하고 있어야 했으며 또 언약의 삶을 사는 사람들이 되어야만 했다. 하나님께서 갓난아이에게 할례를 요구하시는 것은 바로 이러한 것들을 이루기 위해서인 것이다. 이미 아브라함 당시에도 그들의 처한 사회 환경이 성인이 된 이후에 신앙을 받아들이고 따르는 것을 방해하는 많은 복잡한 요소들을 지니고 있다는 것을 이 말씀은 드러내고 있다.

이와 더불어 하나님께서는 할례 받을 자의 대상을 말씀하신다. 곧 아브라함과 그의 자손만이 아니라 이방 사람에게서 돈을 주고 산 자 즉 이방인이요 노비와 같은 자들일지라도 그 자녀가 태어나면 반드시 난 지 팔일 만에 할례를 받아야 한다고 정하신다. 즉 이 아브라함 공동체에 들어온 사람은 누구나 예외 없이 할례를 받아야 하는 것이 대대로 어길 수 없는 규칙이었다. 곧 이는 하나님의 언약을 수행할 책임과 의무가 아브라함과 그 자손에게만 아니라 이 공동체에 속하게 된 사람 모두에게 주어지는 것임을 드러낸다. 동시에 이는 만일 그가 누구든지 이 할례를 회피한다면 그는 이 아브라함 공동체에 속하여 있을 수 없다는 것을 뜻하는 것이기도 하다. 즉 이 언약에 동의하고 언약의 계승자가 되어 마음으로부터 이 언약이 요구하는 삶을 살겠노라고 다짐하는 것이 없다면 그는 이 공동체의 일원이 될 수도 없었고 되어서도 안 되었다. 왜냐하면 공동체가 안으로부터 분리되고 나아가 공동체의 언약수행의 사명이 불가능해지기 때문이었다.

무엇보다도 하나님께서 이 할례를 아브라함 공동체의 모든 사람에게 영원한 규례로 주시는 것은 이 공동체가 하나님의 언약을 계속적으로 이어가는 신앙공동체가 되기를 원해서이다. 할례를 행하기 위해서는 이 언약이 계속적으로 설명되고 가르쳐져야 하기 때문이다. 이것을 통해서 이 공동체의 중심된 과업이 하나님의 언약을 이어가는 것이라는 사실을 언제나 모든 사람들의 마음에 기억시킬 수 있는 것이었다. 그러므로 모든 공동체의 구성원들이 함께 할례를 받고 이 언약에 동참하게 되는 이 시점의 아브라함 공동체는 신앙의 과업을 분명히 인식하고 그 사명을 감당하기 위한 역사상 최초의 언약공동체라고 할 수 있을 것이다.

오늘의 교회가 바로 이 언약 공동체이다. 이스라엘이 잃어버렸던 그 언약과 언약의 신앙을 예수 그리스도께서 다시 한번 새롭게 하시고 이를 다시는 망각함이 없이 확실하게 이어가도록 세워놓으신 것이 언약공동체로서의 교회공동체인 것이다. 그러므로 이 공동체에 속하게 된 자는 마치 할례를 받음과 같이 이 언약이 담고 있는 신앙의 내용들을 속속들이 알아야만 한다. 이것을 지켜가고자 하는 공동의 관심과 다짐이 있어야 하며 그 언약이 요구하는 책임과 의무를 함께 감당할 수 있어야 한다. 서로 서로가 이 언약을 기억나게 하며 합당한 삶을 살도록 권면하고 서로를 세워가는 일이 있어야 하는 것이다. 이것이 할례를 통해 아브라함 공동체에 하나님께서 뜻하시고 요구하시는 것이었으며 또 마음에 할례 받은 진실한 신앙인의 모습이다. 교회가 자각해야만 하고 또 공동체의 구성원 된 자는 누구나 인식하고 있어야 하는 내용이지만 또 다시 그 옛날의 이스라엘처럼 너무나 많은 부분을 잃어버리고 무지한 채로 있는 것이 오늘의 교회 모습이다.

달면 삼키고 쓰면 뱉는 (창 17:13-14)

"너희 집에서 난 자든지 너희 돈으로 산 자든지 할례를 받아야 하리니 이에 내 언약이 너희 살에 있어 영원한 언약이 되려니와"(:13)

고대 사회에서는 돈으로 산 자들 즉 자기 집의 종이나 노예가 된 자들에 대해서는 그 스스로 판단하고 행할 수 있는 여지를 전혀 주지 않았다. 오직 주인 된 자의 뜻에 절대적으로 복종하는 것 외에는 선택의 여지가 없었다. 그 뜻을 거스릴 경우에 엄한 징벌에 처해지며 심할 때는 죽음이 될 수도 있었다. 인격체로서가 아니라 가축들처럼 노동력 있는 재산의 가치로만 여겨졌기 때문이었다. 따라서 이들에게 어떤 가치와 이념을 교육시키거나 주인의 동역자로서의 역할을 기대하고 부여한다는 것은 있을 수 없는 일이었다.

하지만 하나님은 내 몸에서 난 자 뿐만 아니라 돈을 주고 산 노비까지도 할례를 받게 하신다. 그것은 노비일지라도 하나님의 언약을 기억하고 그 언약에 합당한 삶을 사는 언약의 사람 곧 하나님의 사람들이 되도록 해야 한다는 책임을 부여해 주시는 것이었다. 하나님의 언약은 아브라함 혼자만이 가지고 있어야 하는 것이 아니라 함께 있는 모든 사람들과 나누고 공유해야 한다는 것과 그러할 때 이 언약은 지속되어져 갈 수 있기 때문이었다. 돈으로 산 노비들일지라도 그들에게 할례를 행하고 언약을 가르치며 그 언약에 합당한 신앙의 삶을 살도록 가르쳐 나갈 때 이들은 더 이상 재산의 일부를 구성하는 물질적인 존재들이 아니다. 내 뜻에 따라 죽이거나 살릴 수 있는 자들이 아니라 천하보다도 귀한 생명체로서 하나님의 뜻을 이 땅에서 함께 구현해 나가는 동역자로 대할 수 있게 되는 것이다. 이렇게 됨으로써 그 종은 자유와 평안을 누리게 되고 일체 정직과 성실로써 아브라함의 집에서 더욱 충성하게 되는 것은 당연한 결과이자 또 이것이 하나님께서 궁극적으로 원하시는 것이라고 할 수 있다.

결과적으로 부모와 자녀, 주인과 종의 이러한 관계는 이 아브라함 공동체를 가장 선한 생명의 공동체로 만들어 가게 된다. 군림과 지배, 강요 등 죄악적 가치들이 아니라 사랑과 존경, 신뢰 등 이러한 신앙의 가치들이 인간관계를 다스려 나가는 곳이 되며 이 집은 하나님의 집이 되어져 간다. 그리고 이 집의 주인으로서 그리고 가장으로서의 아브라함의 역할은 내 이익을 위해 나의 신념과 가치를 위해 저들을 대하는 것이 아니라 하나님의 언약이 모두의 마음 속에 자리하고 모두가 언약의 삶을 살아갈 수 있도록 가르치고 지도해 가는 교사요 선한 청지기로서의 역할을 감당하는 자가 된다. 곧 오늘의 신앙공동체의 모형으로서 그 최초의 모습을 이 아브라함 공동체가 갖게 되는 것이었다.

아브라함 공동체를 통해 이루어 가고자 하시는 이러한 하나님의 섭리는 아브라함과 다윗의 자손이라고 칭해지는 예수 그리스도에 의해서도 그대로 동일하게 교회에 적용되어지는 것을 우리는 그가 남기신 다음의 말씀에서 확인할 수 있다.

"예수께서 나아와 일러 가라사대 하늘과 땅의 모든 권세를 내게 주셨으니 그러므로 너희는 가서 모든 족속으로 제자를 삼아 아버지와 아들과 성령의 이름으로 세례를 주고 내가 너희에게 분부한 모든 것을 가르쳐 지키게 하라 볼찌어다 내가 세상 끝날까지 너희와 항상 함께 있으리라 하시니라"(마 28:18-20)

이 말씀은 세례를 베풀고 말씀을 가르쳐 지키게 하는 것이 예수 그리스도를 믿는 신앙인으로서 제자 됨의 본질이라는 것을 제시하여 주신다. 이는 할례를 베풀고 언약을 가르쳐 지키게 하는 것이 하나님 백성의 본질임을 가르치는 하나님의 뜻과 일치하는 것을 우리는 정확하게 확인할 수 있다. 이러할 때 세례는 할례가 가지고 있는 그 기능들을 정확히 대신하는 것임을 우리는 요한이 시행한 세례의 의미를 통해 충분히 알 수 있다.

"할례를 받지 아니한 남자 곧 그 양피를 베지 아니한 자는 백성 중에서 끊어지리니 그가 내 언약을 배반하였음이니라"(:14)

그렇다면 하나님께서는 왜 이렇게 할례를 강조하시며 이러한 결과들을 만들어 가시는 것일까? 이 할례가 문자나 문자를 기록하여 원하는 내용을 후대에게 남길 수 있는 적절한 도구가 없는 시대적 조건 속에서 하나님의 언약과 이 언약이 내포하고 있는 신앙의 내용을 보다 분명하게 기억하고 이어주게 만드는 하나의 수단으로서 중요한 것은 사실이었다. 하지만 할례를 신앙의 현장 속에 이토록 절대적인 규범으로 강하게 주장하고 요구하시는 보다 궁극적인 이유는 무엇일까? 이에 대해 위의 말씀은 할례가 갖는 보다 중요한 그리고 가장 핵심적인 신앙의 역할과 기능을 설명하고 있는데 그것은 할례를 받지 아니한 남자 곧 양피를 베지 아니한 사람은 백성 중에서 끊어지리라고 하신다.

여기서 백성 중에서 끊어진다는 것은 하나님의 백성이 되지 못한다는 것이요 이는 나아가 구원의 은혜에 참여할 수 없게 된다는 것을 의미한다. 보다 직접적으로는 아브라함 공동체에서 쫓아내라고 하는 요구를 담고 있다. 이 말씀은 할례가 우리의 신앙을 대해 가지고 있는 절대성을 드러내는 말씀이다. 곧 할례를 받느냐 받지 않느냐 하는 것이 구원받느냐 구원받지 못하느냐 하는 우리 신앙의 가장 중요한 결과를 결정짓는다고 하는 사실이다.

왜냐하면 할례를 받지 않는다는 것은 그가 하나님의 언약과 언약의 삶에는 관심이 없다는 것을 나타내기 때문이다. 하나님의 언약과 그 언약이 요구하는 신앙의 삶을 받아들이지 않겠다고 하는 것은 하나님의 백성 되기를 거부하는 것이요 이는 하나님 자신을 인정하지 않겠다고 하는 것이기에 구원의 은혜를 누릴 수 없게 되는 것은 당연하다. 바로 이러한 사실을 이 말씀은 선포하고 있는 것이다. 역으로 이러한 내용은 곧 언약을 기억하고 그 언약에 합당한 삶을 사는 것이 하나님의 백성이 되는 조건이요 구원의 은혜에 참여할 수 있는 길임을 제시하여 보이시는 말씀이다. 하나님께서 왜 오늘 할례를 이토록 강조하시며 아브라함에게 요구하시는지 그 이유를 분명하게 밝히시는 것이다. 바로 우리 신앙의 최고 가치요 궁극적 목적인 구원을 결정짓는 요인을 이 할례가 가지고 있기 때문이다.

그렇다면 만일 하나님의 언약에도 관심이 있고 그 언약의 삶도 받아들일 수 있지만 굳이 이 고통스런 할례를 받아야 할 필요가 있느냐고 하며 이 할례만은 받지 않겠다고 한다면 어떻게 해야 하는 것인가? 그 때도 그는 하나님의 백성 중에서 끊어져야 하는가? **"할례를 받지 아니한 남자 곧 그 양피를 베지 아니한 자는 백성 중에서 끊어지리니"**의 말씀에서 곧 **"그 양피를**

베지 아니한 자"라고 하여 그 할례를 육체적인 할례로서 그 의미를 분명하게 확정지어 말씀하시는 것은 바로 이와 같은 경우에 대한 대답을 가지고 있다. 한마디로 하나님의 백성에서 끊어진다는 것이요 구원의 은혜를 받을 수 없다는 것이다. 이유가 무엇인가?

그것은 만일 실제로 이러한 자가 있다면 그가 할례를 피하고자 하는 이유는 한 가지 곧 양피를 잘라내는 이러한 육체적 고통을 싫어하기 때문이다. 이는 만일 하나님의 언약을 이루기 위해 또 그 언약이 요구하는 삶에 대해 이러한 육체적 고통을 감당해야 하는 경우가 발생하면 언제든지 그 고통을 피하기 위해 언약을 저버릴 수 있는 자가 된다. 즉 어떤 상황 속에서도 중단 없이 하나님의 언약을 지켜가며 이를 후손에게 이어가는 역할을 사명으로 감당해야 하는 것이 이 할례 받음을 통해 인식되고 확인되어지는 것이었다. 그런데 언약에는 동참하겠으나 할례를 받지 못하겠다는 것은 언약이 주는 은혜는 누리겠으나 이 언약을 위해 져야 하는 의무와 책임은 지지 않겠다고 하는 마음을 드러내는 것이다. 장차 누릴 좋은 것은 원하고 바라지만 지금 당장의 힘들고 괴로운 것들은 싫다고 하는 마음이다. 눈 앞의 사소한 것들 때문에 혹은 내 몸이 싫어하는 작은 아픔 때문에 선하고 가치 있는 것들을 얼마든지 언제든지 포기할 수 있는 자들의 마음이다. 달면 삼키고 쓰면 뱉는 속물근성이요 구원에서 제외되는 것은 당연한 결과일 수밖에 없다.

이러한 측면에서 본다면 비록 할례는 받았으나 할례 받은 자로서의 의무와 책임을 회피하는 자가 있다면 그 또한 당연히 하나님의 백성에서 제외될 수밖에 없다. 이미 앞서 사도 바울의 증언을 통해 이스라엘 백성들의 역사적 실제에서 확인하였듯이 외적인 할례 자체가 하나님의 백성으로서의 구원의 증표는 아니기 때문이다. 할례에 합당한 삶 즉 할례가 우리에게 요구하는 신앙의 책임을 우리가 과연 수행하였느냐 하는 것이 중요하기 때문이다.

하나님의 언약, 언약의 삶 그리고 구원 이 세 가지가 할례를 통해 연결된다. 우리 신앙의 최고 가치인 구원의 은혜가 어떻게 우리에게 임하게 되며 하나님께서 당신을 믿고 섬기는 자들에게 요구하는 신앙의 내용이 무엇인지 오늘의 말씀은 분명하게 전달하고 있다. "**너희가 나를 사랑하면 나의 계명을 지키리라//** …사람이 나를 사랑하면 내 말을 지키리니 내 아버지께서 저를 사랑하실 것이요 우리가 저에게 와서 거처를 저와 함께 하리라 나를 사랑하지 아니하는 자는 내 말을 지키지 아니하나니 너희의 듣는 말은 내 말이 아니요 나를 보내신 아버지의 말씀이니라"(요 14:15//23-24). "우리가 그의 계명을 지키면 이로써 우리가 저를 아는 줄로 알 것이요 저를 아노라 하고 그의 계명을 지키지 아니하는 자는 거짓말하는 자요 진리가 그 속에 있지 아니하되 누구든지 그의 말씀을 지키는 자는 하나님의 사랑이 참으로 그 속에서 온전케 되었나니 이로써 우리가 저 안에 있는 줄을 아노라 저 안에 거한다 하는 자는 그의 행하시는 대로 자기도 행할찌니라"(요일 2:3-6). 위의 예수 그리스도의 말씀과 또한 이를 기록한 사도의 증언은 언약과 구원의 관계를 설명하는 이와 같은 신앙의 본질을 그대로 이어 전하고 있는 중요한 신앙의 기록이다.

오늘 우리 신앙의 길도 할례를 받음과 같은 어렵고 힘들게 준비해야 하는 시간들이 있다. 어떤 경우에도 할례를 통해 요구되는 신앙의 책임들을 반드시 지키겠노라는 다짐을 하는 때가 있어야 한다. 하나님의 언약을 알고 그 언약을 실천하여 갈 수 있는 온전한 언약 백성으로 준비하는 시간이요 연단과 훈련의 시간들이다. 이를 알지 못하거나 알아도 진실하게 순종할 수 있는 내면이 없고 또 때로는 거부하게 되는 일이 생긴다면 하나님 백성으로서의 언약의 사람이 될 수 있는 것일까? 과연 오늘 우리들의 가정공동체와 교회공동체는 아브라함과 그의 공동체에 주어진 이 책임을 성실히 수행하고 있으며 내 자신 이 책임과 의무를 분명하게 인식하고 있는 것인가?

슬퍼 말라 (창 17:15)

"하나님이 또 아브라함에게 이르시되 네 아내 사래는 이름을 사래라 하지 말고 그 이름을 사라라 하라"(:15)

사래. 그녀는 아브라함의 삶에 있어서 가장 큰 도움이 되며 가장 든든한 삶의 후원자였다. 비록 그녀가 아이를 낳지 못했었지만 아브라함이 후처를 얻을 생각을 하지 않을 만큼 아브라함에게는 충분하면서도 절대적인 삶의 동반자였다. 하지만 이스마엘이 태어나 자라나게 되면서 아브라함의 관심은 이스마엘에게 더욱 기울어져 갔고 그만큼 사래의 중요성도 약화될 수밖에 없었다. 이스마엘을 자신의 후사로 여기고 있었기에 아브라함이 집안의 모든 중요한 것들을 그를 중심으로 처리해 나가고자 하였을 것은 자명하기 때문이다.

물론 이스마엘 이후 하갈에게서 더 이상의 자녀가 생산되지 않았다는 것은 아브라함이 13년 전의 그 사건 이후로 하갈을 가까이 하지 않았다는 것과 그런 점에서 집안 여주인으로서의 사래의 위치는 아직은 확고하였다고 할 수 있다. 하지만 사래 또한 아브라함의 후사가 될 이스마엘의 위상에 대해서는 인정하지 않을 수 없었다. 지금 13세인 이스마엘이 이제 수년 후면 곧 성인이 되어 결혼을 하고 정식 후사가 될 것이었다. 그렇기에 그 때가 되면 집안 여주인으로서의 자신의 역할도 거의 끝나게 될 것이라는 점을 어렴풋이나마 인식하고 삶에 받아들일 준비를 해야만 했다.

만약 아브라함의 후사로 자리 잡아 가는 이스마엘이 사래 자신의 아들이라면 참으로 흐뭇하게 오늘의 결과를 받아들이겠지만 그가 자기의 아들이 아니기에 심히 씁쓸한 마음으로 현실을 대하고 있었을 것이다. 평생을 헌신하여 쌓아올린 오늘의 결과가 자신의 씨가 아닌 자기와는 관계가 없는 누군가에게 넘어가는 것을 본다는 것은 그리 쉬운 일은 아니기 때문이다. 이스마엘이나 그의 어미인 하갈이나 뒤에 이들을 쫓아내는 사래의 행동에서 보듯이 전혀 사래의 마음에 탐탁하지를 않았다. 이는 하나님의 보심도 마찬가지였다. 그렇기에 오늘 이스마엘의 성장과 더불어 갖게 되는 사래의 심정은 내 귀한 것을 **빼앗긴** 것과 같은 박탈감과 마치 인생에 속은 것 같은 허탈함이라고 묘사하는 것이 옳을 것이다.

하지만 오늘 하나님께서는 아브람의 이름을 아브라함이라고 고치신데 이어 '여주인'이라는 의미를 지닌 사래의 이름 또한 사라라고 고쳐 부를 것을 명령하신다. '열국의 어미'라는 의미였다. 아브라함의 아내로서 그리고 아브라함 집의 여주인의 자리에 머물러 있던 사래의 역할을 보다 넓게 확대시키는 것이요 집안의 일에만 머물러 있던 사래의 인식의 범위를 아브라함과 더불어 저 먼 미래를 바라보도록 하시는 하나님의 뜻이었다. 지금까지보다 오늘 이후로 더욱 크게 사용하시겠다는 하나님의 의도를 나타내시는 것이요 동시에 앞으로 해야 할 일이 더욱 크고 중하다는 내용을 담고 있는 것이기도 하였다. 이미 끝난 것과 같은 그녀의 인생이었지만 그녀의 인생을 결코 이렇게 끝나게 하지 않으시겠다는 것을 알려주는 것이었고 더욱 높이겠다는 의지를 드러내는 것이기도 하였다.

하나님께서 그녀의 인생을 지금 이 시점에서 이와 같이 훨씬 의미 깊게 변화시키며 높이고자 하는 근거는 어디에 있는 것일까? 지금까지 사래의 삶을 지켜보아 오신 하나님이셨다. 최선을 다해 '여주인' 이라는 이름을 부여해준 조상들의 뜻을 지켜 살아온 것이 그녀의 삶이었음을 하나님은 보아 오셨다. '고귀한 아버지' 라는 뜻을 지닌 아브람의 이름에서 살펴본 것처럼 그녀의 조상들이 그녀에게 '여주인' 이라고 이름을 붙여준 것은 통속적 개념에서의 여자의 역할과 의미를 뛰어넘어 살아갈 것을 소망한 것이었다. 한 남자의 아내로서 뿐만 아니라 한 집안의 여주인으로서 그 집안을 책임지고 지켜 이끌어가야 한다는 가르침이 그 이름 속에 들어 있었고 사래는 이 가르침에 온 힘을 다해 순종해 온 것이었다. 때로는 죽음과도 같은 고난과 수치가 그 살아온 길에 있기도 하였지만 결코 이에서 흐트러지지 않았었다. 다른 보통의 여인들은 감히 흉내도 낼 수 없는 삶의 과정이었고 그렇기에 이 속에서 응축된 삶의 가치는 쉽게 평가되거나 지워질 수 없는 것이었다. 하지만 만일 사래의 인생이 오늘 여기의 이러한 상황에서 끝이 난다면 지금까지의 인생에서 확인되고 농축된 내면적 가치 덕목들과 특히 생명력 있는 신앙의 체험들은 그대로 의미 없이 스러져 가야만 했다.

그러했기에 오늘 사래의 이름을 바꾸도록 하시는 하나님의 그 뜻은 오랜 세월 동안 만들어진 그녀의 이처럼 귀한 삶의 내용과 가치들을 그냥 헛되이 버리지 않겠다는 뜻이었다. 이런 초라한 모습으로 인생의 장에서 쓸쓸히 물러나게 하지도 않겠다는 뜻을 밝히시는 것이었다. 이전보다 이후로 더욱 멋진 삶을 살아갈 수 있도록 하겠다는 것이었다. 하나님을 향해 최선을 다해 살아온 자의 남은 삶을 이제 끝이 났다고 말하는 그 순간에 오히려 더욱 값진 삶으로 그 길을 열어 가시는 하나님의 멋진 계획이기도 하였다. 그 살아있는 생생한 신앙의 경험들이 가장 아름다운 열매를 맺을 수 있도록 인도해 가시는 것이었다.

하나님께서는 기다려 오신 것이었으리라. 이미 조상들로부터의 신앙의 가르침을 통해 훌륭한 내면을 갖추고 있는 사람이었지만 실제 삶의 현장에서 부딪치고 깨어지며 때로는 이스마엘을 만들어낸 것과 같은 뼈아픈 실수를 통해 더욱 깊이 있고 통찰력 있는 원숙한 한 신앙인이 되기를. 인생의 가장 소중한 것이 무엇인지를 확인하고 조용하고 부드러우면서도 그 삶에 감히 쉽게 범접할 수 없는 거룩함의 권위를 지닌 온전한 신앙인으로 성숙하기를 말이다. 그리고 이제 그 고통과도 같은 연단의 시간이 끝난 다음 하나님께서 오래전부터 준비하여 오신 가장 귀한 선물을 보여주시는 것이고 말이다.

하나님께서는 삶의 귀한 경험을 가진 자들을 사용하시고 또 한 사람의 존귀한 신앙인을 만들기 위해 연단의 세월 속으로 인도해 가신다. 그 세월 속에서 많은 사람들이 스스로 이탈하고 또 탈락되기도 하면서 마지막까지 남은 소수의 사람들이 신앙의 역사를 만들어 오고 이어왔다. 성경의 증거를 들어 일일이 열거할 필요가 없을 것이다. 하지만 오늘 우리는 내 속에서 아무것도 확인된 것 없고 만들어진 것도 없으면서 무조건 귀한 일에 쓰임 받기를 원한다. 고난스런 연단을 싫어하고 힘들고 어려운 일은 회피하면서도 좋은 결과를 누리고 싶어 하며 이런 일에는 억지로라도 동참하고자 한다. 그 귀한 결과가 탐이 나기 때문이다. 그것이 오늘 우리이다.

자기만을 위해 살아온 사람들은 세상이 그들의 필요를 더 이상 느끼지 않을 때 물러나 그저 소일한다. 그도 자신의 유익을 위해 세상 속에서 일했고 세상 또한 자신의 유익을 위해 그를 이용하였고 필요로 하였기에 어느 한쪽이라도 더 이상의 이용 가치를 느끼지 않으면 기꺼이 떠나기도 하고 버리기도 한다. 그리고 그 순간부터 물러난 자는 자신이 지금까지 모아둔 것으로 남은 인생을 소일한다. 그냥 아직 남아있는 기운을 소모하는 것이지 더 이상의 생산은 없다. 아직 있는 것 가지고 아둥바둥하며 살아갈 뿐이지 그것이라도 없으면 그 노년은 비참할 뿐이다. 누군가에게 의지하지 않으면 살아갈 수가 없게 된다.

하지만 하나님을 위해 최선을 다해 살아온 사람, 모든 것을 가능하게 하는 하나님의 은혜의 통로를 이 세상 속에서 만들어온 그 사람은 그 노년이 더욱 아름답게 사용된다. 더욱 고매한 인격과 지혜로 빛을 비추어 준다. 바로 사래의 삶이다. 이제는 물러날 때가 된 사래였고 어쩌면 홀로 외로워할 수도 있는 때였고 더 이상의 생산적인 역할도 기대할 수 없는 때였다. 하지만 하나님께서는 이제부터 더욱 놀랍고 더욱 크고 중한 사명을 감당하게 되리라고 말씀하신다. 가장 고귀한 경험과 그 속에서 농축된 내면의 참된 가치들을 담고 있는 그녀의 삶을 그냥 버리지 않겠다고 하시는 것이다. 자신을 향해 최선을 다한 신앙의 사람을 이제 가야할 때가 되어 보내실지라도 가장 아름다운 것을 담아 보내시며 세상은 그를 잊을지라도 하나님께서는 자신을 위해 충성한 자를 결코 잊지 아니하심을 보여주시면서.

마르지 아니하는 샘과 같이 (창 17:16)

'여주인'(사래)이라는 이름에서 '열국의 어미'(사라)로 그 이름을 바꾸라고 하시는 하나님의 말씀은 한 집안의 여주인의 입장에서 세상 많은 민족과 나라의 어미로 그 위상을 바꾸시겠다는 하나님의 의지를 담고 있는 것이었다. 동시에 사라 자신을 향해 스스로의 존재 가치를 나이와 환경 등 외적 조건에 제한받지 말고 하나님의 무한한 은혜와 능력에 비추어 새롭게 인식하고 바라보라는 요구였다. 마지막까지도 하나님 나라라는 큰 틀 안에서 자신의 해야 할 역할을 찾을 것을 권면하는 말씀이기도 하였다.

여기서 우리는 하나님께서 우리 인간을 대해서 보고 계시는 그 가능성의 관점을 새삼 생각하게 된다. 여자의 몸이었고 지금 89세 된 늙은 여인이었다. 자기 몸에서 낳은 자녀 하나 두지 못한 상태에 있었다. 이제 곧 젊은 이스마엘과 그의 아내가 될 여자에게 모든 것을 물려주고 뒤로 물러나야 하는 사람이었다. 사람의 눈으로 본다면 이후 그녀의 남은 인생이 어떤 생산적인 새로운 결과들을 만들어낸다는 것은 불가능해 보이는 것이 사실이다. 하지만 하나님께서는 그녀의 남은 인생 속에서 이전보다도 훨씬 귀한 열매를 보고 계신 것이었다. 마치 이미 무덤과도 같은 조건들 속에 갇혀 있지만 그 속에서 전혀 새로운 삶으로의 가능성을 보고 계신 것이었다.

인간은 늘 그가 지닌 객관적이고 외적인 조건들 속에서 그의 가능성을 찾는다. 그 외적인 조건들이 화려한 자들일수록 더 대접받는 것이 현실인 것은 그 조건들 밖에서는 가능성을 보지 못하기 때문이다. 하지만 하나님께서는 이러한 것들 보다는 그의 내면에 만들어져 있는 것들 속에서 그 가능성을 찾으신다. 겉으로는 이미 죽은 자 같을지라도 이슬 같이 반짝이는 내면의 가치 속에서 그의 가능성을 발견하고 그것이 하나님의 나라 속에서 발현되도록 인도해 가시는 것이다. 그러므로 오늘 '여주인' 이라는 이름에서 '열국의 어미' 라고 이름을 바꾸시는 것은 그녀를 향해 나이와 환경 등 외적인 조건에 의해 인생을 구애받지 말라고 하시는 요구가 들어있다. '나이 90의 늦은 때에 무슨 일을 하리요' '자식 하나 없는 여자의 몸으로 무엇을 하리요' 하는 패배의식을 버리라고 하시는 메시지이다.

사람들이 그녀를 대해 '열국의 어미' 라고 부르는 호칭을 들을 때 아이도 없는 여자로서 아이를 가질 수도 없는 늙은 나이에 이러한 호칭을 듣는다는 것은 심히 쑥스러운 일일 수도 있었다. 하지만 하나님께서 이렇게 그 이름을 하루에도 수십 번씩 듣게 하시는 것은 그 이름 속에 들어 있는 하나님의 계획을 그녀의 의식 속에 받아들이고 삶으로 용해하여 내기를 원하시는 것이었다. 계속해서 들려오는 '열국의 어미' 라는 호칭 속에서 그녀는 하나님께서 자신의 삶을 통해 만들어내고자 하시는 그 장차의 결과들을 인식하고 자신도 모르는 사이에 거기에 그녀의 삶을 담게 되는 것이 이 이름이 만들어낼 결과였다. 일종의 계속된 반복학습이라고 할 수 있었다. 이로 인해 그녀 자신의 분명한 정체성 그리고 확고한 삶의 목표를 이 속에서 만들어내고 확인하게 된다. 즉 하나님의 뜻을 자신의 삶에 사명으로 받아들이게 되는 것이었다.

내가 누구인가 내가 무엇을 해야 하는가 하는 자기 존재에 대한 인식이 있을 때 인간의 삶은 달라진다. 분명한 자의식과 목표의식이 있는 사람은 세속적인 유행과 시류에 쉽게 휩쓸리거나 연연해하지 않는다. 누가 뭐래도 어떤 어려움이 닥쳐도 자기의 가야할 길을 묵묵히 가고 후회 없는 삶을 산다. 눈에 보이는 결과가 무엇이고 어떠하든지 관계없이 무언가 알 수 없는 묵직한 삶의 무게가 그에게서는 풍겨 나온다. 이러한 사람을 우리는 가나안 정복 때의 한 인물에게서 발견할 수 있다.

가나안 정탐을 마치고 돌아온 12명의 정탐꾼들 중에 그 눈에 보이는 조건들에 얽매이지 않고 하나님만을 신뢰하는 보고를 주도한 자가 있었다. 다름 아닌 유다 지파의 족장 갈렙이었다. 그러한 그를 대해 하나님께서는 그가 발로 밟았던 땅을 그에게 주겠노라고 약속하신다. 광야에서의 40년 세월이 지나고 그와 함께 하였던 동년배의 사람들은 그 기간 중 광야에서 다 죽어갔다. 그럴지라도 그는 오히려 강건한 기개와 건강과 믿음을 지닌 모습으로 살아남아 가나안 땅을 정복하는 대열에 동참한다. 그리고 땅을 각 지파에게 배분하던 날 그는 그 45년 전 하나님께서 자기에게 약속해 주셨던 그 땅을 자기에게 줄 것을 요구한다.

"내 나이 사십 세에 여호와의 종 모세가 가데스바네아에서 나를 보내어 이 땅을 정탐케 하므로 내 마음에 성실한 대로 그에게 보고하였고 나와 함께 올라갔던 내 형제들은 백성의 간담을 녹게 하였으나 나는 나의 하나님 여호와를 온전히 좇았으므로 그 날에 모세가 맹세하여 가로되 네가 나의 하나님 여호와를 온전히 좇았은즉 네 발로 밟는 땅은 영영히 너와 네 자손의 기업이 되리라 하였나이다…오늘날 내가 팔십오 세로되 모세가 나를 보내던 날과 같이 오늘날 오히려 강건하니 나의 힘이 그 때나 이제나 일반이라 싸움에나 출입에 감당할 수 있사온즉 그 날에 여호와께서 말씀하신 이 산지를 내게 주소서 당신도 그 날에 들으셨거니와 그 곳에는 아낙 사람이 있고 그 성읍들은 크고 견고할찌라도 여호와께서 혹시 나와 함께 하시면 내가 필경 여호와의 말씀하신 대로 그들을 쫓아내리이다"(수 14:7-12).

가나안 남부의 험하고 척박한 산지 지역이었고 여전히 강한 아낙 자손들이 버티고 있어 큰 싸움을 벌여야 하는 그러한 땅이었다. 바로 이러한 한 사람 갈렙에 의해 유다 지파는 그 가나안 남부의 땅에서 이스라엘 역사의 가장 핵심적인 역할을 감당하는 지파로 자리 잡는다. 그리고 그 12지파 중 가장 마지막까지 살아남아 오늘날까지 이스라엘을 유지하는 강한 근성의 지파로 성장한다. 그의 나이 40세 때 하나님께서 그에게 주신 약속을 45년의 세월 속에서도 잊지 않고 기억하며 꿈과 비전으로 소유하였던 한 사람이 만들어 놓은 결과였다. 그 약속이 이루어지기까지 그의 의식이 늙을 수 없었고 그의 육체 또한 사명을 위해 강건함을 잃지 않았으며 바로 그것이 한 지파와 한 민족을 놀랍게 변화시켰던 것이었다.

"내가 그에게 복을 주어 그로 네게 아들을 낳아 주게 하며 내가 그에게 복을 주어 그로 열국의 어미가 되게 하리니 민족의 열왕이 그에게서 나리라"(:16)

"내가 그에게 복을 주어 그로 네게 아들을 낳아 주게 하며". 사래의 이름을 사라로 바꾸신 하나님의 섭리는 사라가 아들을 낳을 것이라는 아주 구체적인 현실과 연결된다. 아이 없이 살아온 사라였고 사라의 눈물이요 소망이 미련처럼 꺼지지 않고 아프게 남아 있는 부분이었다. 얼마나 기도하였겠는가? 한나가 아들을 주시면 하나님께 드리겠노라고 눈물로 기도하였던 것처럼 사라 또한 아들을 주시면 귀한 신앙인으로 기르겠노라고 얼마나 간절히 구하였겠는가? 이스마엘의 탄생 이후 그가 이 집안의 후사로 자라가지만 그 어미 하갈의 영향을 받아 죄의 노예근성을 키워가는 육체의 자녀로 성장하여 가는 것을 볼 때 얼마나 더 탄식하였을 것인가? 내게 아들이 있었다면 신실한 하나님의 자녀로 이 집안의 훌륭한 후사로 키울 것인데 하는 미련이 그녀의 마음 한쪽을 얼마나 크게 차지하고 있었을 것인가? 그러기에 사라를 대한 하나님의 이 말씀은 준비되고 또 준비된 이러한 응축된 신앙의 에너지와 어미의 모정이 그리고 삶의 열망과 소원이 이제 현실 속에서 마음껏 발현되도록 길을 열어 가시는 것이었다.

"내가 그에게 복을 주어 열국의 어미가 되게 하리니". 열국의 어미란 많은 나라들이 사라를 자신들의 어머니처럼 기억하고 그들에게 가장 깊은 정신적 유산을 남긴 고귀한 여인으로 추앙하게 되리라는 의미이다. 예를 들어 어떤 민족이 앞선 시대를 살다간 한 여인을 민족의 어머니로 추앙한다면 이는 그 여인의 생전에 행한 일이 민족 전체를 위한 고귀한 것이었고 영원히 기억해야 할 교훈이 있으며 후손들이 본으로 삼아 배워야 할 정신적 고향이자 삶의 근원과도 같은 존재라는 것을 뜻한다. 따라서 사라가 앞으로 역사에 생겨날 많은 나라들의 어미와 같은 존재가 되리라는 것은 그녀가 앞서 행하여 온 일들과 또 이제 이 아이를 통해 남기게 될 일이 오는 세대가 영원히 기억하고 기념해야 할 고귀한 유산이 되며 정신적 가르침이 될 것이라는 내용을 담고 있다. 그녀의 삶 전체가 결코 그냥 버려지고 잊혀질 수 없는 귀한 보물과도 같은 것이라는 의미를 지니고 있다.

그러면 사라가 이제 태어날 아기와 관련하여 열국의 어미가 되기 위해 행하여야 하는 일들은 무엇인가? 그것은 당연히 아이에 대한 교육이다. 지금까지 사라는 아브라함의 신앙과 삶을 지켜보아 왔고 그 곁에서 삶의 모든 과정에 함께 참여하여 왔으며 때로는 아브라함보다 더 적극적으로 삶의 과정을 이끌어왔다. 그리고 이 모든 과정들이 어떤 결과들을 맺어왔는지, 그 속에서 하나님이 원하신 것은 무엇이었으며 어떻게 인도하여 오셨는지도 경험하여 왔다. 그녀의 인생은 무엇을 위해 어떻게 살아야 하는지에 대한 근원적인 답을 안고 있는 삶의 과정이었다. 이러한 그녀에게 아이가 태어난다면 가장 진실하고 신실한 신앙의 삶이 가르쳐질 것이었다. 최선을 다해 살아온 사라의 삶이 이제 아브라함 집의 영역에서 끝나는 것이 아니었다. 지금까지의 삶이 모이고 모아져서 가장 정제된 순수함으로 바로 그 아들에게로 전해지고 그 작은 인생이 거대한 하나님의 나라를 열어가는 근원으로 변화될 것이었다.

아무리 큰 강도 근원을 찾아 올라가면 산 속 깊은 곳에 있는 작은 옹달샘이다. 그 샘 근원이 없이 큰 물줄기를 가진 강은 없다. 그러기에 만일 이 샘이 말라버린다면 그 큰 강도 이내 마를 수밖에 없다. 하나님께서는 바로 이 하나님 나라의 영원히 마르지 아니할 샘과 같은 존재로 아브라함과 사라를 지목하여 부르신 것이었고 이 나라는 다윗을 거쳐 예수 그리스도에 이르러 마침내 가장 귀한 결실을 맺게 되는 것이었다.

나의 인생이 비록 연약한 존재라고 여겨질지라도 한 사람의 아내 한 아이의 어미라는 위치를 뛰어넘어 수많은 이들의 어머니로 존경받을 수 있는 존재임을 알아야 한다. 그렇게 자신의 가능성을 열어놓고 준비하며 걸어가야 하지 않겠는가? 뒤에 올 후손들이 영원히 기억할 귀한 생명의 교훈이 후손들의 마음을 적시며 강같이 마르지 않고 흘러가게 될 것을 소망하며 말이다.

몸은 꿇어 엎드려 있으나 (창 17:17)

　오늘의 하나님과 아브라함의 만남은 13년만의 만남이었다. 그리고 그 만남은 아브라함에게 꿇어 엎드릴 것을 명령하는 말씀으로 시작되었고 아브라함은 꿇어 엎드린 상태에서 지금까지 이 만남과 말씀에 임하여 왔다. 이 날의 만남과 하나님께서 하시는 말씀이 절대 가볍게 여기거나 소홀히 들을 수 없는 말씀이요 한 마디 한 마디 절대 잊지 말고 뼈에 새겨들을 것을 요구하시는 것이었다. 그리고 실제로 들려주신 말씀은 그러했다. 먼 훗날에 하나님께서 하실 놀라운 섭리와 신앙의 비밀을 알려주는 것이었고 그렇기에 그만큼 중요했다. 그리고 이제 마침내 사라가 아브라함에게 아들을 낳아 주리라는 말씀을 끝으로 하나님께서 아브라함에게 주시고자 하셨던 이 긴 모든 약속의 말씀도 끝이 났다.

　특히 90세 된 사라가 아들을 낳게 되리라고 하는 하나님의 말씀은 오늘 아브라함과의 만남을 통해 하시는 하나님의 모든 말씀의 최종적인 결론이었고 가장 핵심적인 내용이었다. 왜냐하면 이제 사라가 낳을 이 아들을 통해 하나님의 나라가 새롭게 시작되고 이어져 가게 되는 것이었고 아브라함과 사라의 삶 또한 이 아들과 더불어서 언약의 말씀을 따라 새롭게 시작되는 것이었기 때문이다. 이 말씀들은 너무나도 소중한 신앙의 교훈들을 담고 있는 말씀이었고 한마디도 더하거나 뺄 수 없는 귀한 가치를 갖고 있는 말씀이었다. 그러므로 이제 남은 문제는 아브라함이 이 말씀을 어떻게 받아들이느냐 하는 것이었다. 과연 그는 이 날 하나님과의 만남을 어떻게 받아들였고 말씀이 내포하고 있는 약속들의 의미를 어떻게 이해하였을까? 그는 어떻게 이 말씀에 반응하는 것일까?

"아브라함이 엎드리어 웃으며 심중에 이르되 백 세 된 사람이 어찌 자식을 낳을까 사라는 구십 세니 어찌 생산하리요 하고"(:17)

웃음. 아브라함은 엎드린 채로 이 말씀에 대해 웃음으로 반응한다. 이것이 아브라함이 지금까지의 하나님의 말씀을 듣고 나서 보인 첫 반응이었다. 어떤 웃음인가? 믿을 수 없을 만큼 너무 좋아서인가? 이 미천한 것, 다 늙어 소망이라고는 없는 이 늙은이들을 향해 주신 약속이 너무 황송해서인가? 그러했다면 얼마나 좋았겠는가마는 대단히 유감스럽게도 그것이 아니었다. 이 웃음은 한마디로 믿지 못하겠다는 것이었다. 특히 이 웃음은 사라가 아이를 낳을 것이라는 데서 터져 나왔다. 100세 된 할아버지와 생리가 끊긴 90세 된 할머니가 어찌 아이를 낳을 수 있겠는가 하는 것이었다. 적어도 자녀에 대한 하나님의 약속을 믿지 못하겠다는 반응이었다. 그러므로 이 웃음은 일종의 비웃음과도 같은 것이었다. 이러할 때 중요한 것은 이 웃음이 100세 된 사람이 90세 된 여인에게서 아이를 낳을 것이라는 사실 자체만을 불신하는 것이 아니라 그보다 앞서 있었던 모든 말씀들까지도 부정하는 것이 된다는데 있다. 더 나아가 오늘 하나님과의 만남의 사건 자체를 무위로 돌려버리게 하는 것이기도 하였다.

왜냐하면 앞서의 모든 말씀은 사라가 아들을 낳게 되리라는 이 말씀을 하기 위함이었다. 아브람의 이름을 열국의 아비라는 뜻의 아브라함으로 사래의 이름을 열국의 어미라는 의미의 사라로 바꾸실 때 이 이름의 의미들이 이루어져 갈 수 있게 되는 것도 바로 이 자녀를 통해서였다. 그리고 아브라함 공동체의 모든 남자들에게 할례를 받게 하심으로 이 공동체가 신앙 공동체가 되도록 하신 것도 그 중요한 목적의 하나가 이 아들을 맞을 준비를 하도록 하는 것이었다. 즉 공동체의 식구들 모두가 이 공동체의 신앙의 목적을 정확히 인식하고 있을 때 이 아이 또한 방해받음 없이 올곧은 신앙의 사람으로 성장하여 갈 수 있기 때문이었다. 그러므로 사라가 아들을 낳게 되리라는 말씀은 오늘 이 모든 약속의 가장 중요한 최종 결론이자 그 약속들이 실현되어 가는 시작점이 되는 것이기도 하였다.

그렇기 때문에 아브라함이 이 아들에 대한 약속을 불신하고 받아들이지 못하겠다고 하는 것은 앞의 그 모든 말씀과 약속을 정면으로 거부하는 것과 마찬가지의 결과를 빚는 것이었다. 결국 아브라함의 이 웃음은 오늘 하나님과의 만남의 의미를 사라지게 하는 것이었으며 이 만남의 목적을 물거품이 되게 하는 것이다. 하나님의 그 진지한 노력을 허탈하게 만드는 것이 되기도 하였다. 참으로 엄청난 실수를 범하는 것이었고 그 대상이 만군의 여호와 하나님이라는 점에서 돌이킬 수 없는 죄를 짓는 것이라고도 할 수 있었다.

하나님께서 한 인간에게 이토록 열심히 이 세상을 다스려 나가는 자신의 계획에 대해 설명하신 적이 언제 있었는가? 그를 향한 사랑과 관심을 이렇게 직접적으로 나타내신 적이 또 언제 있었던가? 그럼에도 그 결과가 이토록 싱거운 웃음으로 그리고 무서운 죄로 끝나버리게 된 것이었다. 사람이 사람을 대해서도 만일 오늘 하나님과 같은 진지한 자세로 무엇인가를 설명할 때 그의 앞에서 이처럼 믿지 못하겠다는 뜻의 빈 웃음을 보인다는 것은 대단히 무례하고 상대를 화나게 하는 행동이다.

　사라가 아브라함의 아기를 낳게 되리라는 하나님의 말씀은 사라가 아브라함의 아기를 낳게 된다는 사실이 중요한 것이 아니라 그 태어날 아기를 통해 이루어질 하나님의 나라가 더욱 중요한 것이었다. 하나님께서 사라 90세가 되기까지 그녀로 잉태하지 못하게 하신 것은 이러한 신앙의 아이를 길러갈 수 있는 충분한 경험과 지혜를 갖도록 하심이었고 그 모이고 쌓인 신앙의 경륜으로 아이를 양육하여 갈 수 있도록 하심이었다. 인간의 부족하고 덜 성숙한 모습으로 아이를 기를 때 개입될 수 있는 실수와 오류를 줄이고 그러한 것들이 아이의 성장과정에 영향을 미치지 못하도록 하고자 하심이었다.

　가장 온전한 신앙의 사람을 만들고 이를 통해 하나님 나라를 이루어가기 위한 하나님의 진지한 섭리였다. 하나님께서는 바로 이와 같은 내용들을 앞의 말씀들을 통해 다 설명하여 오셨다. 하지만 이 진지한 하나님의 말씀을 엎드려 듣고 있는 아브라함의 결과적 반응은 웃음이었다. 즐거움과 기쁨의 웃음이 아니라 하나님의 말씀을 농담처럼 여기는 웃음이었다. '무슨 턱도 없는 그런 말씀을' 이라는 반응이 담겨져 있었다. 몸은 엎드려 있었고 경청하는 것 같았지만 그의 마음은 하나님과 그 말씀을 우습게 여기고 있었다는 것이 이 웃음을 통해 나타나는 결과였다.

　하나님의 말씀 중에 어느 것은 받아들일 수 있고 또 어느 것은 받아들일 수 없다고 말할 수 있는 것은 없다. 하나님은 헛된 말을 농담처럼 하시는 일이 없고 하신 말씀을 이룰 수 없는 분은 아니기 때문이다. 말씀 한 마디 한 마디가 우리를 대한 가장 진지한 사랑을 담고 있고 이를 받아 전하는 자들의 최선을 다한 피 흘림의 노력까지 담겨져 있는 것이기 때문이다. "진실로 너희에게 이르노니 천지가 없어지기 전에는 율법의 일점 일획이라도 반드시 없어지지 아니하고 다 이루리라 그러므로 누구든지 이 계명 중에 지극히 작은 것 하나라도 버리고 또 그같이 사람을 가르치는 자는 천국에서 지극히 작다 일컬음을 받을 것이요 누구든지 이를 행하며 가르치는 자는 천국에서 크다 일컬음을 받으리라"(마 5:18-19). "내가 이 책의 예언의 말씀을 듣는 각인에게 증거하노니 만일 누구든지 이것들 외에 더하면 하나님이 이 책에 기록된 재앙들을 그에게 더하실 터이요 만일 누구든지 이 책의 예언의 말씀에서 제하여 버리면 하나님이 이 책에 기록된 생명나무와 거룩한 성에 참예함을 제하여 버리시리라"(계 22:18-19). 바로 이것이 하나님의 말씀이 가지고 있는 가장 기본적인 성격들이다. 일점 일획도 더하거나 제할 수 없고 덜 중요시하거나 더 중요시 여길 수 없는 똑같이 중요한 신앙의 깊이들을 가지고 있기 때문이다.

그런데 이 말씀을 대한 우리들의 태도는 때로 대단히 선별적이다. 혼신의 힘을 다해 그 말씀을 내 삶에 받아들이려고 하기 보다는 내 안에 이미 형성된 어떤 기준에 의해 듣기 좋고 또 내가 원하는 것은 받아들이되 반면 어렵고 힘들다고 생각되는 것들은 그냥 생각에서 지워버리고 의도적으로 무시해 버린다. 때로는 말씀과 관련된 아주 작은 것 하나를 받아들이지 못해 말씀 전체를 다 부인하고 부정하는 실수를 범하기도 한다. 또 때로는 신앙과는 직접적인 관계가 없는 신앙 외적인 것들에 걸려 넘어져 신앙 그 자체를 포기하기도 한다. 그것이 그 말씀을 우리에게 주기 위해 예수 그리스도께서 당하셨던 피 흘리신 고난의 은혜를 무시하는 것이라는 사실을 알지 못한 채로 말이다.

하나님의 말씀은 한 마디 한 마디 속에 우리의 생각으로는 다 이해하여 내기 어려운 심오한 내용들이 들어있다. 결코 한 마디도 헛된 말이 없으며 인간과 세상을 향한 하나님의 가장 진지한 사랑과 열심을 담고 있다. 그러기에 그 말씀은 우리의 지적 에너지를 다 쏟아 부을 때 거기에 그 말씀을 이해할 수 있는 문이 조금 열려진다. 우리의 육체적 힘을 모두 사용하여 헌신할 때 그 하나님의 사랑과 열심을 조금이라도 느낄 수 있는 여지를 얻게 된다. 그러함에도 오늘 우리들은 이런 진지한 반응은 생략한 채 그 하나님의 말씀을 얼마나 쉽고 가볍게 여기는지.

때로 하나님의 모든 말씀을 다 듣고 난 인간의 반응이 이와 같을 때 우리 또한 참으로 긴 허탈함을 느낀다. 그 말씀 한마디 한마디가 그것을 전하는 자의 생명을 쏟아 부은 결과임에도 더 알고 싶어 하는 마음이나 그것을 이루려고 하는 진지함은 없고 무슨 말을 들었는지 알지 못한 채 더 이상의 관심도 보이지 않을 때이다. 예수님께서도 수많은 사람들이 듣는 앞에서 하나님의 말씀을 전하셨지만 그 말씀에 진정한 관심을 보이는 자는 채 백여 명도 안 되는 자들이었다. 나머지 수천 수만의 사람들은 전혀 관심 밖이었다. 얼마나 허탈하셨을 것이며 그들은 왜 그러했을까?

말씀에 대해 무관심한 시대다. 이는 그 속에 담겨 있는 하나님의 사랑과 진지함에도 무관심함을 의미한다. 하나님 자신을 하나님이 원하는 만큼 알고 있지 못하다는 것을 뜻한다. 그러면서도 은혜를 기대하고 하나님을 섬긴다고 한다. 우리 신앙의 모순이요 비극이다. 오늘도 수많은 사람들이 아브라함처럼 하나님의 존재 앞에 꿇어 엎드려 있는 것 같지만 그들의 귀는 전혀 말씀에 기울여지지 않고 그 마음은 다른 것들을 생각하고 꿈꾸며 기대한다. 하나님이 알지 못하실까?

왜? (창 17:17-18)

몸은 하나님 앞에 꿇어 엎드려 있지만 그의 웃음 짓는 얼굴은 그가 지금 하나님의 말씀을 얼마나 가볍게 여기는지를 드러내는 증거였다. 이 진지한 하나님의 말씀과는 달리 만물의 주인이신 하나님 앞에서 보이는 이러한 태도가 얼마나 망령된 행동인지를 미처 깨닫지 못하는 것이기도 하였다. 그러면 오늘 우리 신앙의 조상인 아브라함은 왜 이러한 엄청난 실수를 범하는 자리에 이르게 된 것이었을까?

"아브라함이 엎드리어 웃으며 심중에 이르되 백 세 된 사람이 어찌 자식을 낳을까 사라는 구십 세니 어찌 생산하리요 하고"(:17)

그의 이 말에서 보게 되는 그 첫 번째 원인은 우리의 신앙이 가지고 있는 초월적인 성격에 대한 믿음의 부족이라는 것을 알게 된다. **"백 세 된 사람이 어찌 자식을 낳을까 사라는 구십 세니 어찌 생산하리요"**. 아브라함의 이 말은 전지전능의 하나님이 아니라 인간의 한계와 불가능에 대한 그의 인식을 드러내고 있다. 즉 인간의 육체적 물리적 한계에 대한 인식이 그의 신앙을 제한하고 있다는 것을 알게 된다. 90세가 되어 생리가 끊어진 여인이 아이를 생산한다는 것은 실제 우리 인간의 경험에서 보면 불가능한 일이다. 그런데 문제는 이러한 인간의 한계와 불가능에 대한 인식이 우리의 신앙 안에서 하나님의 능력에 대한 불신으로까지 이어지고 있다는 데 있다. 그러므로 하나님이 개입할 수 있는 여지를 남겨두지 않는 것이요 자신의 삶과 신앙의 사역에 하나님의 전능하신 능력을 받아들일 수 있는 공간을 갖지 못하는 결과로 나타나고 만다. 결과적으로 하나님의 능력을 스스로 제한하는 우를 범하게 되고 말이다.

합리적이고 이성적일수록 그리고 고등교육을 받은 논리적인 사람들일수록 하나님의 초월적인 능력과 우리 신앙이 가지고 있는 초월성을 인정하려 들지를 않는다. 인간의 경험과 자연법칙에 대한 인식의 한계가 그 자연법칙을 만들어 놓은 창조주 하나님 자신에 대한 이해를 가로막고 있는 것을 우리는 신앙의 현장에서 쉽게 목격할 수 있다.

"아브라함이 이에 하나님께 고하되 이스마엘이나 하나님 앞에 살기를 원하나이다"(:18)

하나님의 초월적 능력에 대한 믿음의 부족과 더불어 우리는 이 말씀 속에서 아브라함이 가지고 있는 신앙의 한계를 만들어내는 또 한 가지 요인을 발견하게 된다. 그것은 이스마엘에 대한 집착이다. **"이스마엘이나 하나님 앞에 살기를 원하나이다"**라는 말은 아브라함이 지금 13세 된 이스마엘이라는 아들에게 얼마나 집착하고 있는지 그 남은 인생을 통해 바라는 모든 기대는 오직 이 이스마엘 하나 뿐인 것을 드러낸다. '이 이스마엘이나 하나님 앞에 복 받고 잘 살면 됐지 이 나이에 내가 뭘 더 바라겠습니까?' 하는 속마음이 들어있는 말이다.

사람이 무엇엔가 집착할 때 나머지 모든 것을 거기에 맞춰 의미를 부여하고 상황을 해석하기도 하며 또 판단하고 행동한다. 하나님의 말씀도 다 그것을 위한 것으로 해석한다. 그 추구하는 것에 도움이 된다고 판단하면 무엇이든 받아들이려고 하지만 만일 하나님의 말씀이라도 그것에 반하는 것이라고 느껴지면 의도적으로 애써 무시한다. 보아야 할 것을 보지 못하고 들어야 할 것을 들으려고 하지 않는다. 맹목적인 추구와 지극히 편향된 가치 판단의 현상이 나타난다.

오늘날 흔히 후진적인 사회에서 볼 수 있는 한 예를 들어 본다면 정치적으로 어떤 한 인물에 집착하게 될 때 나타나는 현상이 바로 그것이다. 집착하고 추종하는 자에 대해서는 큰 허물도 작게 보려 하며 나쁜 것도 좋게 봐주려고 한다. 반면 그 반대 편에 있는 자는 모든 것을 색안경을 끼고 본다. 좋은 것도 의도적으로 평가절하하고 나쁜 것은 형편없이 깎아내리고자 한다. 그러므로 아무런 관계가 없는 사람끼리도 편을 갈라 싸우고 미움과 분노의 적개심을 나타낸다. 이 모든 것이 자기를 해하는 것인 줄 알지 못한 채로 말이다. 오늘 아브라함이 새로 태어날 아이를 보려고도 들으려고도 하지 않은 채 이스마엘에게만 집착하는 모습도 동일한 현상이다.

예수님을 따라 다녔던 수많은 사람들이 말씀의 주님을 만나는데 실패하였던 것도 그들 속에 따로 집착하는 것이 있었기 때문이었다. 병 고침이나 먹고 사는 실생활의 문제들이었다. 그러기에 오직 이것을 위한 예수님의 존재가 필요한 것이었지 예수님과 그 입에서 나오는 말씀을 위한 자신의 존재를 생각하지 못하였다. 진정 그것이 자신을 위하는 길이었음에도 불구하고 말이다. 때로는 공동체 속에서 높이 여김을 받고 싶어 하는 마음과 중요한 직분에 자신을 자리매김하고 싶어 하는 인간의 마음들이 이 집착의 형태로 나타나기도 한다. 그리고 그것이 충족되지 않을 때 그 어떤 요구도 따르지 아니하며 결국은 공동체로부터 자신을 분리시키기도 하는 것을 우리는 목격할 수 있다. 집착하는 마음들이 초래하는 결과들이다.

더불어 아브라함의 이스마엘에 대한 이러한 집착은 현실에 대한 자기만족을 의미하는 것이기도 하다. **"이스마엘이나 하나님 앞에 살기를 원하나이다"**라는 말은 이스마엘 한사람으로 족하다고 하는 그의 의식을 드러내고 있다. 만일 이스마엘이 없었다면 이 아들에 대한 말씀은 좀더 다르게 받아들일 수도 있었겠지만 이스마엘이 있었고 이미 그에게 만족하는 마음이 있었기에 또 다른 아들의 필요성을 느끼지 않게 된 것이었다. 중요한 것은 이러한 자기만족이나 현실만족의 마음이 우리 속에 자리 잡게 될 때 나타나는 결과는 변화를 거부하고 더 이상 앞으로 나아가기를 주저하게 된다는 사실이다. 지금 아브라함이 하나님의 말씀을 대해 나타내 보이는 반응이 바로 그것이다. 더 이상의 수고를 받아들이지 않고 현재 있는 것을 잃지 않으려고 하는 자기방어적인 태도가 나타나는 것이다.

하나님께서 모세를 통해 이스라엘을 출애굽시키고자 하실 때 이스라엘에게 처음 일어난 일은 가혹한 삶의 조건이 만들어지는 것이었다. 이미 애굽이 이스라엘의 아들들이 태어나면 죽이도록 하는 것과 같은 탄압정책을 시행하여 이스라엘 족속의 번성을 경계하고 견제하는 사회적 여건 속에서였다. 이 때 모세가 애굽 왕 바로에게 하나님의 계획을 설명하고 백성들의 출애굽을 요구하자 바로는 이스라엘에게 더욱 가혹한 노동 조건을 만들어 그들을 억압한다. 일련의 자연스러운 과정 같기도 하지만 이와 관련하여 우리가 생각해 보게 되는 것은 만일 이러한 가혹한 조건으로 삶의 변화가 이루어지지 않았더라면 이스라엘이 과연 출애굽을 할 수 있었을까 하는 문제이다.

400년간 살아오며 이미 애굽 사회에 길들여진 사람들이었다. 그 삶이 아무리 힘들다고 할지라도 이러한 조건이 만들어지지 않았다면 이스라엘 민족 전체가 400여년 살던 땅을 떠나는 일은 거의 불가능한 일이었다. 그러므로 이를 신앙의 관점에서 판단해 본다면 그것은 독수리가 새끼를 날게 하기 위해 그 보금자리를 흐트러뜨리는 것과 같은 것이었다. 현실에 안주하고 있는 상황에서는 전혀 낯선 땅으로 삶의 근거지를 옮기는 결정은 거의 있을 수 없기 때문이다. 더 좋은 조건으로의 이동도 어려울 텐데 더 힘들고 어려운 곳으로의 이주는 불가능한 일이라고 할 수 있다. 지금 있는 현실과 스스로에게 만들어져 있는 조건들에 대해 만족하는 자기만족 현실만족의 마음 상태에서는 그 어떤 변화도 거부하고자 하는 것이 인간에게 나타나는 보통의 현상이다.

　　지금 이 순간의 아브라함에게는 하나님과 하나님의 말씀보다도 이스마엘이 더욱 소중한 존재이다. 하나님이 아니라 이스마엘이라는 한 아이가 삶의 기쁨이요 즐거움이자 소망의 근원이다. 인간이 하나님을 높인다고 하지만 이런 상태로 전락할 수 있다. 하나님보다도 이것이 더 소중할 수도 있고 하나님의 말씀도 귀에 잘 들어오지 않게 하는 이러한 것들이 있을 수 있는 것이다. 더는 다른 것을 바랄게 없으며 그냥 현재가 만족스러울 때 여기 이대로 머물고 싶어 하는 것이 인간이다. 그런데 문제는 그것이 하나님께서 주신 은혜의 결과라고 한다면 모르겠지만 그 반대의 경우일 때이다.

　　하갈에게서 난 아들이요 아브라함이 집착하고 있고 또 그 스스로 만족하게 만드는 이 아브라함의 아들 이스마엘을 보시는 하나님의 판단은 어떠하였는가? "그가 사람 중에 들나귀 같이 되리니 그 손이 모든 사람을 치겠고 모든 사람의 손이 그를 칠지며 그가 모든 형제의 동방에서 살리라"(창

16:12)라는 것이 하나님의 보시는 판단이었다. 이스마엘의 사람됨이나 장성한 연후의 그의 인생은 전혀 길들지 않은 야생마 같은 것이었다. 하나님이나 사람에게나 그 어느 누구에게도 순종하지 않으며 제멋대로 행하여 모든 사람의 미움이 되고 사람들 사이에 다툼과 미움을 일으키게 되는 것이 하나님께서 보시는 그의 인생이었다. 계집 종의 아들이었고 어미 하갈의 못된 종의 근성을 이어받아 오직 많은 재산을 차지하고 힘을 얻는 것만을 삶의 목적으로 삼고 살아가는 자가 될 것이었다.

분명 하나님께서는 사라에게서 태어날 자로 아브라함의 자식이 되게 하고 그를 통해서 이 모든 하나님의 언약을 이어가게 할 것이라고 지금까지 그토록 진지하게 말씀해 주셨다. 하지만 이에 대한 아브라함의 반응은 아주 싱거운 웃음이었다. 하나님께서 이미 버린 자를 하나님 앞에 끌어다 놓고 이 자나 하나님 앞에서 복을 얻게 해 주십시오 한다. 지금까지의 하나님의 약속을 모조리 헛수고가 되게 하는 말이었고 하나님의 그 깊은 섭리와 계획을 제 임의로 변개시키는 망령된 언행이었다.

만일 이 이스마엘이 하나님 앞에 신실한 자라면 또 혹 이해할 여지는 있을 것이다. 그가 사람을 제대로 볼 지혜를 갖고 자신의 미래를 보며 이 하나님 나라를 생각하는 사람이었다면 그래도 조금은 나았을 것이다. 전혀 아닌 자를 하나님 앞에 끌고 와서 복 주기를 원하며 그에게 자신의 미래를 의탁하고 하나님께서 지금까지 일궈주신 이 신앙공동체를 맡기고자 하니 기가 막힐 노릇이 아닌가 말이다. 마치 하나님께서 새 것 좋은 것을 주시겠다고 하지만 그것은 물리치고 오히려 악하고 더러운 것을 하나님 앞에 가져다 놓고 여기에 복을 부어 주십사고 하는 것과 같다. 늦게 본 이 여종에게서 난 아들 하나로 인해 아브라함 자신의 눈과 귀가 다 가려져 있고 막혀져 있으며 모든 영적 분별력마저 흐려져 버린 아브라함의 현재를 보여주는 단적인 모습이다. 지금 자신의 말이 만군의 여호와 앞에서 얼마나 망령된 것인지도 알지 못한다.

하나님과의 진지하고도 의미 있는 만남이 없이 엉뚱한 것에 집착하고 만족하며 살아온 13년간의 세월이 만들어놓은 삶의 결과였다. 하나님의 초월성에 대한 믿음의 결여, 집착, 현실만족 혹은 자기만족 등의 요인들이 오늘 우리의 신앙을 가로막고 서있으며 그러한 것들이 신앙이 있다고 하지만 진정한 하나님과의 교제를 방해하는 신앙의 암초와도 같은 것들이라는 것을 보여준다. 이러한 것들로부터 자유로워지는 것이 오늘 우리 신앙의 힘든 과제라는 것과 더불어.

네가 웃었느냐? (창 17:19)

아브라함의 웃음. 그것은 지금까지의 하나님의 진지한 말씀과 13년 만에 찾아오신 하나님과의 만남을 일거에 무위로 돌리는 것이었다. 하나님의 언약을 무시하고 만들어낸 그 불법의 아들과 함께 한 13년의 세월이 만들어낸 결과이기도 하였다. 몸은 하나님 앞에 꿇어 엎드려 있으나 마음으로는 그 말씀을 무시하고 믿음으로 받아들이기를 거부하는 아브라함의 모습은 오늘 몸은 하나님 앞에 예배드리는 것 같으나 마음은 하나님의 말씀과 그 말씀이 요구하는 삶과는 거리가 먼 우리들 신앙의 모습을 거울처럼 비추고 있다. 이제 하나님의 그 소중한 말씀을 싱거운 웃음으로 받아버리고 그 깊은 섭리와 계획들을 "이스마엘이냐"하는 말로 무시해 버리는 아브라함을 대한 하나님의 마음은 어떠하셨을까?

"하나님이 가라사대 아니라 네 아내 사라가 정녕 네게 아들을 낳으리니 너는 그 이름을 이삭이라 하라 내가 그와 내 언약을 세우리니 그의 후손에게 영원한 언약이 되리라"(:19)

"네 아내 사라가 정녕 네게 아들을 낳으리니 너는 그 이름을 이삭이라 하라". 하나님께서는 아브라함이 비웃었던 그 아들에 대한 부분을 강조하여 말씀하시며 그의 이름을 이삭이라고 지으라 하신다. 태어날 아이의 이름까지 지어 주시는 것은 이 아이에 대한 언약이 반드시 이루어지리라는 확증이었다. 그런데 하나님은 이 태어날 아들의 이름을 왜 이삭이라고 지으라 하시는 것일까? 이삭이라는 단어는 '웃음'이라는 뜻을 가지고 있다. 곧 이 아들의 이름을 '웃음'이라고 지으라 하시는 것이었다. '고귀한 아버지'라는 뜻의 '아브람'을 '열국의 아버지'라는 '아브라함'이라고 고쳐 부르신 하나님이셨다. '여주인'이라는 의미의 '사래'도 '열국의 어미'를 뜻하는 '사라'라고 고쳐 부르게 하셨다. 그 이름들 속에는 하나님의 언약이 깃들여져 있었고 하나님을 향한 사명이 담겨져 있는 것이기도 하였다. 그러했기에 거기에는 무척이나 무게 있는 진지함과 엄숙함이 깃들여져 있었다.

그러면 이제 그 사명을 실제로 이어갈 아들의 이름 또한 그렇게 깊은 의미를 가지고 있어야 함이 마땅하지 않겠는가? 그런데도 오히려 '웃음'이라는 이토록 가벼워 보이는 이름을 주심은 어찌된 일인가? 이름을 이렇게 지으시는 것은 이 아들이 사람들에게 웃음을 주리라고 하시는 것인가? 사람들을 웃게 하고 즐겁게 하리라는 뜻인가? 아니면 이 아이가 늘 웃으며 즐겁게 살리라는 것인가? 이 아이의 인생은 결코 그렇게 가벼운 것이 아니었다. 이 아들의 임무는 이제 겨우 한줄기 남은 신앙의 그루터기를 후손들에게 전달해 주는 중요한 역할을 감당하는 것이었다.

하나님께서 이 아들의 이름을 웃음이라고 지으신 것은 지금 이 아들의 존재를 웃음으로 받아들이는 아브라함의 반응을 거기에 담아놓으신 것이었다. 그 웃음은 하나님의 약속을 비웃는 것이었고 하나님과의 만남과 말씀을 무시하는 것이었으며 이 아들의 존재를 기대하지도 받아들이지도 아니하는 그의 태도를 담고 있었다. 그러기에 하나님께서는 이 아들의 이름 속에 오늘 아브라함의 이 경솔함과 무례함과 망령됨을 실어놓은 것이었으며 아브라함이 죽는 그 날까지 오늘의 이 사건을 기억하도록 하시는 조치였다.

이 아이를 볼 때마다 그리고 이 아이의 이름을 '웃음아'라고 부를 때마다 자신의 어리석음과 잘못을 생각토록 하는 것이었다. 이웃 사람들이 '이 아들의 이름을 왜 웃음이라고 지었소?' 라고 묻게 하심으로 그의 과거를 떠올리게 하셨다. 자식의 이름은 부모의 소망과 의지를 담아 짓는 것이 당연할진대 이 아이를 대해서만큼은 어떤 꿈도 소망도 갖지 못한 채 존재 자체를 부인하고자 하였던 아픈 과거만이 떠오를 뿐이었다. 그러기에 이 아들은 내가 낳은 아들이 아니라 하나님께서 만들어 놓으신 하나님의 아들이라는 마음으로 대하여야 했고 하나님의 살아계심이 생생하게 새겨져 있는 존재로 평생 아브라함 앞에 놓여진 아들이었다.

훗날 이삭이 왜 자신의 이름이 '웃음'이라고 지어졌는지 그 내용을 알게 될 때 그의 마음은 또 어떠했을까? 어머니와 아버지가 자신의 존재를 기대하지도 않았다. 자신의 존재를 알리는 하나님의 약속의 말씀을 듣고서도 부인하였다. 그 결과로 자신의 이름이 '웃음'이라고 지어졌다는 것을 알 때 그에게는 어찌할 수 없는 상념들이 교차하며 지나가게 되는 것을 피할 수 없었으리라. 물론 하나님의 존재와 그 섭리 그리고 하나님에 대한 신앙이 가지고 있는 초월적인 성격을 산 증거로 가지고 있는 자신의 존재 자체에 대한 이해도 분명 있었을 것이고 말이다. 그런데 여기서 중요한 것은 오늘 아브라함의 웃음의 사건이 단지 장차 태어날 이 아들의 이름을 '웃음'이라고 짓는데서 끝나지 않고 있다는 것을 우리는 보게 된다.

"내가 그와 내 언약을 세우리니 그의 후손에게 영원한 언약이 되리라". 하나님은 오늘 아브라함과의 만남의 초기에 이렇게 말씀하셨다. "내가 너와 내 언약을 세우니…// 내가 내 언약을 나와 너와 네 대대 후손의 사이에 세워서…"(:4//7). 하나님께서는 분명 아브라함과 언약을 세우시겠다고 하셨고 그 후손들을 **"네 후손"** 즉 아브라함의 후손이라고 칭하셨다. 그런데 아브라함이 이와 같은 하나님의 말씀을 웃음으로 반응한 이후에 하나님은 당신의 언약을 이삭과 세우겠고 또한 후손을 이삭의 후손이라고 칭하고 계신 것이다. 이는 처음 아브라함과 언약을 세우시겠다는 당신의 말씀을 취소하심을 의미하는 것이었다. 내가 너를 선택하여 이 언약을 계승할 사람으로 지목하였지만 그와 같은 계획을 취소하고 장차 태어날 네 아들 이삭과 언약을 맺고 그에게 이 중요한 사명을 맡길 것이라는 말씀이다. '웃음'이라는 이름이 아브라함의 반응에 대한 하나님의 노하심을 반영하는 것이었다면 이 언약을 변경하는 말씀은 아브라함을 대한 하나님의 실망을 담고 있는 것이었다.

하나님께서 원하시는 사람은 어떤 사람인지, 하나님께서 요구하시는 신앙은 또 어떤 것인지 우리는 이 속에서 발견하게 된다. 그가 무엇을 소유하고 있느냐 하는 것이 아니라 하나님의 말씀을 온 몸과 마음을 다해 경청하는 사람, 그 말씀에 최선을 다해 믿음으로 응답하고자 하는 사람이 하나님께서 찾으시는 사람이라는 것을. 그리고 우리의 믿음은 바라는 것들의 실상이요 보지 못하는 것들의 증거라는 사실을 말이다. 더불어 중요한 것은 이러한 신앙인이 되지를 못하고 이러한 신앙을 소유하지 못할 때 우리가 삶속에서 얻을 결과는 무엇인가 하는 점이다. 아브라함에게서 하나님의 언약을 거두신 하나님의 섭리 속에서 우리는 그 결과가 하나님의 주실 은혜로부터 제외된다고 하는 것이 이 말씀 속에서 분명히 떠오른다. 아브라함이 하나님의 말씀을 거절하였기에 그 자신 또한 그 말씀이 실어다주는 은혜에서 제외되는 것은 당연하지 않겠는가?

우리가 신앙 안에서 언제나 올곧을 수는 없다. 때로는 두고두고 생각나게 하는 참으로 부끄러운 실수를 범하기도 하고 또 인간으로서 차마 용서받을 수 없는 흉악한 범죄를 저지르게 되기도 한다. 하지만 오늘의 말씀은 그 어떤 실수나 어리석음이나 범죄보다 하나님의 말씀을 가볍게 여기고 그 언약을 무시하며 믿음으로 받아들이려 하지 않는 것이 얼마나 더 중대한 실수요 죄가 되는지를 다시금 확인시켜 준다.

복? 무슨 복? (창 17:20)

이제 곧 태어날 아브라함의 아들의 이름을 '웃음'이라고 짓게 하시고 또 그 언약에서 아브라함을 제외시킨 하나님이셨다. 하나님의 그 모든 진지한 노력을 한낱 웃음거리로 돌려버린 인간에 대한 하나님의 분노였고 실망감이었다. 그러면 아브라함으로 하여금 그렇게 하나님의 언약을 외면하게 만든 직접적인 요인이 된 이스마엘에 대해서는 어떻게 해야 하는 것일까? 앞서 아브라함은 이스마엘에 대해 이렇게 말하였다. **"이스마엘이나 하나님 앞에 살기를 원하나이다"**라고. 무슨 의미인가? 이스마엘에 대해 어떤 기대를 가지고 있는 것일까? 그 기대를 위해 그 아이를 어떻게 길러 온 것이었을까? 하나님은 이에 대해 이렇게 말씀하신다.

> "이스마엘에게 이르러는 내가 네 말을 들었나니 내가 그에게 복을 주어 생육이 중다하여 그로 크게 번성케 할지라 그가 열두 방백을 낳으리니 내가 그로 큰 나라가 되게 하려니와"(:20)

이 아들 이스마엘 또한 크게 번성하여 열두 방백이 그에게서 생겨나고 큰 나라를 이룰 것이라고 말씀하신다. 그리고 이것이 **"내가 네 말을 들었나니"**, 곧 아브라함이 앞서 하나님께 구한 것에 대한 응답이라고 말씀하신다. 우리가 이와 관련하여 의문을 품는 것은 이스마엘의 이러한 결과가 하나님

제3부 할례의 언약 **303**

께서 그에게도 복을 주신 결과라고 그 요인을 설명하실 때 과연 이 아이가 하나님의 복을 받게 되는 것이 합당한가 하는 문제 때문이다. 왜냐하면 이 아이는 그 출생 자체가 하나님의 언약을 어긴 인간의 욕심이 낳은 산물이요 죄의 다툼과 분란을 일으킨 자이며 지금도 아브라함의 신앙을 가로막고서 볼 것을 보지 못하게 하고 들어야 할 것을 듣지 못하게 하는 자이기 때문이다.

더군다나 아브라함 자신이 지금 하나님의 언약에서 제외되고 심각한 책망을 듣는 자가 되었는데 그런 아브라함이 그렇게 불신앙에서 요구한 말도 하나님께서는 들어 응답해 주시는가? 언약의 은혜에서 제외된 자의 간구도 효력이 있단 말인가? 나아가 이 이스마엘조차도 훗날 하나님께서 쫓아내심으로 하나님 나라에서 제외되어 버린다. 죄의 종노릇하는 자요 전혀 신앙이 없는 자였다. 그러한 자에게 어떻게 복을 주실 수 있단 말인가?

그에게 지금 약속되고 있는 이 복을 이제 태어날 신앙의 아들 이삭에게 임할 복과 비교해 본다면 그 내용 또한 유사하다. 장차 이삭을 통해서도 열국과 열왕이 일어나리라 하셨고 그 자손들이 하늘의 별과 같이 많게 되리라고 하셨다. 그리고 오늘 이스마엘 또한 열두 방백을 낳고 큰 나라를 이룰 것이며 번성하게 되리라고 하는 것은 그 역사적 결과에 있어서는 큰 차이가 없다. 그러므로 이스마엘에게 임할 복은 어떤 복이며 이는 이삭에게 줄 복과 어떤 차이를 가지고 있느냐 하는 것이 이 말씀 속에서 반드시 이해해야 하는 관건이다.

우선 이 복이라는 단어가 가지고 있는 개념을 생각하면 두 가지의 서로 다른 개념상의 차이점이 나타날 수 있다는 것을 알 수 있다. 그 하나는 신앙

안에서 사용하는 은혜로서의 복의 개념이며 다른 하나는 신앙 밖 즉 세상에서 흔히 말하는 복의 개념이다. 이럴 때 이 복이라는 단어는 표현은 같으나 본질에 있어서는 전혀 상반된 내용을 취하고 있다. 그러면 먼저 이삭은 어떤 존재이며 그에게 임할 열국과 열왕의 복은 어떤 것인가? 그것은 전적으로 신앙이 중심이 되어 생겨날 결과를 의미하는 것이었다. 즉 그 자신이 열국과 열왕을 마음 중심에 놓고 이것을 얻기 위해 신앙을 소유하는 것이 아니라 오직 신앙을 얻고 이어가기 위해 모든 것을 바치고 수고할 때 이 신앙이 이룰 결과였고 또 이 신앙을 이어가기 위해 필요한 열매들이었다. 이 열국과 열왕은 하나님의 말씀을 규범으로 지켜가는 나라요 하나님의 다스림을 실행하는 왕들인 것이다. 그리고 그 번성함은 하나님께서 신앙 안에서 더해주실 은혜이다.

그러면 하나님께서 이스마엘에 대하여 복을 주시겠다고 할 때 이 복은 어떤 복을 의미하는 것인가? 이 복에 대해 하나님께서는 **"내가 그에게 복을 주어 생육이 중다하여 그로 크게 번성케 할지라"**라는 말씀으로 그 의미를 설명하신다. 이 때의 이 복은 그야말로 생육이 중다하고 번성하여 큰 나라가 되는 물질적이고 외적인 복이다. 오늘날 많은 신앙인들이 꿈꾸는 복이기도 하며 사람이면 누구나 예외 없이 추구하는 복의 내용이기도 하다. 왜냐하면 이스마엘의 후손들에게 있어서 실제 역사적으로 신앙이라고는 기대할 수도 찾아볼 수도 없기 때문이다.

특히 하나님께서 이 아들이 장차 어떤 아들이 될 것인지를 말씀하실 때 **"그가 사람 중에 들나귀같이 되리니 그 손이 모든 사람을 치겠고 모든 사람의 손이 그를 칠찌며…"**(창 16:12)라고 설명하셨다. 이는 그가 매우 전투적인 사람이 될 것이요 그로 말미암아 전쟁과 죽음과 약탈이 일어나게 될 것을 알려주시는 말씀이었다. 이와 관련시켜 본다면 이 아들이 생육이 중다하고 큰 나라를 일으키게 된다는 것은 바로 이러한 결과로 얻게 될 것을 의미하는 것임을 알 수 있다. 그러므로 이 아들이 얻을 이와 같은 복은 신앙의 복, 하나님께서 주시는 은혜가 아니라 전쟁과 약탈을 통해서라도 얻고자 하는 세상의 복인 것을 확인할 수 있다.

그런데 하나님께서는 왜 이러한 복을 이스마엘에게 주겠다고 하는 것인가? 중요한 것은 이것이 아브라함의 뜻을 따른 것이며 아브라함이 지금 이스마엘을 통해 추구하고 있는 것이라는 점이다. 아브라함이 후사를 얻고자 원하였던 것은 자신이 현재 가지고 있는 이 많은 재산과 사회적 소유들을 다른 사람에게 빼앗기고 싶지 않은 마음과 이것을 지키고자 하는 마음 때문이라는 것을 우리는 앞서 살펴본 적이 있다. 그러므로 아브라함이 이스마엘에게 집착하는 것도 바로 이 재산을 물려받을 후사로서의 중요성 때문이었던 것이다. 즉 아브라함은 이 가나안에 와서 이룬 여러 가지 결과들 곧 물질적 부와 어느 누구도 쉽게 무시할 수 없는 사회적 세력 등 이런 것들을 잃지 않고 물려받을 수 있는 아들을 원했고 그 점과 관련하여 오늘의 이스마엘이 생겨나게 되었던 것이다.

따라서 이스마엘에게 기대된 역할도 이 물질적 후사로서의 의미가 강했다. 그렇기 때문에 이를 위해 이스마엘이 가져야 하는 기질과 내적 가치관은 남과 싸워 이기고자 하는 강한 승부욕과 무엇이든 쟁취하고자 하는 강한 도전욕이었다. 이 거친 세상에서 내 것을 지키고 남과 싸워 이기고자 하면 죽음을 두려워 않는 전투적 기질이 있어야만 했다. 하나님께서 이스마엘을 **"들나귀 같은 자"**요 **"그 손이 모든 사람을 치겠고 모든 사람의 손이 그를 칠찌며"**라고 언급하신 것이 이스마엘의 이러한 외적 기질과 내적 가치관을 두고 하시는 말씀이었다.

그렇기에 하나님의 이 말씀은 '그래 네가 지금 내가 하는 이 모든 언약의 말씀을 무시하고 원하는 것이 그것이더냐? 그래 그러면 좋다. 내가 너의 뜻대로 행하여 주마' 하는 말씀이다. 그런데 무서운 것은 이 속에 담겨진 하나님의 의도이다. 이렇게 그의 요구를 들어주겠다고 하는 것이 아브라함이 예뻐서 혹은 사랑스러워서가 아니었다. 그의 태도와 말과 뜻을 진노하시며 징계하는 중에 나온 것이었고 이는 좋은 결과가 아니라 재앙으로서의 결과를 가지고 있기 때문이다. 곧 '그래 네가 원하는 것을 들어주겠지만 그러나 네가 원하는 그것이 어떻게 이루어질지 그리고 또 장차 어떤 결과를 만들어 낼지 지켜보라' 라는 뜻이 담겨 있는 것이다. '너의 후손들이 그 결과를 당할 것이요 그들이 오늘 너의 실수가 가져올 모든 결과를 지켜보고 너의 오늘의 실수를 기억하게 될 것이다' 라는 의미가 들어 있는 것이다. 그리고 역사는 바로 이러한 결과를 묵묵히 증언하고 있는 것이 오늘 우리 모두가 겪고 있는 현실이다.

이스마엘은 아브라함의 육적 성품을 이어받는 자였고 이삭은 순수히 그의 신앙만을 이어받을 자가 되었다. 여기에 이러한 결과들을 맺도록 매개되는 자들이 이스마엘에게는 하갈이라는 여종으로서의 어미가 있었으며 이삭에게는 사라라는 신앙의 어미가 있었다. 물론 아브라함이 이스마엘에게도 신앙을 이어주기 위해 노력을 기울였을 것임은 분명하다. 하지만 그에게 우선적으로 요구된 것은 이 집안의 모든 것을 지켜가기 위한 역할이었고 이를 위해 필요한 생존기술들이 가르쳐졌다. 그리고 여종인 어미 하갈의 종의 근성과 야심이 더해졌다. 이렇게 될 때 이 때의 신앙은 현실적 결과들을 지키고 얻는 수단으로 왜곡되어지는 것은 당연하였다.

"**내가 그에게 복을 주어**"라는 말씀은 하나님께서 이러한 이스마엘의 결과들을 의도적으로 더해주시겠다고 하는 것이라기보다는 그렇게 되도록 내버려 둘 것이라는 측면이 더욱 강한 말씀이다. 들나귀같이 모든 사람을 치고 괴롭히며 갈등과 전쟁을 이 땅에 심을 자에게 복을 주셔서 그러한 짓들을 하도록 하겠다는 것은 전혀 맞지 않기 때문이다. 너 아브라함이 오늘 요구하는 것이 이것이라는 사실, 네가 오늘 이스마엘이라는 자를 통해서 만들어 놓을 결과가 이러하리라는 사실을 보여주시고 역사 속에서 모두가 확인하도록 하기 위해서인 것이다.

우리 인간에게는 그 어느 누구에게나 육적 성품과 도덕적 윤리적 성품이 함께 있다. 이 둘 중에 어느 부분이 더욱 강화되어 자라나느냐 하는 것이 그의 삶을 결정짓는다. 그리고 이것은 전적으로 그의 성장과정과 관련되어 있다. 부모가 양심을 강조하며 윤리적 도덕적 삶을 가르치고 요구하며 또 그러한 외적 분위기와 사회 상황에 노출되는 성장 과정을 거친다면 그는 그러한 경향성을 띄게 된다. 늘 양심의 소리에 귀 기울이고 쉽게 자신과 타인을 괴롭히는 범죄 행위를 행하지 못한다. 반면 이 양심의 소리를 듣지만 양심을 좇는 삶을 살았다가는 변변한 밥벌이도 못할 것이라는 생각 때문에 늘 경쟁적이고 도전적인 기질을 주문받고 자라온 자녀들과 그러한 외적 상황 속에 노출되어 살아온 자들은 대체로 또 이러한 경향성을 강하게 드러낸다.

비록 내가 신앙인이라고 할지라도 우리 또한 신앙 안에서 이 두 가지 상반된 성향을 각각 강화시키며 자라가는 것을 본다. 신앙 안에서 현세적 물질적 결과들을 중시하는 육적인 측면과 신앙이 요구하는 바 의와 선을 추구하는 순수한 영적 측면이다. 신앙 안에서 어떤 측면을 더 강하게 요구받느냐에 따라 그리고 배우느냐에 따라 우리의 신앙도 전혀 다른 두 가지 성향으로 나아가게 되는 것이다.

　아브라함 또한 그의 내면에는 하나님을 향한 순수한 열정과 모든 것을 희생할 수 있는 헌신의 신앙이 있었고 또 한쪽에는 가나안에서의 생존과 지금까지 이루어 놓은 것을 소중히 여기고 지켜나가고자 하는 육적 욕심이 있었다. 하지만 지금 이 순간 그에게는 이 육적 욕심이 더 강하게 자리하고 있고 그것이 이스마엘이라는 아들로 나타났다. 그가 태어난 연유부터가 그러했다. 반면 그 모든 잘못된 결과들을 지극히 냉철하게 지켜보아온 사라를 통해 잉태되고 양육되며 아브라함의 이 순수한 신앙의 열정과 지금까지 연단된 신앙의 정수가 전해져 자라나게 될 존재가 이제 곧 태어날 하나님의 언약의 자손 이삭이었다.

　오늘 나의 신앙은 어떤 부분을 더 강하게 자극받으며 자라나고 있는가? 나는 이스마엘의 복을 추구하고 있는가 아니면 신앙 안에서 이삭의 복을 따르고자 하는가? 무엇을 내 자녀에게 가르치고 있는가? 오늘 내가 하나님 앞에서 혹시 구하고 있는 것이 **"이스마엘이나"** 하는 간구가 아닌가? 그리고 그것이 이루어져 가고 나는 그것을 감사하다라고 하고 있지는 않은가?

씁쓸한 참으로 씁쓸한 (창 17:21-22)

하나님께서 아브라함에게 원하시는 것은 오직 한 가지였다. 하나님의 언약에 충실한 신앙과 삶 바로 그것이었다. 하나님의 언약을 그의 신앙의 중심에 담고 이를 이루기 위한 삶 그리고 이에 합당한 삶을 사는 것이 하나님께서 아브라함에게 요구하시는 핵심이었다. 지금까지의 하나님과 아브라함의 만남은 이 한 가지를 위해 이루어져 왔다. 하지만 아브라함이 "**이스마엘이나 하나님 앞에 살기를 원하나이다**"라고 말하는 것에 대해서 "**이스마엘에게 이르러는 내가 네 말을 들었나니 내가 그에게 복을 주어 생육이 중다하여 그로 크게 번성케 할지라 그가 열두 방백을 낳으리니 내가 그로 큰 나라가 되게 하려니와**"라고 응답하실 때에 이러한 아브라함의 요구와 하나님의 응답이 언약과는 어떤 관계에 있는 것일까?

"**내 언약은 내가 명년 이 기한에 사라가 네게 낳을 이삭과 세우리라**"(:21)

이스마엘에 대한 복을 말씀하신 후에 이어서 하시는 이 말씀은 이스마엘에게 네가 원하는 복은 주겠지만 나의 언약은 이제 태어날 이삭에게 있을 것이라는 의미이다. 그러므로 이 말씀 속에서 이스마엘과 관련하여 먼저 우리가 확인하게 되는 것은 이스마엘이 비록 그러한 물질적인 복을 누리겠지만 그의 복 속에는 하나님의 언약이 없다는 사실이며 그러기에 그 복은 언약과는 어떤 관계도 없다는 사실이다. 즉 신앙과는 전혀 상관없는 복이라고 하는 것이다. 그리고 하나님의 언약은 이스마엘이 아니라 이제 곧 태어날 이삭과 맺으리라는 것이 이 말씀 속의 두 번째 내용이다. 아브라함과 언약을 맺으시겠다는 그 처음의 말씀을 변경하시며 아브라함 자신 이 언약에서 제외 될 것을 다시 한 번 선포하시는 말씀이기도 하다. 아브라함 자신 그 스스로 이 언약을 전혀 믿지 아니하였고 오히려 마음으로부터 거부하였기에 그 또한 이 언약에서 제외되는 것은 당연한 결과이다.

하나님께서 진정 사람을 대해 원하시는 것은 무엇이었는가? 오늘 그리고 오늘 이전에도 아브라함에게 찾아오셔서 그에게 주고자 하시며 아브라함이 받아들이기를 원하셨던 것은 무엇이었는가? 그것은 하나님의 언약이었다. 이 언약을 이어가는 사람이 되는 것이었다. 그런데 이 말씀은 아브라함이 그토록 아끼는 이스마엘은 이 언약을 이어받을 수 없는 자라는 것이었고 그가 물질적으로는 번성할지라도 그 속에 하나님의 언약은 담겨있지 않을 것이라는 내용이었다. 그 물질은 언약을 지켜간 결과로 얻어진 은혜도 아니요 언약을 이어가기 위한 목적도 가지고 있지 않다는 것이었다. 그냥 그 물질 자체에 대한 맹목적 추구 외에는 없었던 것이다. 본질적으로 말한다면 이스마엘이 누리게 되는 복 속에는 하나님의 언약을 그 핵심으로 하는 신앙이 없다는 것이며 그는 하나님의 구원의 은총에서 제외된 자라고 하는 의미이다. 하나님께서 진정 원하시는 것은 이 부분인데 말이다.

"이스마엘이나 하나님 앞에 살기를 원하나이다"라는 아브라함의 간구 속에는 언약의 부분이 없었고 그러므로 그것은 전적으로 물질적인 복을 원하는 것이었다. 곧 지금의 아브라함의 신앙은 그 중심을 물질이 차지하고 있었던 것이다. 물질적인 부가 은혜의 한 부분이기는 하지만 그것이 신앙관계의 중심은 아니었다. 그리고 이러한 신앙은 결코 구원의 은총을 가능케 하는 것이 아니라는 것을 이스마엘이 하나님의 구원의 은혜에서 제외되고 탈락되는 것으로 확인시켜 주신다. 반면 이삭이 얻을 복은 언약이 있는 복 언약으로 인해 누릴 복이라는 것도 우리는 여기서 보게 된다. 나아가 아브라함의 이러한 태도에 대해 그와 맺으려던 언약을 취소하심으로 징계하시고 너의 그러한 신앙으로는 언약을 이어받고 또 이어주는 하나님의 나라에 결코 참여할 수 없다는 것을 가르쳐 주시는 것이었다.

그러기에 아브라함의 실수는 이스마엘이 복을 얻기 바라고 하나님 앞에서 잘 살게 되기 원하였지만 그렇게 될 수 있도록 이스마엘을 준비시키지 못하였다는 사실이다. 그가 지금까지 이스마엘에 대해 가졌던 관심이 비록 신앙에 관한 부분이 분명 있었고 이에 대한 교육도 있었겠지만 오늘 이스마엘에게 형성된 그 삶의 내적 모습은 신앙과 전혀 다르다는 것을 하나님께서 보신 것이었다.

"내 언약은 내가 명년 이 기한에 사라가 네게 낳을 이삭과 세우리라". 사라가 낳을 아들에 대해 전혀 믿지도 기대하지도 않는 아브라함에게 이삭이 태어날 시점까지 알려주신다. 왜 지금까지와는 달리 아이가 태어날 시점까지 구체적으로 알려주시는 것일까? 그것은 내년 이맘 때 쯤 아기가 태어나게 된다면 그 아기의 잉태는 지금부터 수개월 후면 나타나게 될 것이고 이는 곧 앞으로 불과 몇 달이 못 되어 네가 나의 언약이 이루어져 가는 것을 보게 되리라고 하는 말씀이다. 곧 이 말씀 속에는 이스마엘에 대한 아브라함의 잘못된 기대와 이삭에 대한 하나님의 약속을 받아들이지 못하는 아브라함의 불신앙을 강하게 질책하는 하나님의 책망이 담겨져 있다. 네가 이 아이가 태어나는 날 오늘 네가 이 언약을 믿지 못한 것을 기억하게 될 것이고 그 때 그 아이의 이름을 '웃음(이삭)'이라고 지으면서 심히 부끄러워하게 되리라는 의미다.

하나님의 놀라운 은혜가 감사와 기쁨이 되어야 할 것인데 오히려 부끄러움이 될 수도 있다는 것을 우리는 여기서 보게 된다. 오늘 내가 복인 줄 알고 취한 것이 훗날 나의 부끄러움이 될 수도 있다는 것을 말이다.

한 신앙의 아버지에게서 태어나도 언약의 자녀가 되는 자가 있고 그렇지 못한 자가 있다. 귀로는 말씀을 들으나 생각은 저 먼 나라를 동경하는 자가 있는 것이다. "사라가 네게 낳을 이삭"이라는 말씀은 아브라함의 자녀일지라도 사라가 낳고 사라가 교육시켜야 하는 자녀를 의미한다. 똑같은 아브라함의 자녀이지만 하갈이 낳고 하갈이 교육시킨 자녀이기에 이스마엘은 안 된다고 하는 말씀이기도 하다. 아버지와 어머니가 그 바탕에 있어서 전혀 같지 않은 어긋난 상황과 조건에서 길러진 이스마엘이었고 아버지와 어머니가 동일한 신앙의 바탕을 지닌 조건 하에서 양육될 이삭의 차이를 두고 하시는 말씀이었다.

"하나님이 아브라함과 말씀을 마치시고 그를 떠나 올라가셨더라"(:22)

아브라함과의 말씀을 마치시고 그 만남을 끝낸 후 떠나가시는 하나님의 마음은 어떠하셨을까? 지금 내가 하나님의 입장이 되어 이러한 만남을 가졌다면 어떤 느낌과 감정을 갖게 되었을까? 또 다시 만나고 싶을까? 다시 만나 대화를 나누고 싶은 마음이 남아 있을까? 만일 하나님께 우리 인간이 느끼는 감정과 기분이 있어 그러한 마음을 표현한다면 아마 많이 씁쓸하셨으리라. 몹시 화가 났으리라. 이런 만남을 위해 그렇게 시간을 내어 찾아오며 많은 정성과 수고를 들인 것에 대해 스스로 허무해 하며 다시는 저를 찾지 않으리라고 다짐하는 마음을 가질 수도 있었을 것이다. 이러한 인간을 대해 내가 그렇게 소중한 비밀을 알려주기까지 공을 들였는가 하는 스스로를 자책하는 마음도 가질 수 있었을 것이다. 만약 인간이었다면.

반면 만일 아브라함이 눈을 반짝이며 신기해하고 그 내용을 더 듣고 싶어 하며 알고 싶어 하였다면 좀더 오래도록 그와 대화를 나누고 싶지 않으셨을까? 좀더 많은 말씀을 그에게 전해주고 싶어 하지 않으셨을까? 마치 마음이 통하는 오랜 친구와 만나 즐거운 대화를 나누며 시간이 가는 줄을 알지 못하는 것처럼 그렇게 기쁘게 대화를 마치셨을 것인데 말이다.

그러면 이제 하나님과의 만남을 이러한 결과로 끝맺게 된 아브라함의 마음은 어떠했을까? 자신의 웃음에 대해 하나님의 말씀하신 바가 무엇인지를 알았다면 그리고 자신의 어떤 태도가 이러한 결과를 초래하게 하였는지를 깨달았다면 그는 정신이 번쩍 들지 않았겠는가? 크게 당황하지 않았겠는가? 늘 하나님은 내 편이라고 생각하였는데 나 또한 언제나 하나님 편에 서 있다고 생각하였는데 그래서 그렇게 편안하게 하나님을 대하며 살아왔는데 그것이 전혀 아니었다는 것 전혀 잘못 되었다는 것을 알았을 때 놀라는 것은 당연한 결과여야 했다.

누군가와 대화를 하면 자꾸만 더 오래 얘기를 나누고 싶은 사람이 있다. 귀 기울여 경청하고 듣기를 즐거워하며 나의 뜻을 이해하고 동의해 줄 때 전하는 자는 더 많은 것을 전해주고 싶고 오랜 시간 같이 있어도 전혀 피곤하지 않다. 늘 그와의 만남이 즐겁고 그에게 유익한 것은 무엇이든 주고 싶고 그의 어려움도 기꺼이 함께 나누고 싶다. 그의 안부가 늘 궁금하며 그가 어느 때든 나를 찾는 것이 즐겁기만 하다. 하지만 반면 내가 한마디 하면 자신은 두 세 마디 하고 자신의 하소연만을 줄줄이 늘어놓고 자기의 주장을 강요하며 나의 말을 인정하고 받아들이려기 보다는 늘 딴죽을 걸고 비꼬는 자들은 나를 늘 지치게 하고 피곤하게 한다. 나의 진실한 의사가 통하지 않는 자에 대해서는 대화나 만남을 피하게 되고 나의 관심 영역에서 제외시키게 된다.

사람과의 만남도 이러할진대 하나님과의 만남은 과연 어떠해야 하는 것일까? 듣고 받아들이고 기뻐하고 늘 찾아가 더 듣기를 원하는 모습이어야 할까 아니면 그의 뜻과 마음에 대해서는 별로 혹은 거의 관심을 갖지 못한 채 늘 무언가를 조르고 내 하소연을 풀어놓고 싶어 만나고자 하는 그러한 것이어야 할까? 아브라함이 하나님과의 만남을 대하는 모습은 어떠하며 오늘 이 시대 나와 우리의 신앙은 또 어느 편에 서 있는 것일까? 천지를 지으시고 운행하시며 모든 것을 알고 계시는 전지전능의 하나님 앞에서 무슨 할 말이 그렇게 많으며 또 받아들이지 못할 것이 무엇이겠는가?

내가 하나님과의 만남을 원한다면 하나님은 그 만남을 어떻게 대하실 것인지 생각해 보자. 많이 듣기를 원하는 자인지 아니면 말을 많이 하려고 하는 자인지, 나는 원하지만 하나님께서도 원하고 계시는지, 또 내가 원할 때는 찾아가려고 하지만 그 분이 부르실 때도 내가 기꺼이 응답하고 찾아가고자 하는 자인지 돌아보자.

잘 익은 포도주처럼 (창 17:23)

하나님께서 "내 언약은 내가 명년 이 기한에 사라가 네게 낳을 이삭과 세우리라"고 말씀하시고 떠나가셨을 때 아브라함은 하나님의 그 말씀과 떠나가심을 어떻게 받아들였을까? 하나님의 아브라함을 대한 만남은 더할 수 없이 진지한 것이었으나 이에 대한 아브라함의 반응은 너무도 불성실하였고 이러한 그의 태도에 대한 하나님의 실망과 노기가 이 말씀으로 표현된 것이었다. 아브라함은 과연 이러한 하나님을 느낄 수 있었을까? 그리고 분명히 느꼈다면 그는 어떻게 반응해야 하는 것일까?

"이에 아브라함이 하나님이 자기에게 말씀하신 대로 이 날에 그 아들 이스마엘과 집에서 생장한 모든 자와 돈으로 산 모든 자 곧 아브라함의 집 사람 중 모든 남자를 데려다가 그 양피를 베었으니"(:23)

할례. 아브라함은 어떤 생각을 갖고 이 할례를 행하였을까? 자신의 아들과 공동체의 모든 남자들을 한 자리에 모아놓고 할례를 받아야 된다고 말하고 칼을 날카롭게 갈아 할례를 시행할 때 그는 그 이유를 어떻게 설명하였을까? 할례는 그것을 받은 자들이 하나님의 언약을 간직한 자들이요 그 언약을 수행하여 가는 자라는 것을 나타내는 외적 표시이다. 이 고통과 아픔을 통해 하나님의 언약의 자손이라는 것을 뼛속 깊이 새겨야 했고 그 언약을 위해 어떤 고난도 감수하겠다는 다짐이 있어야 했다. 그렇기에 할례 받은 자로서 지금까지와는 분명히 다른 삶을 살고자 하는 의지가 요구되었으며 타인들과의 관계 속에서도 구별된 자의 삶의 결과가 있어야 했다.

그렇기 때문에 이를 위해서는 사전에 충분한 시간이 있어야 했다. 아브라함은 이 할례를 시행하기 이전에 왜 오늘 할례를 시행하여야 하는지에 대해 충분히 설명해야만 했다. 13년 만에 찾아온 하나님과의 만남과 그 만남의 내용 그리고 언약의 의미들에 대해서 자세히 설명하는 시간을 가져야만 했던 것이다. 이 할례의 의식은 남자들만을 대상으로 하는 것이나 이 할례가 가지고 있는 언약의 내용은 남자, 여자, 어른, 아이 할 것 없이 이 공동체의 모든 사람들에게 다 설명되어야만 했다. 모두가 다 언약의 동참자들이 되어야 했기 때문이다.

그리고 저들의 자발적인 순종을 기다려야 했다. 이제 이러한 하나님의 언약에 동참할 것인지, 앞으로 이 아브라함의 공동체는 철저히 하나님의 언약을 지켜가는 언약공동체로서의 사명을 다할 것인데 이를 받아들일 것인지 그들 스스로 선택하고 결정할 시간적 여유를 주어야만 했다. 만약 이러한 것이 싫다면 그리고 이 할례를 받는 것이 두려워서라도 동참하지 못하겠다고 하는 자가 있다면 공동체를 떠나도록 해야만 했다. 그래야만 이후부터 이 공동체는 언약 중심의 단단한 결속을 이룬 공동체가 될 수 있기 때문이었다. 이러할 때 앞으로 어떠한 작은 사건 앞에서도 이들의 판단기준은 오직 이 언약이 될 것이기에 언약은 공동체의 정체성을 이루는 근간으로 자리하게 되고 따라서 아브라함 공동체는 언약공동체로서 그 정체성을 확고하게 세워 나갈 수 있게 되는 것이었다.

만일 이러한 과정 없이 단지 하나님의 명령이라는 것으로만 할례를 강요하고 아브라함 자신이 이 집의 주인이요 저들은 다 자기의 종이기에 주인의 뜻에 무조건 복종할 것을 요구하는 차원에서 이루어졌다면 어떻게 되는 것일까? 그리고 이 할례 받음과 받지 아니함을 그것 자체로 하나님의 언약의 백성이 되는 것과 되지 못하는 것을 구분하는 표식으로 삼고자 하는 것이라면 또 어떻게 되는 것일까? 이는 당연히 그 본질을 잃어버린 전혀 의미 없는 하나의 형식이고 의식에 지나지 않는 것이 되고 만다.

또 만일 이러한 스스로 인식하고 결단하는 과정 없이 이 공동체에 머물기 위한 어쩔 수 없는 하나의 방편으로 이에 응한다면 언약을 중심으로 하는 이 공동체의 정체성은 바로 세워질 수 없다. 어떤 작은 사건 앞에서도 이 언약은 공동체를 유지하는 가치 기준으로서의 기능을 하지 못하고 그 결과 공동체의 정체성은 쉽게 무너질 수밖에 없다. 언약과 언약이 요구하는 신앙의 내용에 대한 충분한 이해와 내적인 다짐 그리고 헌신의 고백이 없이 수동적으로 이에 참여하게 될 때 이 할례는 신앙 자체를 대단히 잘못된 방향으로 나아가게 하는 요인이 된다. 훗날 이스라엘에게서 나타나는 것처럼 할례 자체가 신앙의 증표로 여겨지게 되는 것이다.

과연 아브라함은 하나님과의 만남에 대해 낱낱이 설명하였을까? 아브라함 자신의 믿지 못함에 대해 심히 노하시고 책망하신 것까지 다 세세히 전하였을까? 내년 이맘 때 쯤이면 태어나 이 약속을 이어받고 이 집안을 이끌어나갈 이삭의 존재에 대해서도 과연 말하였을까? 무엇보다도 만약 아브라함에게 그 만남과 만남의 결과에 대한 자기 인식이 있었다면 그는 이 할례를 시행하기에 앞서 철저한 회개와 자기 성찰이 있어야만 했다. 이 할례가 급한 것이 아니라 자신과 맺으려던 그 언약에서 자신을 제외시켜 버린 하나님의 책망에 대해서 그 이유를 깊이 생각하고 자신을 하나님 앞에서 다시 세우는 작업이 선행되어져야 했다. 할례는 하나님의 언약의 상징일진대 그 언약과는 아무 상관도 없게 된 자가 할례만 받는다고 해서 그 언약이 다시 유효케 되는 것은 아니기 때문이다.

"이 날에(in the very same day)". 하지만 오늘의 말씀은 아브라함의 이 할례 행사가 하나님과의 만남이 있었던 바로 그 날에 시행되어졌다고 전하고 있다. 아브라함 공동체의 성인 남자만 최소한 500여명이었다. 그러기에 이 집안의 모든 식구는 거의 일천 여명 이상이라고 보아야 했다. 이들을 한 자리에 모아 위에서 설명된 것과 같은 언약과 할례의 의미를 낱낱이 설명하여 저들이 마음으로 동의하고 이러한 준비가 할례라는 대단히 의미 깊은 의식으로 거행되기 위해서는 상당히 오랜 시간이 필요한 것이었다. 난지 팔일 이상 된 아이들까지 포함한다면 훨씬 많은 수의 남자들에게 외과적 수술로서의 할례를 시행한다는 것만 해도 대단히 크고 어려운 일이었다. 상처가 덧나지 않고 잘 아물 수 있도록 하기 위해서는 무척이나 세심한 준비와 주의가 필요한 일이었다. 그야말로 그 어느 누구도 경험하여 보지 못한 인류 최초의 외과 수술이 진행되는 것이었기 때문이다.

그런데 이 할례가 아브라함이 하나님과의 만남을 가진 바로 그 날에 시행되었다고 하는 것은 위의 요건들과 관련하여 어떤 사실을 말하고 있는가? 설명도 준비도 없이 아브라함의 명령 한마디로 아주 급하게 마치 적에게 쫓기듯이 전투적으로 진행되어졌다는 것을 보여주고 있지 않은가? 이 할례의식이 그 내적인 의미는 조금도 인식되지 못한 채 단지 하나의 외적 형식으로서의 의미만을 가지고 진행되었다는 것을 강하게 풍겨내고 있지 않은가? 그 모든 사전 준비 절차들이 거의 생략된 채 단지 남자들의 양피를 잘라버리는 하나의 외과적 수술로서의 사건으로만 기록되고 있는 것이다.

왜 그랬을까? 왜 아브라함은 하나님의 언약 자체에 대해서는 시큰둥한 반응을 보였으면서도 이 할례에 대해서만은 이토록 신속하게 진행하는 것이었을까? 그것은 하나님과의 만남이 하나님의 진노와 책망으로 끝난 후 아브라함의 마음 속에 '아차' 하는 강한 두려움이 엄습해 왔고 이에 따라 서둘러 이 할례 의식을 행함으로 하나님께 대한 자신의 실수를 조금이라도 가려보고자 하는 마음 때문이 아니었겠는가? 어쩌면 하나님의 책망을 두려워하고 반성하는 마음 보다는 하나님의 언약이 자기에게서 떠난 것에 대해 그것을 되돌리고 싶어 하는 의도에서 나온 것이 아니었겠는가? 만일 하나님의 책망을 진지하게 받아들이고 하나님과의 상한 관계를 회복시키고자 하는 마음이 먼저 있었더라면 그는 저 먼 어느 산꼭대기(훗날 이삭을 번제로 바치는 모리아 산이 그 하나일수도)로 올라가 하나님께 스스로의 경건치 못함을 참회하는 시간을 먼저 가져야 하는 것이 순서였기 때문이다.

그러기에 아브라함의 아들 이스마엘을 포함한 이 집 모든 남자들은 어느 날 느닷없이 칼을 시퍼렇게 갈아세우고 할례를 받아야 한다고 말하는 아브라함에 의해 전혀 영문도 모른 채 지금까지 듣도 보도 못한 이 희한하고도 고약스러운 일에 참여하게 되었을 뿐이다. 아주 고통스럽지만 주인의 요구이기에 어쩌는 수 없이 심히 거리끼는 마음으로 말이다. 하나님의 언약이 어쩌구 하면서 모든 남자들의 가장 예민한 피부를 잘라내라고 요구할 때 그들은 이것이 도무지 무슨 말인지 어안이 벙벙할 수도 있었으리라. 아브라함의 정신이 이상하게 된 것은 아닌가 그가 뭘 잘못 먹지는 않았는가 하는 쑥덕거림이 뒷 마당의 여인네들 사이에서 오갔을 테고 말이다. 결국 인류 최초의 가장 의미 있는 경건한 신앙 의식이 되어야 할 이 할례가 지상 최대의 해괴하고도 희극적인 해프닝으로 전개되어지고 만 것이었다.

이러한 모든 이해는 다음의 한마디 말씀 속에서 확인된다. **"그 아들 이스마엘과"**. 그 만남이 있고 나서도 아브라함의 이스마엘에 대한 집착이 여전함을 보여주는 대목이다. 분명 하나님께서 이삭을 언약의 자손으로 지목하셨고 이스마엘은 언약의 자손이 될 수 없다는 것을 분명히 하셨다. 그런데 아브라함의 이 언약의식에 가장 먼저 이스마엘의 이름이 등장한다. 언약에서 제외된 자의 할례. 과연 하나님의 언약의 말씀과 이에 대한 아브라함의 인식이 일치하고 있는 것인가? 그 언약의 핵심인 사라가 내년 이맘때에 아들을 낳을 것이라는 내용이 전달된 것이었을까? 사라가 낳을 아들이 이 언약의 증거가 되며 이 집의 정식 후사로서 신앙을 이어받게 될 것이라는 역사적 사실이 이 할례의 의미 속에서 가르쳐진 것이었을까? 반드시 전해져야만 했고 이제 공동체의 모든 사람들의 마음 속에서 그 아들이 언약의 증거로 기대되어져야만 했는데 말이다. **"그 아들 이스마엘과"**라는 말씀은 이러한 모든 질문에 대해서 실제적인 대답을 해주고 있다. "NO"라는 것을.

모든 신앙의 행위는 내용을 가지고 있다. 외적인 행위와 형식만으로 그 신앙의 의미를 충분히 담을 수는 없다. 그러한 것들 이전에 먼저 그 내용에 대한 충분하고도 완전한 이해가 있을 때 그 외적인 행위와 형식은 그러한 마음 속의 이해된 바를 사람과 하나님 앞에서 선포하고 다짐하는 약속으로서의 의미를 갖게 된다. 이것이 없다면 외적인 형식은 본질이 없음에도 마치 있는 것처럼 스스로 느끼게 하고 또 타인에게도 보이게 하는 속임이 될 수 있는 것이다.

하나님께서는 왜 인류 최초의 신앙 의식으로서의 역사적 의미를 지닌 이 중요한 할례뿐만이 아니라 당신께서 제정해 놓으신 유월절과 무교절 오순절 대속죄일 장막절 그리고 안식일 등 그 모든 절기들과 의식들과 그 외의 여러 외적인 규례들까지 모조리 폐하신 것이었던가? 그 속에 담아 놓은 본질은 잃어버린 채 그 껍데기만 붙잡고서 신앙인 양 착각하고 있는 신앙인들 때문이었다. 그 절기와 의식과 규례들 속에 하나님께서는 온갖 귀한 보물들을 다 담아 마치 신랑이 신부에게 패물함을 건네주듯 주셨다. 그러나 그 어리석고 눈 먼 신부가 그 속의 보물들은 보지도 못하고 또 모조리 도둑맞은 채 빈 껍데기뿐인 함을 갖고서 애지중지 하고 있었다. 때문에 그 함을 빼앗아 부셔버리고 그 결혼의 순결한 서약을 져버린 신부를 내쫓아 버린 것이었다.

오늘도 교회는 성경의 아무 근거도 없는 많은 절기들을 정하여 애지중지 하듯 지키고 있다. 눈 먼 신부의 더럽혀지고 찢어진 예복이요 보물을 도둑맞은 어리석은 신부의 속 빈 패물함이다. 신랑의 결혼식 날 오히려 금식하며 애곡하는 지극히 어리석은 자들의 짓거리들이다. **"예수께서 저희에게 이르시되 혼인집 손님들이 신랑과 함께 있을 동안에 슬퍼할 수 있느뇨 그러나 신랑을 빼앗길 날이 이르리니 그 때에는 금식할 것이니라"**(마 9:15).

신앙은 할례를 명하는 아브라함처럼 어느 날 자다가 놀라 일어나 봉창을 두드리는 것과 같은 그러한 것이 되어서는 안 된다. 신앙은 할례 받는 이 집의 사람들처럼 영문도 모른 채 찢어지고 더럽혀진 예복과 텅빈 패물함을 들고서 마지못해 결혼에 임하는 것과 같은 것이 되어서도 안 된다. 가만히 있던 사람이 어느 날 느닷없이 180도로 달라져서 놀라운 일과 능력을 행하게 되는 것도 아니다. 오랜 세월 땅 속 깊은 곳에서 잘 숙성된 향 좋은 맛진

포도주처럼 긴 시간을 두고 정제되고 연단되어진 끝에 만들어져 나오는 아름답고 향기로운 것이 되어야 한다.

어찌하랴 이 일을 (창 17:24-27)

"아브라함이 그 양피를 벤 때는 구십구 세이었고"(:24)

아브라함이 양피를 벤 때는 그의 나이 99세 때의 일이었고 가나안에 온 지 25년 그리고 이스마엘을 얻고 키워 온 지 13년이 되던 해였다. 모든 것이 풍족하여 부족함이 없었다. 세월은 그렇게 물 흐르듯 자연스럽게 흘러갔고 그 흐름 속에서 아브라함은 현실의 편안함을 만족한 마음으로 즐기고 있는 때였다. 자신의 가장 허전한 부분으로 남아있었던 후사로서의 아들이 있었고 그에게 모든 것을 물려줄 수 있어서 부족함 없는 삶을 누리고 있었다. 이제 곧 그에게 모든 것을 맡기고 자신은 뒤로 물러날 날을 준비하고 있었다.

그런데 바로 그 때에 이 할례의 사건을 맞이한다. 비록 그가 겉으로는 하나님의 말씀에 순종하여 이 대단히 고통스러운 할례일찌라도 거부함 없이 순종하여 행하는 것 같았지만 그의 이 할례는 오히려 지금 그의 신앙에 빨간 불이 켜져 있고 그의 삶에 레드카드를 쥐어준 것이나 마찬가지였다. 그러므로 이 할례의 사건은 지금까지 고요하게 지내오던 이 아브라함 공동체에게는 평지풍파와도 같은 일대 소동이었고 아브라함 자신에게는 잠자던 영혼을 뒤흔들어 깨워놓는 사건이었다. 하나님과의 직접적인 만남을 통해서도 깨어지지 않는 강한 아집과도 같은 신앙의 오류가 있다는 것을 드러내는 충격적인 사건이었다.

그는 양피를 벤 후 그 상처의 고통이 가라앉고 낫기를 기다리며 누워 곰곰이 생각해 보았으리라. 13년 만에 찾아오신 하나님과의 만남의 내용과 그 말씀의 의미들을 그리고 지난 13년의 세월과 나아가 가나안 25년 동안의 삶을 반추해 보았으리라. 그리고 지금 자신이 머무르고 있는 신앙의 자리에 대해서도 다시 한 번 되돌아 보았으리라. 열심히 그리고 거침없이 도전적으로 살아왔고 지금 자신의 눈에 보이는 결과들을 일구어 왔다. 적어도 그는 이러한 부분들에 대해서 만족하고 있었다. 그것이 현실적인 삶이든 혹은 신앙인으로서 그가 목표하고 힘을 기울여 온 신앙 사역의 부분이든 그는 할 만큼 하였다고 생각하고 그 세월과 노력에 합당한 열매를 맺었다고 여겼었다. 그랬기에 그는 스스로 편안해 하고 만족할 수 있었다.

하지만 13년 만에 찾아오신 하나님의 눈에는 전혀 그렇지를 않았다. 대단히 불편한 마음으로 그를 찾아오셨고 또 무척이나 실망하고 화난 모습을 남기고 그를 떠나가셨다. 그리고 그 만남은 아브라함에게 많은 문제점이 있다는 것을 분명하게 드러내어 놓았다. 그러므로 이 만남의 사건은 아브라함이 자신의 신앙과 삶을 바라보고 생각하는 시각과 하나님께서 그를 보시고 판단하시는 시각에 분명한 불일치가 있다는 것을 보여주는 사건이었다. 만일 이러한 하나님과의 관계가 아브라함 스스로의 게으름과 불성실함에 기인한다면 문제는 오히려 간단하다. 다시 한 번 이 하나님의 책망 앞에 정신을 차려 그 본래의 자리에서 멀어졌음을 깨닫고 돌아오고자 하면 되기 때문이다.

그런데 아브라함 스스로가 오늘 하나님으로부터 소원해진 자신의 신앙에 대해 그 실상을 알지 못하고 자기는 여전히 하나님께 신실한 신앙을 가지고 있다고 생각한다면 문제는 심각해진다. 즉 그가 만약 지금까지 하나님에 대한 신실함을 잃지 아니하고 그를 두려워하며 그의 앞에서 나름대로 경건하게 섬기는 삶을 살아왔다고 자부한다면 바로 여기서 중대한 문제가 생겨나는 것이다. 곧 오늘까지 아브라함이 스스로 하나님을 거부하지 않았고 그 신앙에 소홀하지 않았음에도 불구하고 아브라함이 하나님의 언약을 무시하는 실수가 있고 그러면서도 이를 깨닫지 못할 때 이는 대단히 심각하고도 중대한 오류를 만들어내기 때문이다.

이러한 문제점은 훗날 이스라엘에게서도 그대로 재현된다. 그들은 하나님을 진정으로 경외하며 최선을 다해 섬겼지만 하나님이 보시는 그들의 신앙과 삶은 전혀 아니었고 이를 하나님은 선지자들을 통해 끊임없이 일깨워 주셨다. 하지만 그들은 도무지 알지 못하였고 선지자들과 선지자들의 교훈을 거부하였다. 그들은 나름대로 최선을 다해 하나님을 섬긴다고 섬겨오고 있었기 때문이었다. 그리고 끝내 자신들이 기다리던 메시야를 죽이면서도 이것이 하나님을 섬기는 예라고 말하였다. 즉 하나님에 대한 충성된 신앙으로 이 일을 행한다고 자부하였던 것이다. 중세교회도 마찬가지였다. 눈 뜬 소경이었고 그리고 오늘도 그 동일한 문제점을 그대로 가지고 있지만 하나님을 섬기는 자로서의 개인 개인들은 어느 누구도 자신의 신앙에 문제가 있다고 생각하지 않고 있는 것이다.

하나님과의 직접적이고도 대단히 두려운 만남 속에서도 깨어지지 아니한 아브라함의 신앙의 오류는 도대체 어디에서 근원되어진 것이며 어떻게 해야 또 바로잡힐 수 있는 것일까? 비록 하나님의 말씀을 좇아 할례를 시행하지만 이 최초의 할례는 시작부터 본질을 상실한 상태에서 왜곡된 신앙의 의식을 만들어내고 심어주는 것이 되고 말았다. 실망과 노여움으로 아브라함에게서 떠나가신 하나님의 모습과 부랴 부랴 말씀을 좇아 할례를 실행하지만 알맹이를 놓쳐버린 채 말씀의 껍데기만 부여잡고 있는 아브라함의 모습이었다. 이는 그 99세의 세월이 느끼게 해주는 원숙함과는 달리 그의 신앙에 대해 많은 문제점을 노출시킴과 동시에 이제 그의 이러한 오류를 어디서부터 어떻게 바로잡아야 하는가에 대한 참으로 커다란 고민과 숙제를 남겨놓은 것이기도 하였다.

"그 아들 이스마엘이 그 양피를 벤 때는 십삼 세이었더라"(:25)

아버지 아브라함이 할례를 받는 그 날에 이스마엘도 할례를 받는다. 아브라함이 99세의 늙은 때였다면 이스마엘은 13세의 막 피어오르는 꽃봉오리 같은 때였다. 그러므로 이스마엘에게는 이 할례가 인생의 전기라고도 할 수 있는 때였다. 만일 그가 이 할례에 합당한 사람이었다면 말이다. 과연 아브라함은 이스마엘에게 이 할례의 의식에 대해 어떤 말을 들려주었을까? 어떻게 이 날의 사건을 설명하였을까? 이 할례는 분명 하나님의 언약을 담고 있는 것이었고 그리고 이 언약은 내년 이맘 때 쯤 태어날 이삭에 의해 확증될 것이었으며 할례는 공동체 전체가 그 아이의 탄생을 기대하며 준비하는 것이었다. 그러할 때 이스마엘은 그 언약에서 제외되어질 존재였고 이 할례는 하나님께서 이스마엘을 그의 나라에서 제외시켰다는 것을 공식적으로 선포하는 것과도 같은 자리였다. 적어도 이스마엘과 관련해서는 그러하였다. 아브라함은 이스마엘을 사랑하며 그에게 이 공동체를 맡기고자 그를 준비시키고 있었겠지만 하나님에게는 그의 성장 과정이 이미 아닌 것으로 판명되어진 것이었다.

아브라함은 이미 들었다. 이스마엘이 언약의 계승자가 될 수 없다는 것을 그리고 이삭이라는 장차 태어날 아이가 이 집안의 후사가 될 것이라는 사실을. 하지만 그는 오늘 가장 먼저 이스마엘에게 할례를 받게 한다. 이럴 때 이스마엘은 언약과 그리고 하나님의 나라 백성이 되는 것과 어떤 관계에 놓이게 되는 것일까? 그가 할례를 받았기 때문에 그 또한 이 언약에 동참할 수 있는 자가 되는 것일까? 언약은 그에게 유효한 것일까? 도대체 아브라함은 이스마엘에게 할례를 행하면서 어떤 말로 그 의미를 설명하여 주었던 것일까? 아무 말 없이 아버지의 권위로 무조건 받아들일 것을 강요한 것이었을까? 어린 아이들에게는 자신의 몸에 칼을 댄다는 것은 대단히 두려운 일이기 때문에 이에 대한 충분한 설명이 있어야만 이에 응할 수 있는 것이었다.

여기서 우리는 아브라함이 이스마엘에게 이 할례와 관련하여 들려주었을 말이 무엇이었을지 그 한 가지 근거를 발견할 수 있다. 그것은 하나님과의 만남 속에서 아브라함이 이스마엘과 관련하여 구하였고 또 하나님께서 응답하여 주신 말씀의 부분이다. "…이스마엘이나 하나님 앞에 살기를 원하나이다…이스마엘에 이르러는 내가 네 말을 들었나니 내가 그에게 복을 주어 생육이 중다하여 그로 크게 번성하게 할지라 그가 열두 방백을 낳으리니 내가 그로 큰 나라가 되게 하려니와(하리라)". 아브라함은 당연히 이 하나님의 말씀을 그에게 들려주며 이 할례는 바로 그 약속의 증거라고 설명하지 않았겠는가? 언약과 이삭의 관계를 설명하지 않았다면 아브라함이 이스마엘에게 들려줄 수 있는 말은 당연히 이 부분이다. 적어도 이것이 아브라함이 원하던 것이었고 하나님께서 또 들려주신 것이었기에 말이다.

그러기에 이스마엘은 무엇을 기대하였을까? 이 할례의 참을 수 없는 고통 속에서 그는 무엇을 생각하였을까? 하나님이 내게 큰 복을 주실 것이라는 기대가 이후 그의 삶에 하나의 소망으로 자리하게 되지 않았겠는가? 몸도 의식도 자라가면서 이 할례 받은 부분을 볼 때마다 그는 스스로에게 이러한 기대를 주술처럼 그 의식 속에 주입하지 않았겠는가?

하나님의 언약을 충분히 이해하지 못한 상태에서 할례를 행하는 아브라함에 의해 나타나는 또 다른 신앙의 오류들을 보게 된다. 할례 받았기에 하나님의 백성이라고 여기고 할례 받았기에 하나님께서 내게 복을 주시리라는 잘못된 신념 체계가 마치 신앙인 것처럼 저들의 생각 속에 자리하게 되었다. 할례 받았느냐 받지 못하였느냐 하는 것으로 하나님의 백성이냐 아니냐를 구분 짓는 왜곡된 신앙의 가치관이 생겨나는 것이었다. 그리고 이는 이후 이스라엘의 실제 역사 속에서 그대로 생겨난다. 그뿐 아니라 오늘 우리의 신앙 현장에서도 또 다시 반복되고 있다.

"당일에 아브라함과 그 아들 이스마엘이 할례를 받았고 그 집의 모든 남자 곧 집에서 생장한 자와 돈으로 이방 사람에게서 사온 자가 다 그와 함께 할례를 받았더라"(:26-27)

아브라함 집의 모든 남자들이 어느 날 갑자기 들판에서 사라졌다가 며칠이 지난 후 어기적거리는 걸음걸이로 나타났다. 가나안 땅의 사람들은 물었으리라. 어디로 갔었느냐고, 너희들끼리 무얼 했느냐고. 어쩌면 이후 아브라함 집 사람들은 할례받은 사람들이라고 칭하여졌을지도 모를 일이다. 그리고 이들을 만날 때마다 또 물었으리라. 왜 그런 짓을 하였느냐고, 아프진 않았느냐고, 아프면 얼마나 아팠느냐고. 혹자는 낄낄거리며 놀리듯 물었을 수도 있다. 아브라함 집의 사람들은 무어라고 답하였을까? 만일 정확히 이 할례의 의미와 언약과의 관계를 설명하였더라면 사람들은 궁금히 여기며 생각할 여지를 갖게 되었으리라. 하지만 '몰라 묻지 마, 내가 그걸 어떻게 알아, 우리 주인 영감이 노망이 들었나봐, 언약이 어쩌구 하며 난지 팔일 지난 어린 아기도 양피를 베었는데 어휴 말도 마 죽는 줄 알았다니까' 하는 식의 답변이 나갔을 수도 있다. 이럴 때 이 할례는 모든 사람들에게 한낱 웃음거리에 지나지 않게 된다.

아브라함 집의 이 할례 사건은 그 집 사람들에 의해 어떻게 설명되고 또 어떻게 이해되어졌을까? 그러나 이 대답보다 더 중요한 것은 이 날 이후 이들의 삶이었다. 그 대답이 어떠했든지 간에 이들이 언약을 분명히 인식하고 이 언약이 요구하는 책임 있는 삶으로의 변화가 그들에게서 나타났다면 사람들은 경이감을 갖고 아브라함과 그 집의 사람들을 대하였으리라. 그리고 그들의 삶을 궁금히 여기며 이에 동참할 수 있는 기회를 가질 수도 있었을 것이다. 그리고 실제로 이것이 하나님께서 요구하시는 할례의 진정한 내적 의미였다.

하지만 이들의 삶이 할례 받기 전이나 받은 이후나 전혀 변화되어진 것이 없었다면 이 할례 사건은 그야말로 한바탕 웃음거리에 불과하고 시간이 얼마 지나지 않아 모든 사람들의 기억 속에서 사라졌을 것이다. 그리고 아브라함 집의 사람들도 할례의 고통이 사라짐과 동시에 그들 또한 이 할례의 사건을 한낱 추억거리로 그 고통만을 기억할 뿐 의미 없는 것으로 지워버렸을 것이었다.

성경은 다시 한번 **"당일에"** 라는 사실을 강조하여 기록하고 있다. 아브라함 집 사람들에게서 할례를 묻는 자들의 질문에 대해 정확한 내용이 대답되어질 수 있는 시간이 없었다는 것과 그들의 삶이 변화될 여지도 없었다는 사실을 강조하고 있다. 할례 받은 아브라함 집 사람들이나 할례 받지 못한 저 가나안 사람들이나 다를 바 없었다는 사실을 가리키고 있다. 오늘의 우리들처럼.

할례는 아브라함 집 사람들에게 언약공동체라는 공동체의 정체성을 세울 수 있는 참으로 소중한 계기였다. 우리는 언약 안에서 하나요 언약에 대한 공동의 책임을 나누어 진 자들이라는 공동체 의식을 만들고 공유할 수 있는 최고의 기회였다. 이것이 하나님의 뜻이었다. 하지만 보기 좋게 미끄러지고 말았다. 단지 아브라함 집 사람들과 외부 사람들을 구분하는 외적인 기준이 되고 말았다. 못된 선민의식이나 조장하는 해로운 것으로 말이다.

어찌해야 할까 이 어그러진 아브라함의 신앙을. 일그러진 우리 세대의 신앙을.

〈3권에 계속〉

〈 앞으로 나올 책들 〉

1. 『아! 아브라함』 4000년 전 메소포타미아에서부터 온 어떤 사람이 가나안에 나타났습니다. 그가 가나안의 여러 곳을 떠도는가 싶더니 어느 날 애굽으로 내려갑니다. 그 곳에서 그는 자기의 아내를 누이라고 속여 말하고 또 그것 때문에 아내를 애굽 왕에게 빼앗겨 버립니다. 이럴 거면 왜 자기 살던 갈대아 우르를 떠나왔을까요? 이럴 거면 차라리 아직도 아버지가 살고 있는 가나안의 북쪽 하란으로 돌아가지 왜 애굽으로 간 것이었을까요? 그가 다시 가나안으로 올라와 헤브론에서 편히 자리 잡고 살 때입니다. 어느 날 그의 아내가 자기의 여종을 남편에게 주어 아기를 갖게 합니다. 그러다가 그 여종이 자기를 멸시하자 자기의 남편을 대해 거침없는 저주를 퍼붓고 그 여종을 사람 없는 광야로 내쫓아 버립니다. 아무 생활능력이 없는 임신한 여인이요 더군다나 그 태 안의 아기는 남편이 평생 기다리는 후사인데 말입니다. 신앙인이 과연 이래도 되는 것일까요? 하나님께서 소돔과 고모라 성을 멸하십니다. 어차피 세상이 하나님을 모르기에 모두가 죄인인 것은 한 가지인데 다른 도시와 사람들은 그대로 두고 그들만 죽여야 했던 이유가 무엇이었을까요? 죄인에도 등급이 있는가요? 또 왜 그 이전이나 후에는 이런 일이 없었던 것일까요? 그 후 언젠가 하나님은 그 남자에게 외아들을 저 먼 산으로 데리고 가서 번제로 바치라고 합니다. 번제란 사람을 죽여 피부를 벗긴 후 불에 태워 바치는 것입니다. 대단히 잔인한 피의 제사입니다. 사람을 불태워 제물로 바치는 이런 제사 의식이 과연 우리 하나님 신앙에 있어도 되는 것일까요? 왜 하나님은 이런 잔인한 제사를 요구하셨고 이 사람은 또 어떻게 아무 말없이 이에 순종하는 것일까요? 자기 외아들을 죽이는 이것이 신앙 좋은 것인가요? 이 모든 의문들이 있음에도 우리는 그저 읽고 또 읽기만 할 뿐입니다. 쓰여진 문자는 잘 알지만 그 속 내용은 전혀 알지 못합니다. 그러니 알아도 모르는 것일 수밖에요. 이제 이 모든 의문들에 대해 이 책은 답을 줄 것입니다. 전체 4권.

2. 『광야의 모세』 민수기 해석서. 모세가 광야에서 이스라엘을 인도한 것은 40년이었고 그 때 백성의 수는 거의 300만을 헤아렸습니다. 이 거대한 무리가

어느 날 갑자기 자기 살던 곳을 떠나 물도 부족하고 농토도 없는 사막 같은 광야에서 40년을 살아간 것은 인류 역사상 전혀 유래를 찾을 수 없는 전대미문의 대사건이었습니다. 모세는 이 엄청난 숫자의 백성을 더군다나 모든 삶의 조건이 전혀 열악한 이 광야에서 어떻게 다스렸을까요? 그리고 백성들은 그 광야에서 무엇을 하며 지냈을까요? 그 40년은 만나를 통해 먹을 것을 해결 받았고 불기둥과 구름기둥이 그들을 지켜 주었으며 의복과 신발이 해어지지 않은 기간이었습니다. 먹을 것 입을 것 등 생존에 필요한 모든 것을 해결 받았고 농사를 짓고 싶어도 농사지을 땅도 없는 광야였습니다. 남은 모든 시간을 무엇을 하며 지냈을까요? 이에 대한 모든 답을 안고 있는 것이 모세오경 중 민수기 기록입니다. 이스라엘이라는 하나의 민족공동체가 어떻게 하나의 신앙공동체로 변해갔으며 하나님의 나라가 되었는지 그리고 그 조직이 어떠했으며 그 속에서 무슨 일들이 일어났는지에 대한 모든 내용을 담고 있습니다. 그러므로 민수기는 신앙공동체론 혹은 교회론에 대한 교범입니다. 모세는 분명 신앙공동체의 조직과 구성 그리고 기능과 다스림에 관한 틀을 갖고 이를 후세에 남기기 위하여 이 책을 기록하였다는 것을 여러분 스스로 발견할 수 있을 것입니다. 레위기와 더불어 읽기 어려운 책으로만 남아 있는 이 책이 얼마나 중요하고도 흥미진진한 내용을 담고 있는지 곧 알게 될 것입니다. 특히 이 책은 출애굽기부터 신명기에 이르는 거의 모든 중요한 내용이 망라되어 있다. 그러므로 이 책을 읽는다면 모세오경에 대한 중요한 내용을 거의 이해할 수 있습니다. 오늘의 교회가 왜 이렇게 어지럽고 시끄러운지 왜 이렇게 무기력하며 또 어떻게 해야 하는지 그 원인과 해답을 이 책은 줄 것입니다. 지금부터 약 3500여 년 전 애굽과 이스라엘 사이 시내 광야에서 300만의 한 민족이 그리 짧지 않은 40년의 역사를 어떻게 살아갔는지 그 역사의 현장을 그리고 있습니다. 전체 4-5권.

3. 『마태의 증언』

마태복음 해석서. 예수만 믿으면 구원 받는다는 우리의 믿음에 대해 예수님 자신은 "나더러 주여 주여 하는 자마다 천국에 다 들어갈 것이 아니요 다만 하늘에 계신 내 아버지의 뜻대로 행하는 자라야 들어가리라"(마7:21)고 하십니다. 율법은 예수의 오심과 더불어 폐해졌다고 하는 이해에 대해서도 주님은 "내가 율법이나 선지자나 폐하러 온 줄로 생각지 말라 폐하러 온 것이 아니요 완전케 하려 함이로라 진실로 너희에게 이르노니 천지가 없어지기 전에는 율법의 일점 일획이라도 반드시 없어지지 아니하고 다 이루리라 그러므로 누구든지 이 계명 중에 지극히 작은 것 하나라도 버리고 또 그같이 사람을 가르치는 자는 천국에서 지극히 작다 일컬음을 받을 것이요 누구든지 이를 행하며 가르치는 자는 천국에서 크다 일컬음을 받으리라"(마5:17-19)고 하십니다.

4. 『끝까지 외로웠던 사람 다윗』

사무엘상하 해석서. 가나안 정착 이후 사사기 삼백년의 역사가 진행되면서 이스라엘의 신앙은 끝모를 추락의 길을 걷습니다. 그 끝이 엘리 대제사장의 시대였습니다. 이 시대의 제사장들에 대해 성경은 사탄의 자식을 뜻하는 벨리알의 자식들(불량자)라고 정죄하고 있습니다. 그만큼 그 시대의 하나님 신앙은 본질을 완전히 상실한 채 우상신앙화 되어 있었습니다. 비로 그 때 등장한 사람이 사무엘이었고 신앙은 전혀 거듭날 수 있는 기회를 맞이합니다. 그러나 사무엘의 노력도 사울왕의 등장과 더불어 물거품처럼 끝나 버릴 위기를 맞이합니다. 이 위태한 때에 나타나 이스라엘의 신앙을 반석 위에 올려놓는 사람이 바로 다윗입니다. 이스라엘 역사는 그를 단순히 이스라엘의 최고 부흥을 이룬 군왕으로 기억하고 있지만 성경은 아브라함에게 주어진 하나님의 약속을 이룬 위대한 신앙의 인물로 그를 기록하고 있습니다. 곧 하나님께서 아브라함에게 주신 영토의 약속(창 15:18-21)이 있었습니다. 바로 이 약속을 이루고자 열망하여 성취시킨 인물이 다윗이었던 것입니다. 단순한 영토의 확장이 아니라 그 위에 하나님의 공의를 실현하고자 한 신앙의 목적을 이룬 인물이었습니다. 그리고 온 인류에게로 하나님의 말씀을 흘려보내고자 하는 이러한 신앙의 목적은 바로 예수 그리스도에 의해 완전하게 성취됩니다. 그런 점에서 목동에서 왕의 자리에까지 오른 다윗이라는 한 인물의 삶을 기록한 사무엘서는 한 개인의 입지전적인 성공 스토리가 아니라 하나님의 언약을 성취하고자 열망하였던 한 신앙인의 발자취에 대한 기록입니다. 자칫 끊어질 뻔한 하나님의 언약을 아브라함에게서 예수 그리스도에게로 성공적으로 이어준 하나님의 언약의 사람이었습니다. 사무엘서는 성경에서 가장 길게 설명되고 있는 이 위대한 신앙인의 믿음의 행진을 우리 앞에 펼쳐보이고 있습니다. 잠시도 쉴 수 없었고 끝까지 홀로 외로울 수밖에 없었던 그의 지난한 삶의 길입니다. 아브라함에게 있었던 것과 같은 그의 뼈아픈 실패까지도 귀한 신앙의 교훈으로 우리에게 말하고 있습니다. 전체 7-8권.

5. 『흔들리는 하나님의 나라』

열왕기상하 해석서. 이스라엘 역사에 등장하여 똑같이 40년의 역사를 다스렸던 인물들이 있었습니다. 모세 사울 다윗 솔로몬 이 네 사람입니다. 그런데 이들이 모두 이스라엘을 40년 간 다스렸다는 사실은 동일하지만 그 결과는 각각 달랐습니다. 모세는 80세 때에 지도자로 등장하여 120세로 그 자리를 마칠 때까지 거의 실수 없이 그 대업을 훌륭하게 마친 거의 완벽한 사람이었습니다. 다윗 또한 헤브론에서 왕이 된 후 40년 간 한 번의 실수가 있었지만 마지막까지 그 왕의 직무를 충실히 감당하고 그 자리를 내려갔습니다. 그러나 솔로몬은 처음에는 힘차게 출발하였으나 그 마지막은 나라가 남과 북으로 둘로 쪼개지는 비극을 남기고 말았습니다. 처음은 좋았으나 끝이 좋지 않은 사람이었습니다. 그리고 사울 왕은 그 또한 하나님을 믿는 자였으나 처음부터 마지막까지 한결같이 잘못된 길을 걸어갔습니다. 끝에는 나라를 수렁으로 몰아넣고 자신도 비참한 종말을 고합니다. 왜 똑같은 40년이었는데 이렇데 그 걸어간 길과 결과가 다른 것이었을까요? 생각해 보면 이것이 또한 우리들 각자가 걸어갈 믿음의 길이라는 것을 알 수 있습니다. 오늘도 모두가 예수 그리스도를 주로 섬기는 신앙의 길을 걸어가지만 어떤 사람은 꿋꿋이 그 믿음을 지켜가는 반면 어떤 사람은 중간에 그 길을 바꾸기도 합니다. 또 어떤 사람은 전혀 거듭남을 체험하지 못하고 처음부터 마지막까지 태어날 때부터 만들어져 온 제 성격을 가지고 가는 사람도 있습니다. 왜 그럴까요? 바로 이에 대한 해답을 주는 것이 열왕기 기록입니다. 어떤 신학자는 사무엘 열왕기를 이스라엘 무협지라고까지 말합니다. 전혀 이 책들에 대한 이해가 없다는 증거입니다. 이제 그 바른 이해를 이곳에서 찾을 수 있기를 바랍니다. 전체 7-8권.

6. 주제글 모음

사기꾼 야곱. 그는 진정 사기꾼과 같은 자였을까요? 그가 사기꾼이었다면 하나님의 은혜는 그렇게 사기를 쳐서 빼앗을 수 있는 것일까요? 하나님은 사기꾼에 의해 하나님 나라의 질서가 어지럽혀지고 은혜가 농락당해도 그냥 묵인하고 인정하시며 그를 들어 사용하시는 것일까요? 오늘도 사기꾼이 사기를 쳐서 교회를 빼앗아도 괜찮은 것입니까? 또 예수 그리스도의 조상이라고 설명되는 신실한 신앙인 다윗이 한 여자를 빼앗기 위해 이스라엘의 충성된 장군 우리아를 그토록 간교하게 죽인 그 사건은 어떻게 이해하여야 할까요? 간음한 자요 살인자요 강도였습니다.

어떻게 이런 사람이 예수 그리스도의 조상이요 하나님의 신실한 종이 될 수 있었을까요? 남편이 일곱이나 되었던 사마리아 수가 성의 여인은 또 어떻게 된 사람일까요? 진정 음녀요 창녀인 것일까요? 이런 여자가 이스라엘의 이웃에 살고 있고 또 이런 여자에게 어떤 남자라도 장가들 수 있는 것일까요? 당연하다고 생각해 왔던 내용들이지만 성경의 기록을 자세히 살펴보면 그 실체가 우리의 이해와는 너무도 다르다는 것을 발견할 수 있습니다. 이 책에서는 성경의 사건과 인물들에 관한 기록 중에 그 내용을 반드시 다시 한번 되짚어보아야만 것들에 대해 주제글 형식으로 관련 성경본문들을 해석하여 놓았습니다. 〈야곱 과연 사기꾼인가?/ 누가 우리아를 죽였는가?/ 사마리아 여인/ 율법과 복음/ 에녹승천과 노아 방주 구원 어느 것이 진정한 구원인가?〉

7. 始原의 역사 창세기 원역사 해석서. 오늘날 신앙인들에게 노아 때의 홍수와 방주 구원 사건은 하나님께서 죄인을 멸하시고 의인은 구원하신다는 심판과 구원의 사건으로 깊이 인식되어지고 있습니다. 그러나 이 사건은 노아 탄생 69년 전에 있었던 에녹의 승천 사건과 아주 대조적인 차이점을 지니고 있습니다. 한 마디로 말하면 에녹의 승천 사건은 땅에 있는 자들은 그가 누구이든지 간에 모두 그대로 두고 하나님의 의인만을 하늘로 취하여 올린 구원의 사건입니다. 반면 노아의 방주 구원 사건은 정반대로 땅에 있는 모든 것들을 모조리 멸한 다음 그 황폐화 된 땅 위에 의인을 그대로 둔 것이었습니다. 홍수가 끝난 후 노아와 그 가족들의 처하게 된 상황은 인간의 삶에 필수적인 인간관계의 대상 자체가 사라져 버려 사회관계가 완전히 파괴된 지극히 고독한 삶의 환경에 처하게 되었고 이는 가장 신앙의 노아의 경우에 더욱 심하였습니다. 더욱이 죄는 이 모든 참담한 대가의 지불에도 불구하고 없어지지 않고 여전히 살아서 바로 이들의 사랑하는 가족을 통해 이들을 괴롭히고 있고 결국 이 죄는 바벨탑 사건에까지 이르게 합니다. 이와 같이 홍수 후의 이들의 삶이 더욱 악화된 것 외에 노아 자신에게와 그의 가족에게 이 홍수는 무슨 은혜를 전해 준 것이었을까요? 창세기 원역사에는 신론과 죄론 인간론 구원론 등 우리 신앙의 핵심 요소들이 가장 분명하고 명료하게 설명되고 있습니다. 이 책은 원역사에 대한 상세한 해석을 통해 우리 신앙의 근본에 대해 자세한 설명을 줄 것입니다. 전체 4-5권.

8. 기타 시편과 선지서 해석